D1668289

POLACY–NIEMCY
POLEN–DEUTSCHE

Kronika dobrych kontaktów
Eine Chronik der guten Kontakte

Jan Jagusiak

POLACY–NIEMCY
POLEN–DEUTSCHE

Kronika dobrych kontaktów
Eine Chronik der guten Kontakte

Redaktor Naczelny/Chefredakteur
Wojciech Głuch

Projekt okładki/Umschlaggestalung
Renata Pacyna

Przekład/Übersetzung
Małgorzata Półrola

Opracowanie redakcyjne tekstu polskiego/Lektorat der polnischen Version
Anna Matkowska

Korekta tekstu niemieckiego/Korrektur der deutschen Version
Jan Engbers

Konsultacja/Beratung
prof. Romuald Gelles, dr Maciej Łagiewski

Skład i opracowanie typograficzne/Textgestaltung
Jakub Kortyka – Sztuka i Słowo s.c., TART

Printed and bound in Poland

Wydawnictwo EUROPA
50-011 Wrocław, ul. Kościuszki 35
tel./fax (071) 44-79-68, 34-328-57

ISBN 83-85336-18-4

Jan Jagusiak, ur. 1938 r., jest absolwentem Wyższej Szkoły Pedagogicznej w Krakowie. Doktorat z nauk humanistycznych uzyskał na Uniwerstytecie Łódzkim. Na tych uczelniach prowadził seminaria na temat migracji ludności i rozmieszczenia Polaków w świecie. Pracą zawodową zwązany jest z oświatą i administracją państwową w regionie łódzkim. Opublikował samodzielną pracę na temat urbanizaji Radomia oraz kilkanaście opracowań w wydawnictwach zbiorowych: *Acta Universitatis Lodziensis, Zeszytach Naukowych Instytutu im. Wojciecha Kętrzyńskiego* w Olsztynie, *Łódzkim Roczniku Historycznym,* Materiałach IV Światowego Kongresu Socjologii Wsi w Toruniu i in.

Szczególną inspiracją do napisania popularnej pracy *Polacy-Niemcy. Kronika dobrych kontaktów* były osobiste doświadczenia autora: z wczesnego dzieciństwa, gdy mieszkał tuż przy granicy w Warthegau oraz współczesne – z Łodzi i Pabianic, gdzie funkcjonują potężne zakłady zbudowane przez przybyszów z ziem niemieckich.

Jan Jagusiak, geboren im Jahre 1938, studierte an der Pädagogischen Hochschule in Krakau. Den Doktorgrad in den humanistischen Wissenschaften erwarb er an der dortigen Uniwersität. An diesen Hochschulen leitete er auch Seminare, die sich u.a. mit der polnischen Migrationgeschichte und den dadurch entstandenen polnischen Gemeinwesen in der ganzen Welt befaßten. Beruflich ist er zur Zeit im Schulwesen und in der Staatsverwaltung der Region Łódź tätig. Er veröffentlichte eine Monographie zur Verstädterung von Radom, wie auch zahlreiche Aufsätze in den Sammelschriften: *Acta Universitatis Lodziensis, Zeszyty Naukowe Instytutu im. Wojciecha Kętrzyńskiego* in Olsztyn (in den *Wissenschaftsheften des Instituts Wojciech Kętrzyński* in Olsztyn), *Historisches Jahrbuch der Stadt Łódź,* Materialien des IV. Weltkongresses der Sociologie des Landes in Toruń u.a.

Persönlichen Erfahrungen aus seiner frühen Kindheit, als er sehr nah der Grenze im Warthegau wohnte, wie auch seine gegenwärtigen Erfahrungen in Łódź und Pabianice, wo von deutschen Einwanderern erbaute riesige Fabriken existieren, haben ihn auf den Gedanken gebracht, die populär-wissenschaftliche *Polen-Deutsche. Eine Chronik der guten Kontakte* zu verfassen.

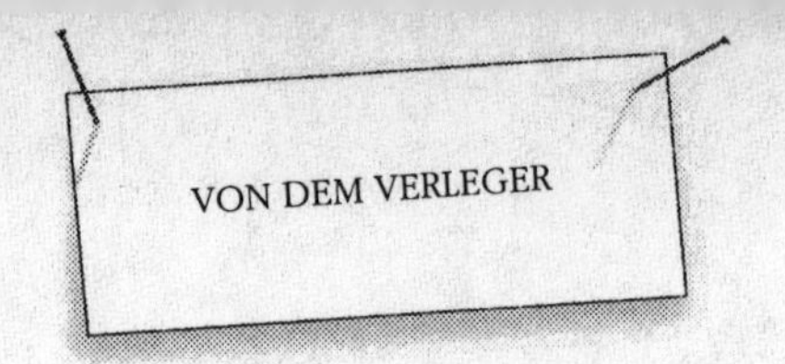

Tausende von Deutschen und Polen passieren täglich zu Wasser, zu Lande und in der Luft die Grenze zwischen beiden Ländern. Die Zwecke ihrer Reisen sind verschieden – sie kommen als Besucher, Touristen oder Geschäftsleute. Sie verhalten sich ungezwungen und freundlich. Sicherlich muß, um einen Erfolg zu erreichen, noch einiges auf diesem Gebiet geleistet werden. Aber wir dürfen Zeugen sein, wie kurz vor der Jahrhundertwende und unmittelbar vor dem nächsten Millenium eine neue Epoche einsetzt. Das Denken der Deutschen über Polen ändert sich und ungekehrt. Das ist ein langwieriger Prozeß, der weder mit dem Mauerfall in Berlin noch mit der Unterzeichnung des Vertrages über gute Nachbarschaft (1991) begann. Wir haben daran die letzten zehn Jahrhunderte gearbeitet.

Es stimmt auch, daß unsere Beziehungen durch viele Mißverständnisse, Leiden und durch großes Unrecht geprägt wurden. Man darf dies nicht zu verdrängen, als wäre es nie passiert. Wir sollten aber nicht darüber streiten, wer mehr gelitten hat und was er dafür bekommen soll. Wir müssen optimistisch in die Zukunft schauen und uns bewußt sein, daß das Leben nie frei von Konflikten und verschiedenen Problemen sein wird. Wir müssen lernen, sie zu bewältigen und zu lösen. Auf dem Weg zum endgültigen Erfolg werden wir noch viel Zeit brauchen. Die Möglichkeit, alle Schwierigkeiten zu überwinden, soll uns beflügeln.

Das Buch, das wir an Dich, den polnischen und deutschen Leser, richten, soll unserem gemeinsamen Werk zum Durchbruch verhelfen. Wir haben es eine Chronik genannt, obwohl die Liste der guten Kontakte zwischen Deutschen und Polen nicht vollständig ist. Sie enthält nur wenige Beispiele, die so zusammengestellt sind, daß Du dir, lieber Leser, schnell einen Überblick verschaffen kannst. Viele Tatsachen, die wir hier nicht berücksichigt haben, waren und sind noch aufzuzeichnen.

Wir haben das Buch als eine Art Pinnwand gestaltet, an die man unendlich viele Merkzettel mit weiteren Beispielen anheften kann.

Mach mit, Deine Bekannten und Freunde sollten sich auch anschließen. Setzen wir unsere gemeinsame Arbeit fort!

Dieses Buch stellt weder den ersten noch den letzten Schritt auf diesem Weg dar.

EUROPA-Verlag

Każdego dnia tysiące Polaków i Niemców przekraczają granicę lądową, morską i powietrzną – udają się w odwiedziny, zwiedzają, robią interesy. Zachowują się swobodnie i przyjaźnie. Choć do pełnej idylli jeszcze daleko, widzimy i czujemy, że oto za naszego życia, u schyłku XX wieku i progu następnego tysiąclecia zmienia się epoka. Wraz z nią myślenie Polaków o Niemcach i Niemców o Polakach. To długi proces, który nie zaczął się wcale z chwilą usunięcia muru berlińskiego ani podpisania Traktatu o Dobrym Sąsiedztwie w 1991 r. Pracowaliśmy na to przez ostatnie 10 wieków.

To prawda, że w tym czasie było też między nami wiele nieporozumień, bólu i krzywd. Tak też bywa między sąsiadami. Nie chodzi o to, by łatwo o tym wszystkim zapomnieć i udawać, że nic się nie stało. Nie chodzi także o licytację, kto stracił więcej lub komu więcej się należy. Trzeba jasno i optymistycznie patrzeć w przyszłość, mając świadomość, że – jak to w życiu – będą jeszcze chwile trudne i sytuacje konfliktowe. Musimy się uczyć je pokonywać i rozwiązywać. Wiele jeszcze wody upłynie w europejskich rzekach, zanim osiągniemy na tej drodze pełen sukces. Ale świadomość trudności powinna nas tylko mobilizować, nie zaś zniechęcać.

Książka, którą oddajemy w Twoje ręce, drogi polski i niemiecki Czytelniku, jest jednym z narzędzi, które mają w naszym wspólnym dziele pomóc. Nazwaliśmy ją kroniką, zdając sobie sprawę, iż niepełny to spis wspólnych dobrych kontaków między Polakami i Niemcami. To zaledwie przykłady zebrane i ułożone niemal przypadkowo, byś mógł się z nimi w praktyczny i łatwy sposób zapoznać.

Na korkowej tablicy, takiej jak ta na okładce naszej książki, można przypinać nieskończoną ilość karteczek. Dopnij swoją, poproś przyjaciół i znajomych, by też to zrobili. Nie ustawajcie w swojej pracy. Na tej książce nasze dzieło się ani nie zaczęło, ani nie kończy.

Wydawnictwo EUROPA

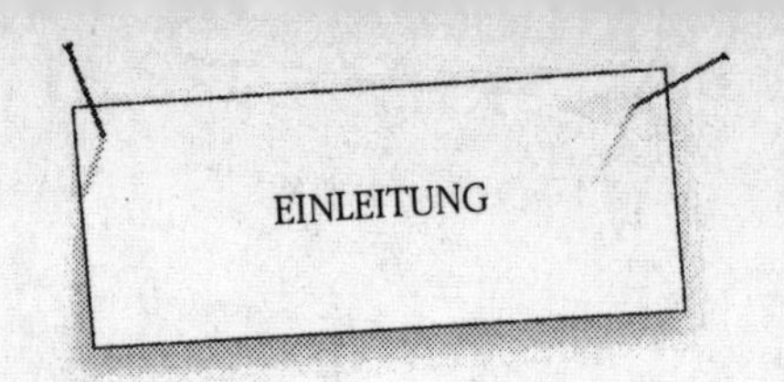

EINLEITUNG

Der im Jahre 1991 unterzeichnete „Vertrag über gute Nachbarschaft und freundschaftliche Zusammenarbeit" wurde von Polen und Deutschen, und sicherlich auch von allen anderen europäischen Völkern, als eine historische Chance der dauerhaften Annäherung beider Völker begrüßt; Völker, die durch so viel Aggression und Tragödien voneinander getrennt wurden.

Deshalb sollte man zu Beginn der Realisierung des Vertrags alles zeigen, was Polen und Deutsche durch ihre gemeinsame Geschichte verbindet. Man sollte, wie es Karl Dedecius so schön sagt, den Versuch machen, „eine Chronik zusammenzustellen, die nicht die Schlachten und Morde, nicht die territorialen Eroberungen als *summa historiae* aufschreibt und überliefert, die sich nicht gegenseitig Greueltaten, Tote, Mißhandelte und Gefangene, Erschossene und Verbannte aufrechnet, verrechnet, dividiert und diskontiert.(...) Ich denke an eine Chronik, die alles Trennende, Verletzende, Vergewaltigende verachtet, es dem Schweigen überliefert und zum Sterben an sich selbst verurteilt. Eine Chronik, die die nationalen Komplexe heilt und den Verbindungslinien nachgeht, um sie zu Freundschaftsknoten zu binden; die Gemeinsamkeit fördert und Gemeinschaften begründet. Ich denke an eine Chronik, die nicht die Friedhöfe, sondern die Sternstunden der Menschheit regiestriert" (*Deutsche und Polen in ihren literarischen Wechselbeziehungen*, 1973).

Solch eine Chronik sollte der Erweiterung der Kenntnisse dienen, die die gegenseitige Verflechtung von Kulturen als den einzigen Weg zur Entwicklung der Menschheit aufweisen; sie wäre ein Beweis, daß das Getto Absterben bedeutet.

Einen kleinen Abschnitt der langen „Chronik der guten Kontakte" zwischen Polen und Deutschen – Menschen, die auf unterschiedliche Weise mit Polen und Deutschland verbunden waren – in Form von Fragen und Antworten darstellend, muß man erkennen, daß die Überzeugung, die Geschichte der polnisch-deutschen Beziehungen wäre ausschießlich mit Schwert und Blut geschrieben, eine krasse Deformation der historischen Wahrheit ist.

„Jahrzehnte lang gehörte die polnisch-deutsche Grenze zu den ruhigsten in Europa, und die gegenseitige Verflechtung der Kulturen könnte man als musterhaft bezeichnen. Man soll endlich – wie es die Gemeinsame Polnisch-Deutsche Kommission für Lehrbücher empfiehlt – umfangreicher an die positive Tradition der deutsch-polnischen Nachbarschaft anknüpfen und versuchen, dementsprechend das historische Bewußtsein beider Völker zu ändern."(W. Markiewicz, „Dziś" 5/91).

Ein negatives Bild der polnisch-deutschen Beziehungen wurde vor allem durch die Ereignisse der letzten zwei Jahrhunderte geschaffen. Diese Ereignisse waren das Resultat der Annexionspolitik Preußens und fanden ihr tragisches Ende im zweiten Weltkrieg.

Infolge des militärischen Überfalls auf Polen 1939 wurde nicht nur der wiedererstandene polnische Staat, sondern auch der damalige deutsche Staat vernichtet.

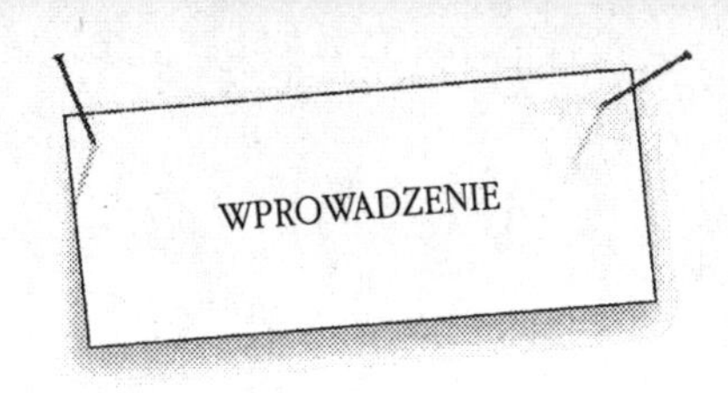

Podpisany w 1991 r. „Traktat o Dobrym Sąsiedztwie" przyjęty został przez Polaków i Niemców, a z pewnością też przez narody całej Europy, jako historyczna szansa trwałego już zbliżenia dwu narodów, które dzieliło tyle zła i tragedii.

Dlatego z chwilą rozpoczęcia praktycznej realizacji tego traktatu, powinno się ukazać także to wszystko, co łączyło Polaków i Niemców w ich wspólnej historii. Trzeba – jak to pięknie uzasadnia Karl Dedecius – „zestawić kronikę, która nie rejestrowałaby ani bitew, ani morderstw, ani zdobyczy terytorialnych, gdzie nie byłoby mowy o zadanych gwałtach, o liczbach zabitych, katowanych, więzionych, rozstrzelanych, czy wygnanych; kronikę, która nie utwierdzałaby fatalnych uprzedzeń, która stałaby ponad tym, co dzieli, co rani, co zadaje gwałt.(...) Myślę o kronice leczącej narodowe kompleksy i poszukującej wspólnych nici, by związać je w mocny węzeł przyjaźni, podkreślającej wspólne elementy i kładącej podwaliny pod jedność wszystkich ludzi dobrej woli i czystego sumienia, o kronice rejestrującej nie cmentarze, lecz szczęśliwe chwile ludzkości" (*Polacy – Niemcy. Posłannictwo książek,* 1973).

Taka kronika będzie służyć poszerzeniu wiedzy o wzajemnym przenikaniu się kultur, jako jedynej drodze rozwoju ludzkości, będzie dowodem, iż getto to obumieranie.

Przedstawiając (w formie pytań i odpowiedzi) mały fragment z długiej „kroniki dobrych kontaktów" Polaków i Niemców – ludzi w różny sposób związanych z ziemiami niemieckimi i polskimi – trzeba stwierdzić, że jaskrawą deformacją prawdy historycznej jest przeświadczenie, jakoby historia stosunków polsko-niemieckich była pisana wyłącznie krwią i mieczem.

„Przez dziesiątki lat granica polsko-niemiecka należała do najspokojniejszych w Europie, a wzajemne przenikanie się kultur można by uznać za zgoła wzorcowe. Należy wreszcie – jak zaleca Wspólna Polsko-Niemiecka Komisja Podręcznikowa – szerzej nawiązać do pozytywnych tradycji polsko-niemieckiego sąsiedztwa i próbować odpowiednio zmienić świadomość historyczną obydwu narodów" – napisał w magazynie „Dziś" W. Markiewicz. Negatywny obraz stosunków polsko-niemieckich ukształtowały przede wszystkim wydarzenia ostatnich 200 lat, zrodzone z zaborczej polityki Prus i zakończone tragicznie kataklizmem II wojny światowej.

W następstwie agresji skierowanej przeciwko Polsce w 1939 r. zniszczone zostało nie tylko odrodzone państwo polskie, ale i ówczesne państwo niemieckie.

Tragiczne doświadczenia Niemców, przede wszystkim jednak bezprzykładna klęska w II wojnie światowej i załamanie się hitlerowskiej III Rzeszy, w powiązaniu ze strukturalnymi zmianami, jakie dokonały się w Niemczech w okresie powojennego czterdziestopięciolecia, gruntownie odmieniły ich świadomość i system wartości.

Nie ma społeczeństw niezmiennych, raz na zawsze ukształtowanych, nie może też być stosowana zasada odpowiedzialności zbiorowej. Ma rację Dawid Golancz – Żyd brytyjski – gdy pisze: „Nie istnieją Niemcy – był Hitler okrutnik i był

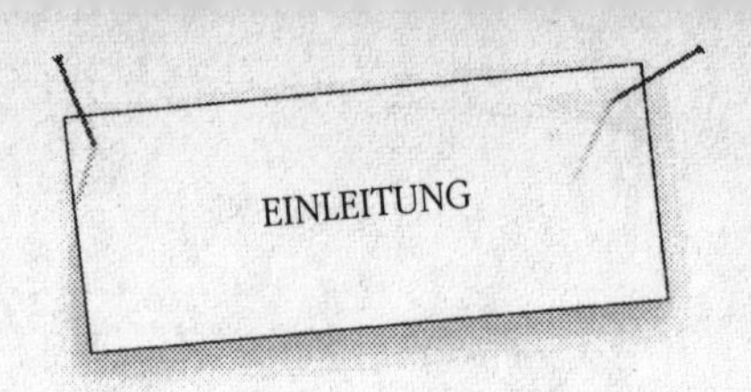

Die tragischen Erfahrungen der Deutschen, vor allem aber die beispiellose Niederlage im zweiten Weltkrieg und der Zusammenbruch des Dritten Reiches, verbunden mit den strukturellen Umwälzungen, die in Deutschland während der 50 Nachkriegsjahre stattfanden, haben ihr Bewußtsein und Wertesystem von Grund auf verändert.

Es gibt keine unflexiblen, ein für allemal gestalteten Gesellschaften, es gibt auch keine Kollektivverantwortlichkeit. Dawid Golancz, ein britischer Jude, hat recht, indem er schreibt: „Es gibt keine 'Deutsche' – es gab einen Hitler, den blutdürstigen Tyrannen, und es gab einen Schiller, der 'sanft wie ein Lamm' war."(in: M. Chmielowiec, *Bajki, prawdy, morały* Londyn, 1968). Solch eine Anschauung vertretend, initiierte er im Jahre 1945 eine Hilfsaktion für das zerstörte Deutschland, obwohl er den Nazismus haßte, dessen Opfer Millionen seiner Glaubensgenossen, darunter auch seine Familie und Freunde, waren.

Die Wiedervereinigung Deutschlands setzt notwendigerweise das Problem der nationalen Identität der Deutschen auf die Tagesordnung. Dies ist um so unvermeidlicher, als – wie es schon Friedrich Nietzsche bemerkt hat – für Deutsche die Frage: „Was ist das Deutschtum?" immer lebendig bleibt.

„Wenn es jedoch bis zum 19. Jahrhundert kein einheitliches Nationalgefühl gab, und Deutschland in viele Einzelstaaten geteilt war, so ist es ein Mißverständnis von einem tausendjährigen, konsequent realisierten Drang nach Osten zu sprechen."(J. Tazbir, ,,Polityka" 16/91).

„In der Geschichte gibt es keine abgeschlossenen Kapitel: aus jeder Epoche gehen gewisse Probleme in die nächste über, von denen man niemals weiß, ob sie nicht in den Vordergrund treten."(M. Howard) Deshalb kann niemand behaupten, er kenne den Weg, den dieses oder jenes Land in Zukunft wählt. Es bleibt auch immer noch ein Rätsel – für uns und für unsere Nachbarn – welchen Platz das wiedervereinigte Deutschland in Europa einnimmt und wie sich die polnisch-deutschen Beziehungen entfalten werden.

Um die Gestaltung guter Kontakte zwischen Deutschen und Polen bemühten sich in der Vergangenheit und bemühen sich auch heute viele hervorragende Persönlichkeiten und eine große Menge ungenannter Bürger, die oft durch ihre persönlichen Kontakte und Freundschaften Brücken bauten und versuchten, die vergifteten Brunnen des Hasses zu verschütten. Zu nennen sind hier u.a. Günter Grass, Karl Dedecius, Andrzej Szczypiorski, Władysław Bartoszewski.

Die in diesem Buch angeführten Beispiele aus Bereichen der Geschichte, Literatur, Religion, Malerei, Architektur und Skulptur, aus Musik und Film, Wissenschaft, Politik und Wirtschaft zeigen nur ein kleines Fragment des aufgrund der polnisch-deutschen Kontakte entstandenen, großen gemeinsamen Kulturerbes.

Jan Jagusiak

Deutsch von Anna Matkowska

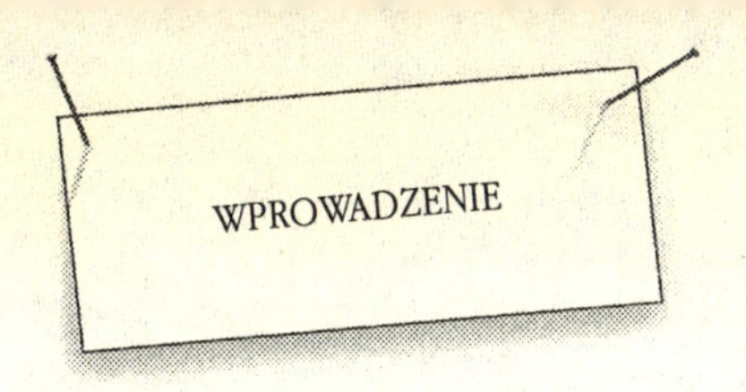

Schiller »łagodny jak baranek«. Reprezentując taki pogląd stał się on w 1945 r. inicjatorem akcji pomocy dla zniszczonych Niemiec, mimo że nienawidził hitleryzmu, którego ofiarą padły miliony jego współwyznawców, a wśród nich rodzina i przyjaciele.

Zjednoczenie Niemiec z konieczności stawia na porządku dziennym sprawę niemieckiej tożsamości narodowej. Jest to tym bardziej nieuchronne, że jak zauważył Fryderyk Nietzsche – „Niemców charakteryzuje to właśnie, że dla nich pytanie: »Co to jest niemieckość?« nigdy nie umiera".

„Skoro jednak aż do XIX wieku nie było jednolitej niemieckiej świadomości narodowej, a sami Niemcy byli rozbici na kilkanaście państewek, nieporozumieniem jest pisanie o tysiącletnim konsekwentnie realizowanym Drang nach Osten" (J. Tazbir, Polityka, 16/91).

„W historii nigdy żaden rozdział nie jest całkowicie zamknięty: z każdej epoki przechodzą do następnej pewne problemy, co do których nigdy nie można być pewnym, czy nie wysuną się na plan pierwszy" (M. Howard). Dlatego nikt nie może twierdzić, że zna drogę, jaką dany kraj w przyszłości obierze. Również miejsce, jakie zajmą zjednoczone Niemcy w Europie oraz kształt stosunków polsko-niemieckich pozostają zagadką dla nas i dla naszych sąsiadów.

O stworzenie dobrych kontaków Niemców i Polaków starało się w ubiegłych wiekach i stara się dziś wiele wybitnych postaci i liczne zastępy bezimiennych obywateli, którzy często dzięki swoim osobistym kontakom i przyjaźniom budowali mosty i starali się zasypywać zatrute studnie nienawiści. Tu należałoby wymienić m. in. Güntera Grassa, Karla Dedeciusa, Andrzeja Szczypiorskiego, Władysława Bartoszewskiego.

Podane w niniejszym opracowaniu przykłady z historii, literatury, religii, malarstwa, architektury i rzeźby, muzyki i filmu, nauki, polityki i gospodarki – obrazują tylko mały wycinek z ogromnego wspólnego dziedzictwa kulturowego zrodzonego z kontaktów polsko-niemieckich.

Jan Jagusiak

„Unmöglich, bei verschlossenen Türen und Fenstern, in Isolation zu leben. Es ist ebenfalls nicht denkbar, daß sich jene Türen und Fenster nur in eine Richtung öffnen ließen. Das Buch ist die edelste Form des Dialogs" – schreibt Karl Dedecius, der große deutsche Humanist und Schriftsteller, Botschafter der polnischen Kultur in Deutschland *(Polen und Deutsche* 1971). „Der literarische Dialog kennt weder Grenzen noch Teilungen, weil er erlaubt, Gefühle, Vorstellungen und Gedanken der Anderen kennenzulernen, weil er immerfort erfolgreich die Einheit in der Vielfalt aufbaut" – lautet die Antwort eines polnischen Übersetzers der deutschen Literatur, Egon Naganowskis.

Wie gestaltete sich dieser literarische Dialog im Laufe der Geschichte?

1 Einen großen Einfluß auf die europäische Literatur der Romantik übte der deutsche Dichter Friedrich Schiller (1759-1805) aus. Welcher Art waren seine Verbindungen zur polnischen Literatur?

2 Der größte polnische Dichter, Adam Mickiewicz (1798-1855), lebte und schuf auch in Deutschland. Dort sind u.a. seine berühmten patriotischen Werke entstanden. In welcher Stadt hat Mickiewicz daran gearbeitet? Welche Werke sind hier gemeint?

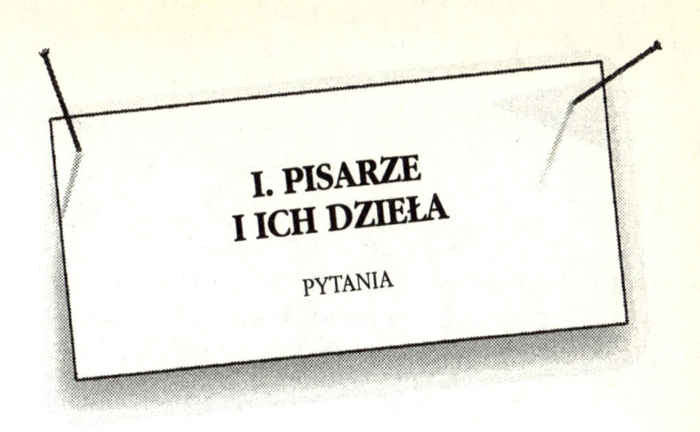

„Nie sposób dzisiaj, w epoce podboju przestrzeni kosmicznej żyć w izolacji, przy drzwiach i oknach zamkniętych. Nie sposób, by drzwi te i okna w jedną tylko otwierały się stronę. Książka jest najszlachetniejszą formą dialogu" – pisze Karl Dedecius – wielki współczesny humanista i pisarz niemiecki, propagator kultury polskiej w Niemczech (*Polacy i Niemcy,* 1971).

„Dialog literacki nie zna granic ni podziałów, bo pozwala poznać uczucia, wyobrażenia i myśli drugiej strony, bo wciąż i skutecznie buduje jedność w różnorodności" – odpowiada mu Egon Naganowski, tłumacz literatury niemieckiej w przedmowie do wspomnianej książki.

Jak ten dialog literacki przedstawiał się na przestrzeni dziejów?

1 Wielki wpływ na europejską literaturę w okresie romantyzmu wywarł niemiecki poeta Friedrich Schiller (1759-1805). Jakie były jego powiązania z literaturą polską?

2 Największy polski poeta Adam Mickiewicz (1798-1855) przebywał i tworzył także w Niemczech. Napisał tam swoje znane utwory patriotyczne. W jakim to było mieście i o jakie utwory chodzi?

3 Welcher der großen deutschen Dichter aus der ersten Hälfte des 19. Jahrhunderts hat in seinen (vorwiegend in Paris veröffentlichten) publizistischen Werken seine Sympathie für Polen zum Ausdruck gebracht? Er ist u.a. Verfasser der Skizze „Über Polen". Hundert Jahre später wurden seine Bücher auf dem Scheiterhaufen verbrannt.

4 Józef Ignacy Kraszewski (1812-1887), der produktivste polnische Schriftsteller (über 600 Bände), Historiker, Publizist und Maler, fand Zuflucht auf deutschem Boden; dort wurde er jedoch ebenfalls gefangen gehalten. Wo und warum suchte er Schutz in Deutschland?

5 Langjährig und vielseitig waren die Verbindungen des polnischen Autors Stanisław Przybyszewski (1868-1927) zur deutschen Literatur. Wo und auf welche Weise war er in Deutschland aktiv?

6 Einer der berühmtesten deutschen Autoren des 20. Jahrhunderts erfreut sich in Polen, insbesondere nach dem 2. Weltkrieg, großer Popularität. Im Vergleich mit anderen ausländischen Schriftstellern haben seine Bücher hier die höchsten Auflagenzahlen erreicht. Wie heißt dieser Autor, in Polen das „Gewissen der deutschen Nation" genannt?

7 Der Schriftsteller ist 1921 in Łódź in einer deutschen Familie, seit Jahrhunderten in Polen seßhaft, geboren worden. 1939 wurde er in die deutsche Wehrmacht eingezogen. Bei Stalingrad geriet er in russische Gefangenschaft. Nach dem Krieg ließ er sich in Deutschland nieder und ist hier der erste Botschafter der polnischen Kultur. Er hat sich insbesondere darum bemüht, die polnische Literatur bekannt zu machen. Wer ist das?

8 Ein deutscher Schriftsteller, in Danzig geboren, seine Vorfahren waren Kaschuben. Seit Jahren großer Polen-Freund und Fürsprecher der deutsch-polnischen Versöhnung. Wer ist gemeint?

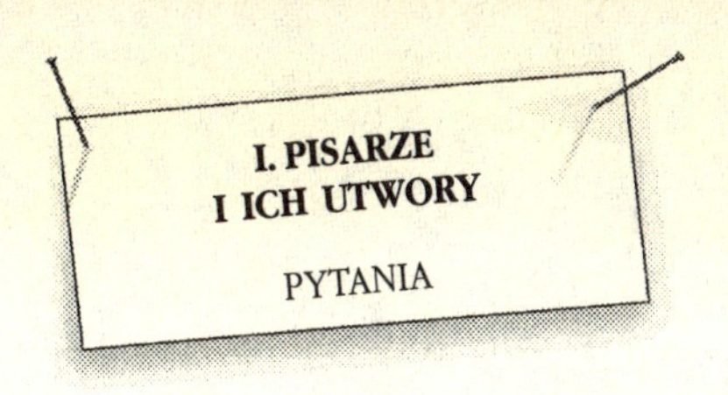

3 Który z wielkich poetów niemieckich 1. połowy XIX w. wyrażał w swojej publicystyce (uprawianej zwłaszcza w Paryżu) uczucia przyjaźni wobec Polaków? Napisał m.in. szkic *O Polsce.* 100 lat później jego książki płonęły na stosach.

4 Józef Ignacy Kraszewski (1812-1887), najbardziej płodny pisarz polski (ponad 600 tomów), historyk, publicysta i malarz, znalazł schronienie na ziemi niemieckiej. Jednak był tam również więziony. Gdzie i dlaczego szukał schronienia w Niemczech?

5 Długotrwałe i różnorodne powiązania z literaturą niemiecką miał polski twórca Stanisław Przybyszewski (1868-1927). Gdzie i jaką działalność rozwijał na terenie Niemiec?

6 Jeden z najsławniejszych pisarzy niemieckich XX w. cieszy się w Polsce, szczególnie po II wojnie światowej, wielką popularnością. Jego książki osiągają tu największe nakłady spośród pisarzy zagranicznych. Jak nazywa się ten pisarz, uznawany w Polsce za sumienie narodu niemieckiego?

7 Pisarz ten urodził się w Łodzi w 1921 r., w starej rodzinie niemieckiej osiadłej od wieków w Polsce. W 1939 r. został wcielony do armii niemieckiej. Pod Stalingradem dostał się do niewoli radzieckiej. Po wojnie mieszkając w Niemczech stał się tam pierwszym ambasadorem kultury, a zwłaszcza popularyzatorem literatury polskiej. Kto to jest?

8 Pisarz niemiecki urodzony w Gdańsku, którego przodkowie byli Kaszubami. Od lat wielki przyjaciel Polski i rzecznik pojednania polsko-niemieckiego. O kogo chodzi?

9 Was verbindet den zeitgenössischen deutschen Schriftsteller Horst Bienek (1930-1990) und sein Schaffen mit Polen?

10 *Zeit der Frauen* ist ein 1990 in Deutschland, dann in Polen publiziertes Buch von Christian von Krockow. In ihm geht es um das gemeinsame Schicksal von Polen und Deutschen. Wann und wo spielt sich die Handlung dieses Buches ab?

11 Welcher bekannte deutsche Humanist hat Ende des 15. Jahrhunderts in Krakau die literarische Gesellschaft „Sodalitas Litteraria Vistulana" ins Leben gerufen? Es war damals die erste Gesellschaft dieser Art in Mitteleuropa. Der Humanist studierte in Krakau Mathematik und Astronomie.

12 Autor der ersten deutschsprachigen Poetik. Er lebte in der ersten Hälfte des 17. Jahrhunderts, war polnischer Abstammung, fühlte sich jedoch mit der deutschen Sprache und Kultur sehr verbunden; er blieb im Dienste des polnischen Königs. Wie war sein Name?

13 Welcher berühmte polnische Dichter und Übersetzer deutscher Poesie bediente sich bei der Ausreise aus Polen eines deutschen Passes, ausgestellt für einen Deutschen namens Mühl? Gezwungen, das Land zu verlassen, suchte er Zuflucht auf deutschem Territorium.

14 Welcher deutsche Dichter der Romantik ist Verfasser eines Polenliedes mit dem Titel *Lied eines wandernden Polen*? Er war auch dafür bekannt, daß er den nach Deutschland geflüchteten Polen opferbereit zu Hilfe kam.

15 Deutscher Gelehrter, Dichter und Politiker, Mitglied der romantischen Gruppierung „Schwäbischer Dichterkreis", Autor des 1833 verfaßten Gedichts *An Mickiewicz*. Wie hieß dieser den Polen wohlgesinnte Mann?

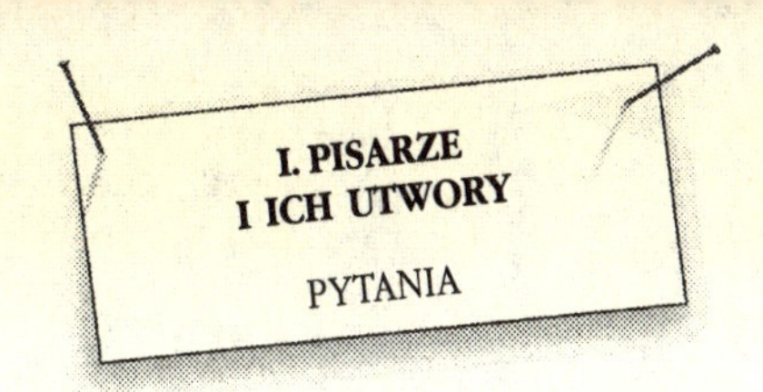

9 Co łączy współczesnego pisarza niemieckiego Horsta Bienka (1930-1990) i jego twórczość z Polską?

10 *Czas kobiet* – to książka Christiana von Krockow, wydana w 1990 r. w Niemczech, następnie także w Polsce. Jest to historia wspólnych losów Polaków i Niemców. Gdzie i kiedy rozgrywa się akcja książki?

11 Który ze znanych niemieckich humanistów założył pod koniec XV w. w Krakowie towarzystwo literackie „Sodalitas Litteraria Vistulana"? Było to pierwsze tego rodzaju towarzystwo w Europie Środkowej. Tenże humanista studiował w Krakowie matematykę i astronomię.

12 Twórca pierwszej w języku niemieckim poetyki, żyjący w 1. połowie XVII w. Polak z pochodzenia, ale przywiązany do kultury i języka niemieckiego. Pełnił służbę na dworze króla polskiego. Jak się nazywał ów twórca?

13 Który sławny poeta polski i tłumacz poezji niemieckiej, opuszczając Polskę korzystał z paszportu wystawionego na niemieckie nazwisko Mühl? Zmuszony do wyjazdu z ojczyzny szukał schronienia na ziemi niemieckiej.

14 Który niemiecki poeta epoki romantyzmu jest autorem pieśni o Polsce *Lied eines wandernden Polen*? Znany był on również z ofiarnej pomocy dla Polaków przybywających na ziemie niemieckie.

15 Niemiecki uczony, poeta i polityk ze szwabskiej grupy romantyków Schwäbischer Dichterkreis jest autorem wiersza *Do Mickiewicza* napisanego w 1833 r. Jak nazywał się ten życzliwy Polakom twórca?

16 „Polens Sache – deutsche Sache" – das ist ein Zitat aus einem 1846 von einem Dichter des Vormärz verfaßten Gedicht. Welcher deutsche Literat hat seine Stellungnahme zu Polen auf diese Formel gebracht?

17 Welcher Art waren die Verbindungen des deutschen Dichters und Komponisten Peter Cornelius (1824-1874) zur polnischen Kultur?

18 Einen ungewöhnlichen Einfluß haben historische Romane von Henryk Sienkiewicz auf den deutschen Großgrundbesitzer Alfred L. Olszewski aus Eichholz in Schlesien ausgeübt. Worauf beruhte dieser Einfluß?

19 Egon Naganowski, seit Jahren um die deutsch-polnische Verständigung bemüht, hat 1973 ein im Jahre 1971 in Deutschland veröffentlichtes, sehr wichtiges Buch über die gegenseitige Beeinflußung polnischer und deutscher Literatur ins Polnische übersetzt. Wie heißt dieses Buch?

20 Seit dem Jahre 1950 verleiht der Börsenverein des Deutschen Buchhandels einen Preis an deutsche und ausländische Künstler. Welcher von den genannten Polen erhielt diesen Preis: Janusz Korczak, Leszek Kołakowski oder Władysław Bartoszewski?

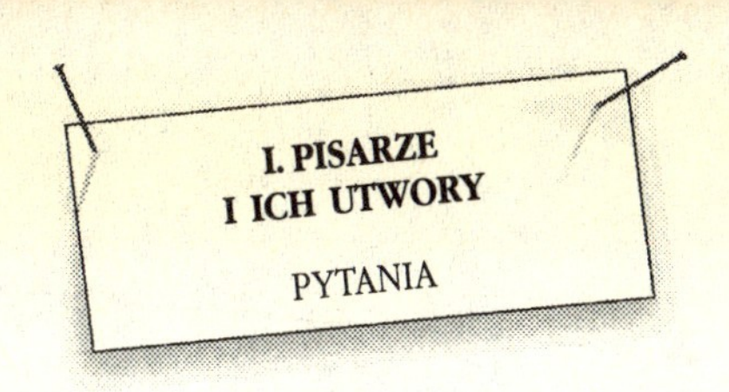

16 „Polens Sache – Deutsche Sache" (Sprawa Polski – sprawą Niemiec) – to słowa wiersza napisanego w 1846 r. przez niemieckiego poetę Wiosny Ludów. Który niemiecki poeta tak wyrażał swój stosunek do Polski?

17 Jakie powiązania z kulturą polską miał niemiecki poeta i kompozytor Peter Cornelius (1824-1874)?

18 Niezwykły wpływ wywarły powieści historyczne Henryka Sienkiewicza na Alfreda L. von Olszewskiego – niemieckiego ziemianina z Eichholz (Warmątowice) na Śląsku. Na czym wpływ ten polegał?

19 Egon Naganowski działający od lat na rzecz porozumienia polsko-niemieckiego przetłumaczył w 1973 r. na język polski, wydaną dwa lata wcześniej w Niemczech, bardzo ważną książkę o wzajemnych powiązaniach w literaturze polskiej i niemieckiej. O jaką książkę chodzi?

20 Stowarzyszenie Księgarzy Niemieckich przyznaje od 1950 r. prestiżowe nagrody twórcom niemieckim i zagranicznym. Który z wymienionych Polaków otrzymał tę nagrodę: Janusz Korczak, Leszek Kołakowski czy Władysław Bartoszewski?

„Historische Auseinandersetzungen zwischen Polen und Deutschen sind allgemein bekannt. Dies ist u.a. darauf zurückzuführen, daß der Verbreitung der schlimmsten Nachrichten der ganzen Welt der mächtigste Informationsapparat dient". Zum Glück sind in den Beziehungen zwischen Ost und West auch noch andere, erbauliche Faktoren am Werk. Auch in der Geschichte der deutsch-polnischen Beziehungen finden wir trotz vieler Schattenseiten und tragischer Begebenheiten erfreuliche Beispiele guter nachbarschaftlicher Kontakte.

21 Ein deutscher Herrscher hat einem polnischen Monarchen den Ehrentitel des römischen Patriziers verliehen. Welcher deutsche Herrscher war das? Wann und wem wurde dieser Ehrentitel zuerkannt?

22 Im 13. Jahrhundert war Mittel- und Osteuropa infolge der mongolischen Eroberungszüge häufig verwüstet. Sie bedrohten sogar das westliche Europa. Wo und wann haben polnische und deutsche Ritter eine große Schlacht mit den Mongolen ausgetragen?

23 Welcher polnische Monarch fand nach seinem verlorenen Kampf um den Thron, von nicht-polnischen Verbündeten im Stich gelassen, für einige Jahre Zuflucht bei den Deutschen in Bayern?

„Historyczne spięcia między Polakami i Niemcami są wszystkim dobrze znane. m. in. dzięki temu, że upowszechnianiu wszelkich złych wieści służy najpotężniejszy aparat informacyjny". Ale na szczęście w stosunkach między Wschodem i Zachodem istnieją także czynniki inne, budujące. Również w stosunkach polsko-niemieckich, mimo wielu ciemnych i tragicznych kart, były budujące dobrego sąsiedztwa.

21 Jeden z cesarzy niemieckich nadał władcy polskiemu zaszczytny tytuł patrycjusza rzymskiego. Który władca to uczynił, kiedy i komu nadał ten tytuł?

22 W XIII w. Europa Wschodnia i Środkowa była często pustoszona przez najazdy Mongołów. Zagrażali oni nawet Europie Zachodniej. Gdzie i kiedy rycerstwo polskie i niemieckie stoczyło wielką bitwę z Mongołami?

23 Który polski monarcha po przegraniu walk o utrzymanie tronu, opuszczony przez sprzymierzeńców spoza Polski, znalazł na kilka lat schronienie u Niemców w Bawarii?

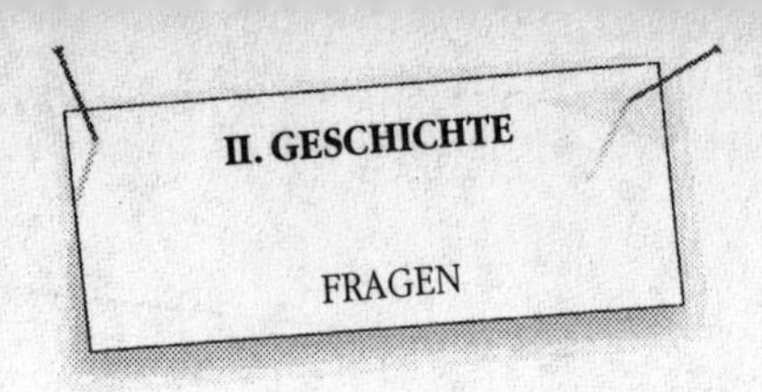

24 Die Verfassung vom 3. Mai 1791 sollte die königliche Macht stärken und dem endgültigen Verfall des Polnischen Staates vorbeugen. Dabei erhoffte man sich in politischer Hinsicht viel von einem Deutschen aus Sachsen. Wen hatten die polnischen Verfassungsautoren gemeint?

25 In welchem deutschen Land sammelten sich exilierte polnische Patrioten, die den gegen die drei Besatzungsmächte gerichteten Aufstand unter Kościuszko organisierten? Unter den Exilierten befanden sich u.a. Tadeusz Kościuszko (1746-1817) und Hugo Kołłątaj (1750-1812), Mitautor der Verfassung vom 3. Mai.

26 Welcher polnische Nationalheld wurde von einigen seiner zeitgenössischen Landsleute, die ihm nicht wohlgesinnt waren, Sachse oder Deutscher genannt? Warum nannte man ihn so?

27 10 Jahre nach der Teilung Polens – im Jahre 1805 – wurde dank Napoleon ein polnischer Ministaat, das Warschauer Herzogtum, gegründet. Seit 1807 spielte hier eine deutsche Persönlichkeit eine wichtige Rolle. Wer war das und um welche Rolle geht es?

28 Um die Wende des 18. zum 19 Jh. führten die Wege vieler Polen oft durch Deutschland. Mit welcher deutschen Stadt ist das tragische Schicksal des polnischen Nationalhelden Fürst Józef Poniatowski (1763-1813) verbunden?

29 Gustaw Alfred Bojanowski (1787-1856) war eine bekannte Persönlichkeit aus dem deutsch-polnischen Grenzgebiet. Er arbeitete für Preußen und Polen, kam aber auch in Rußland und Schweden zu hohem Ansehen. Auf welchem Gebiet war er tätig?

30 Ludwig Mierosławski (1814-1878) ist hauptsächlich als Anführer der polnischen Nationalaufstände bekannt. Er

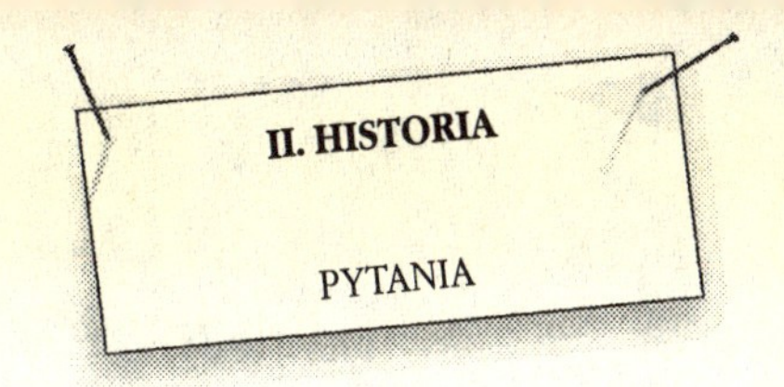

24 Konstytucja 3 Maja 1791 r., która miała umocnić władzę królewską i zapobiec ostatecznemu upadkowi państwa polskiego, wiązała duże nadzieje także z Niemcem z Saksonii. O kim wtedy myśleli Polacy – twórcy konstytucji?

25 W którym państwie niemieckim skupiła się polska emigracja patriotyczna przygotowująca powstanie kościuszkowskie dla obrony państwa polskiego przed trzema zaborcami? Wśród emigrantów byli m. in. Tadeusz Kościuszko (1746-1817) i Hugo Kołłątaj (1750-1812), współtwórca Konstytucji 3 Maja.

26 Który polski bohater narodowy nazywany był Sasem lub Niemcem przez niektórych, nieżyczliwych mu, współczesnych rodaków? Dlaczego tak go nazywali?

27 W 10 lat po rozbiorach – w 1805 r. – za sprawą Napoleona Bonaparte powstała namiastka państwa polskiego – Księstwo Warszawskie. Od 1807 r. ważna rola w tym państwię została przypisana osobie narodowości niemieckiej. Komu i jaka to była rola?

27 Na przełomie XVIII i XIX w. drogi Polaków często prowadziły przez Niemcy. Z którym miastem niemieckim związane są tragiczne losy polskiego bohatera tamtych czasów – księcia Józefa Poniatowskiego (1763-1813)?

29 Gustaw Alfred Bojanowski (1787-1856), to postać znana z historii pogranicza polsko-niemieckiego. Pracował dla Prus i dla Polski, a doceniany był również przez Szwecję i Rosję. Jaką pełnił służbę?

30 Ludwik Mierosławski (1814-1878), to przede wszystkim dowódca polskich powstań narodowych. Ale był rów-

nahm aber auch an wichtigen historischen Ereignissen in den deutschen Staaten teil. Um welche Ereignisse geht es?

31 Der erste historisch belegte Herrscher von Polen, Mieszko I unterhielt zweifellos Kontakte nach Augsburg. Davon zeugt eine Erwähnung in der Augsburger Synode im Jahre 993. Welche Information über den polnischen Fürsten enthält diese Erwähnung?

32 Das älteste im Original erhaltene polnische Dokument ist mit Bamberg, einer alten deutschen Stadt in Bayern, verbunden. Bamberg war seit 1007 Bischofssitz. Wann und von wem wurde dieses Dokument ausgestellt?

33 Reinhold Heidenstein (1535-1620) war ein Deutscher im Dienst der polnischen Könige und ihres berühmten Kanzlers Jan Zamoyski. Womit befaßte er sich während seines Dienstes in Polen?

34 Anna (1503-1547), Königin von Rom, Böhmen und Ungarn, Gemahlin des Kaisers Ferdinand I. und Teilnehmerin der Reichstage zu Nürnberg, war mit einer in Polen herrschenden königlichen Familie verwandt. Welche Art Verwandtschaft lag hier vor?

35 Während der großen Schlacht gegen die Türken bei Wien (1683) fochten polnische und deutsche Streitkräfte auf einer Seite. Wer waren die Befehlshaber der einzelnen Heere und wer führte das Oberkommando?

36 Ein gebürtiger Deutscher, General der Artillerie in Polen am Ende des 18. Jahrhunderts, war Gründer einer Artillerie-Schule und hat sich um das kulturelle Leben in Warschau verdient gemacht. Sein Vater übte als Berater des Königs August III. einen großen Einfluß auf die Politik des Staates aus und erwarb sich ein enormes Vermögen. Wie hießen diese Einwanderer?

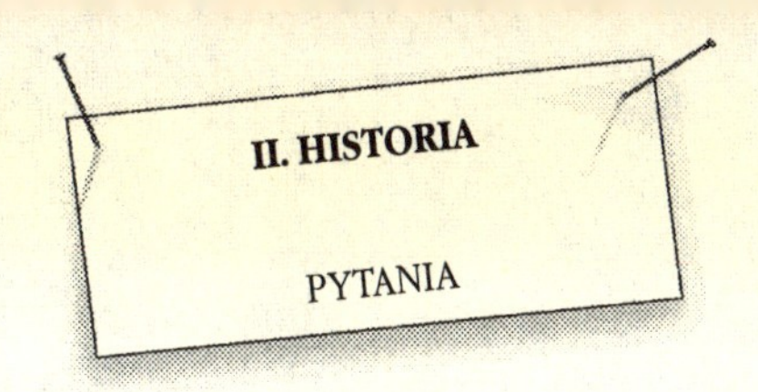

nież uczestnikiem ważnych wydarzeń w państwach niemieckich. Jakie to były wydarzenia?

31 Pierwszy historyczny władca Polski, Mieszko I, miał niewątpliwie kontakty z Augsburgiem. Świadczy o tym wzmianka na synodzie augsburskim w 993 r. Jaką informację o władcy polskim zawiera?

32 Najstarszy polski dokument zachowany w oryginale związany jest z Bambergiem – starym miastem niemieckim w Bawarii, które od 1007 r. było siedzibą biskupstwa. Kiedy i kto wydał ten dokument?

33 Reinhold Heidenstein (1535-1620), był Niemcem w służbie królów polskich i sławnego kanclerza Jana Zamoyskiego. Czym zajmował się pełniąc służbę w Polsce?

34 Anna (1503-1547), królowa rzymska, czeska i węgierska, żona cesarza Ferdinanda I, uczestniczka sejmów Rzeszy w Norymberdze, miała powiązania rodzinne z panującym w Polsce rodem królewskim. Jakie to były więzi?

35 W wielkiej bitwie pod Wiedniem w 1683 r. przeciwko Turkom wystąpiły wspólnie wojska polskie i wojska państw niemieckich. Kto dowodził poszczególnymi armiami, a kto całą koalicją?

36 Niemiec z pochodzenia, generał artylerii w Polsce w końcu XVIII w., był założycielem szkoły artyleryjskiej, a jednocześnie twórcą kultury w Warszawie. Jego ojciec będąc doradcą króla Augusta III miał wielki wpływ na rządy w Polsce, dorobił się ogromnej fortuny. Jak nazywali się ci przybysze?

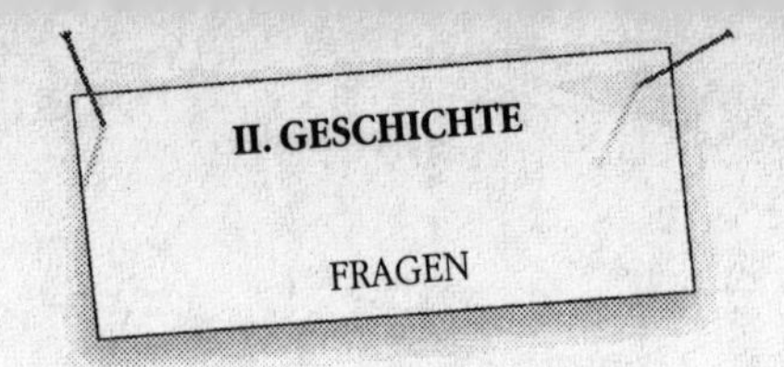

37 Während der napoleonischen Kriege hat ein berühmter Feldmarschall, dessen Vorfahren höchstwahrscheinlich polnischer Abstammung waren (obgleich es dem Familiennamen nicht zu entnehmen ist), Preußen vor einer Niederlage gerettet. Wer war das?

38 Mit welchen Ereignissen auf polnischem und deutschem Boden verbindet sich die Entstehungsgeschichte der *Polenlieder* und „Polen-Vereine"?

39 1832 fand in Hombach eine große Kundgebung demokratisch-republikanischer Kräfte Süddeutschlands statt, bei der auch polnische Fragen diskutiert wurden. Welche polnischen Probleme kamen in Hombach zur Sprache?

40 Ein Mitglied der Radziwiłł-Familie namens Fryderyk (1787-1870) hat in hohem Grade zum Aufblühen der militärischen Macht Preußens beigetragen, obwohl er seine polnische Nationalzugehörigkeit nie geleugnet hat. Auf welche Art und Weise hat er Preußen gedient?

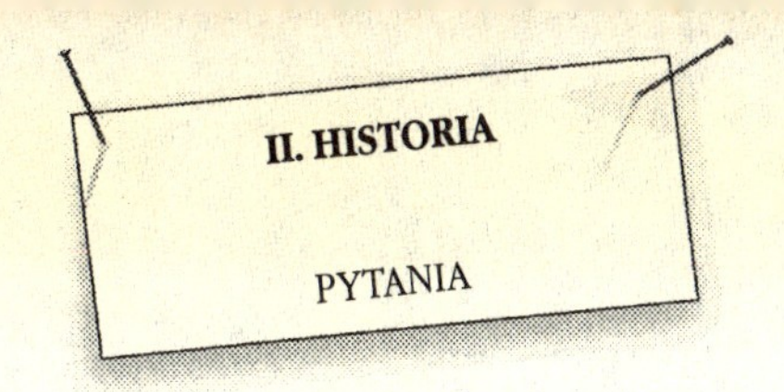

37 W czasie wojen napoleońskich wielką rolę w uratowaniu Prus przed klęską odegrał sławny feldmarszałek, którego przodkowie byli prawdopodobnie Polakami (chociaż z nazwiska wcale to nie wynikało). Kto to był?

38 Z jakimi wydarzeniami na ziemiach polskich i niemieckich wiąże się powstanie wierszy *Polenlieder* i związków „Polenvereine"?

39 W 1832 r. odbyła się w Hombach wielka manifestacja ruchów demokratyczno-republikańskich południowych krajów niemieckich. Na tym zgromadzeniu poruszono również sprawy polskie. Jakie sprawy dotyczące Polski interesowały Niemców w Hombach?

40 Jeden z przedstawicieli rodu Radziwiłłów, Fryderyk (1787-1870), walnie przyczynił się do rozwoju potęgi wojskowej Prus, chociaż poczucie polskości zachował. W jaki szczególny sposób przysłużył się Prusom?

Bei der Gestaltung der guten nachbarschaftlichen Beziehungen zwischen dem polnischen und dem deutschen Volk hat die Religion eine wichtige Rolle gespielt. Während seiner tausendjährigen Geschichte stand das Christentum in Polen immer in Kontakt zu den Kirchenvätern des deutschen Kulturraums. Diese Kontakte waren im allgemeinen gut, obwohl es auch an schwierigen Momenten nicht fehlte. Von der gemeinsamen Missionstätigkeit im Mittelalter angefangen bis hin zu den letzten Jahrzehnten haben die Kirchen in Deutschland und Polen in bedeutender Weise zur Annäherung der beiden Völker beigetragen.

41 Im Jahre 1000 unternahmen ein polnischer und ein deutscher Herrscher eine Wallfahrt zum Grabe des heiligen Adalbert. Welche Herrscher waren das? Welche Stadt war ihr Treffpunkt? Welche neuen Bistümer sind damals gegründet worden?

42 Er war ein Vertreter der polnischen katholischen Kirche auf preußischem Gebiet; Geistlicher und zugleich hervorragender Astronom der Neuzeit. Sein Lebenswerk ist in Nürnberg erschienen. Wer war das?

43 Ernest Ludwik Borowski (1740-1831) entstammte einer reichen polnischen Familie. Als Geistlicher bekleidete er wichtige Kirchenämter in Preußen. Welche Ämter waren das?

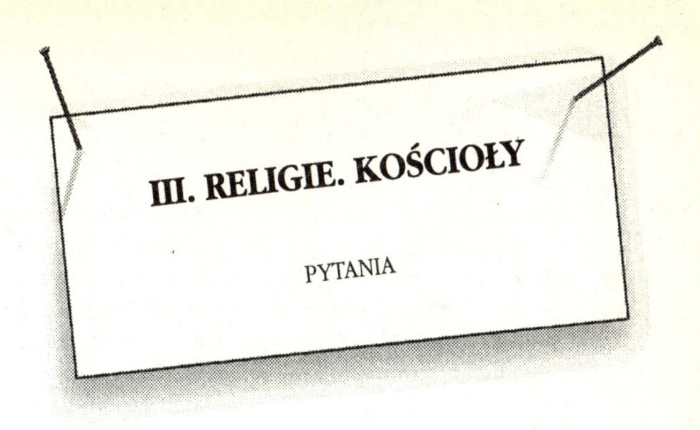

III. RELIGIE. KOŚCIOŁY

PYTANIA

W kształtowaniu dobrosąsiedzkich stosunków między narodami polskim i niemieckim ważną rolę odegrała religia. Tysiącletnia historia chrześcijaństwa w Polsce to równie długi okres kontaktów z ojcami Kościoła w Niemczech. Zazwyczaj były to dobre kontakty, chociaż zdarzały się i trudne momenty. Poczynając od wspólnej działalności misyjnej już w średniowieczu aż do ostatnich dziesięcioleci Kościoły w Niemczech i w Polsce w znaczący sposób przyczyniły się do zbliżenia obu narodów.

41 W 1000 r. władcy polski i niemiecki odbyli pielgrzymkę do grobu świętego Wojciecha. O których władców chodzi? W jakim mieście się spotkali? Jakie biskupstwa zostały wówczas założone?

42 Był przedstawicielem polskiego Kościoła katolickiego, pracował na terenie Prus; duchowny i znakomity astronom czasów nowożytnych. Dzieło jego życia zostało wydane w Norymberdze. O kogo chodzi?

43 Ernest Ludwik Borowski (1740-1831) pochodził z bogatej rodziny polskiej. Był duchownym, który sprawował ważne funkcje w Prusach. O jakie funkcje chodzi?

44 Die Kirchen der beiden Länder haben nach dem 2. Weltkrieg zur weitgehenden Normalisierung der deutsch-polnischen Beziehungen beigetragen. Von besonderer Bedeutung war die 1965 an die deutschen Bischöfe gerichtete Botschaft der polnischen Bischöfe. Was beinhaltete dieses Manifest?

45 Das 1965 in Deutschland verkündete Memorandum der evangelischen Kirche fand bei den Gläubigen und politischen Organisationen beider Länder starken Widerhall. Welche wichtigen deutsch-polnischen Fragen kamen hier zur Sprache?

46 Im Juni 1982 trafen polnische und deutsche Bischöfe in Auschwitz zusammen. Von dort aus sandten sie ein Schreiben an Papst Johannes Paul II. Welche wichtigen Fragen berührte dieses Schreiben?

47 Am 10. Oktober 1982 fand in Rom ein Akt deutsch-polnischer Versöhnung von großer Wichtigkeit statt. Der außergewöhnliche Anlaß war die Heiligsprechung eines polnischen Märtyrers aus dem KZ Auschwitz. Welche Persönlichkeit trug an diesem Tag zu einer Annäherung der beiden Völker bei?

48 Eine für die Annäherung der Völker verschiedener Bekenntnisse wichtige Begegnung war der Besuch des Papstes bei der evangelisch-lutherischen Gemeinde in Rom im Jahre 1982. Dieses Treffen hing mit den Geburtstagsfeierlichkeiten zu Ehren eines deutschen Kirchenreformators zusammen. Worin bestand dieser besondere Anlaß?

49 Nach der Ansicht der meisten Polen sind ihre Traditionen und ihre nationale Kultur vor allem mit dem Katholizismus sehr eng verbunden. Es gab jedoch Gebiete, wo Polentum und Protestantismus miteinander verbunden waren. Welche polnischen Gebiete sind hier gemeint?

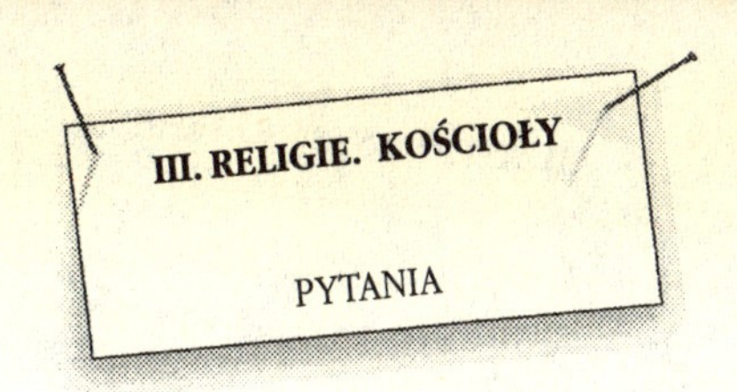

44 Kościoły w obu państwach w znaczący sposób przyczyniły się do normalizacji stosunków niemiecko-polskich. Szczególne znaczenie miało *Orędzie Biskupów Polskich do ich Niemieckich Braci* z 1965 r. Jakie treści zawierał ten manifest?

45 Memorandum Kościoła ewangelickiego, ogłoszone w Niemczech w 1965 r., znalazło szeroki oddźwięk zarówno wśród wiernych, jak i wśród władz politycznych w obu krajach. Jakie ważne kwestie narodowościowe i polityczne zostały w nim poruszone?

46 W 1982 r. w Oświęcimiu spotkali się biskupi polscy i niemieccy. Wysłano stamtąd list do papieża Jana Pawła II. Jakie ważne kwestie zostały poruszone w tym liście?

47 10 X 1982 r. w Rzymie miało miejsce ważne wydarzenie: akt pojednania niemiecko-polskiego. Uroczystą okazją była kanonizacja polskiego męczennika z obozu koncentracyjnego w Oświęcimiu. Czyja niezwykła osobowość doprowadziła owego dnia do zbliżenia obu narodów?

48 Ważnym wydarzeniem dla zbliżenia narodów różnych wyznań była wizyta papieża w gminie ewangelicko-luterańskiej w Rzymie w 1983 r. Spotkanie to zbiegło się z uroczystościami z okazji rocznicy urodzin niemieckiego reformatora Kościoła. Jaki był szczególny powód tej wizyty?

49 Wielu Polaków sądzi, iż nasza tradycja i kultura narodowa są przede wszystkim związane z katolicyzmem. Są jednak regiony, gdzie polskość ma silne związki z protestantyzmem. O jakie tereny Polski chodzi?

III. RELIGIONEN. KIRCHEN

FRAGEN

50 Ein heilig gesprochener deutscher Benediktiner-Mönch bekehrte mit dem Einverständnis des polnischen Fürsten Bolesław Chrobry die Bewohner der nordöstlichen Grenzgebiete Polens zum Christentum. Er wurde auch „Bischof der Heiden" genannt. Wie hieß er?

51 Enge Kontakte bestanden zwischen der polnischen Kirche und dem Bistum Bamberg. Welche Dienste leistete der deutsche Bischof Otto von Bamberg (1060-1139) einem polnischen Herrscher?

52 Eine Fürstin deutscher Abstammung, Beschützerin des polnischen Volkes in Schlesien im 12. Jahrhundert, hat sich bei ihren Zeitgenossen hohes Ansehen erworben. Nach dem Tode wurde sie heilig gesprochen. Zu ihrem Grabe pilgerten Polen und Deutsche. Welche Heilige war das?

53 Einige polnische Theologen erfüllten Missionsaufgaben in Deutschland. Welches waren die Aufgaben des katholischen Bischofs Mateusz aus Krakau (1330-1410)?

54 Jan Dantyszek (1485-1548), katholischer Bischof von Ermland, ein Freund von Kopernikus, hatte auf Grund seiner vielfältigen Aktivitäten festen Kontakt zu vielen Deutschen. Was für Kontakte waren das?

55 Einer der in Europa berühmtesten Humanisten der Reformationszeit war der Pole Jan Łaski (1499-1560). Vieles verband ihn auch mit Deutschland. Auf welche Weise kamen diese Verbindungen zustande?

56 Manche Protestanten deutscher Herkunft haben sich für die Verteidigung des Polentums eingesetzt. Worauf beruhte Martin Ottos (1819-1882) Dienst für Polen im Rahmen der evangelischen Kirche?

57 Juliusz Bursche (1862-1942) hat mit seinem Leben be-

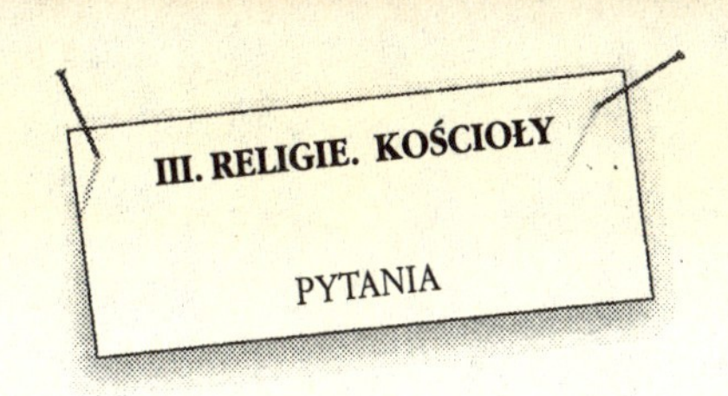

50 Niemiec z zakonu benedyktynów, ogłoszony świętym, w porozumieniu z polskim władcą Bolesławem Chrobrym, nawracał na chrześcijaństwo mieszkańców ziem graniczących z Polską północno-wschodnią. Zwano go też biskupem pogan. Kto to był?

51 Częste były kontakty Kościoła w Polsce z biskupstwem w Bambergu. Jaką służbę pełnił na zaproszenie władcy polskiego niemiecki biskup Otton z Bambergu (1060-1139)?

52 Powszechny szacunek sobie współczesnych zyskała księżniczka pochodzenia niemieckiego, opiekunka ludu polskiego na Śląsku w XII w. Po śmierci kanonizowana. Jej grób był celem pielgrzymek Polaków i Niemców. Która to święta?

53 Niektórzy teologowie z Polski spełniali misje w Niemczech. Jakie zadania na terenie Niemiec wypełniał biskup katolicki Mateusz z Krakowa (ok. 1330-1410)?

54 Jan Dantyszek (1485-1548), katolicki biskup warmiński, przyjaciel Mikołaja Kopernika, w swojej bardzo różnorodnej działalności miał ważne powiązania z Niemcami. Jakie?

55 Do najbardziej znanych w Europie humanistów w okresie reformacji należał Polak Jan Łaski (1499-1560). Jego droga życiowa łączyła się także z Niemcami. W jaki sposób?

56 Niektórzy ewangelicy o rodowodzie niemieckim zapisali piękne karty w obronie polskości. Jaką służbę w Kościele ewangelickim dla Polaków pełnił Marian Otto (1819-1882)?

57 Juliusz Bursche (1862-1942) całym swym życiem dowiódł,

wiesen, wie ungerecht die klischeehafte Einteilung in Polen-Katholiken und Deutsche-Protestanten ist. Welche Fakten aus seinem Leben zeigen dies?

58 1969 begann in Deutschland die sog. „Aktion Sühnezeichen". Sie sollte für die deutsch-polnische Aussöhnung von großem Belang sein. Von wem und wo ist diese Aktion eingeleitet worden?

59 Die 80-er Jahre haben in der katholischen Kirche eine massenhafte „Oasen-Bewegung" hervorgebracht, auch als „Licht und Leben" – Aktionen bekannt. Ihr Initiator war der polnische Priester Franciszek Blachnicki. Welcher Natur waren Blachnickis Verbindungen zu Deutschland?

60 Im September 1995 erschien in Deutschland ein Buch von Wolfgang Pailer mit dem Untertitel „Nestor der polnisch-deutschen Aussöhnung". Wer ist dieser Nestor der deutsch-polnischen Verständigung: Mieczysław Pszon, Stanisław Stomma oder Andrzej Szczypiorski?

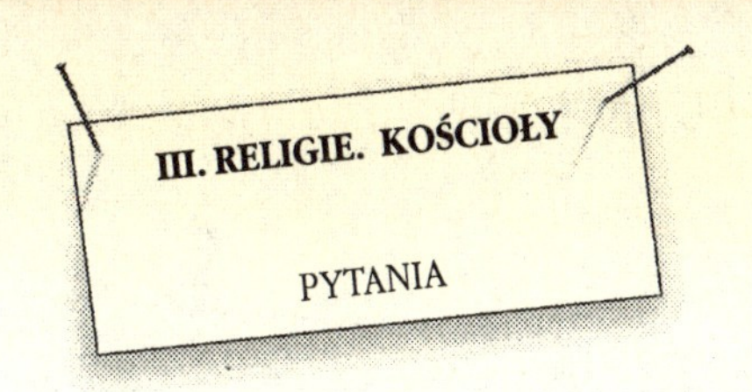

że niesłuszny jest stereotypowy podział: Polak – katolik, Niemiec – ewangelik. Jakie fakty z jego życia to potwierdziły?

57 W 1969 r. w Niemczech rozpoczęta została tzw. Akcja Pokuty (Aktion Sühnezeichen), która miała wielkie znaczenie dla porozumienia polsko-niemieckiego. Kto i gdzie rozpoczął tę akcję?

59 W latach 80. w Kościele katolickim narodził się masowy ruch oazowy „Światło-Życie". Jego twórcą był ks. Franciszek Blachnicki z Polski. Jaki był związek ks. Blachnickiego z Niemcami?

60 We wrześniu 1995 r. ukazała się w Niemczech książka Wolfganga Pailera, której podtytuł brzmi: *Nestor der polnisch-deutschen Aussöhnung*. Kto jest tym nestorem porozumienia polsko-niemieckiego: Mieczysław Pszon, Stanisław Stomma czy Andrzej Szczypiorski?

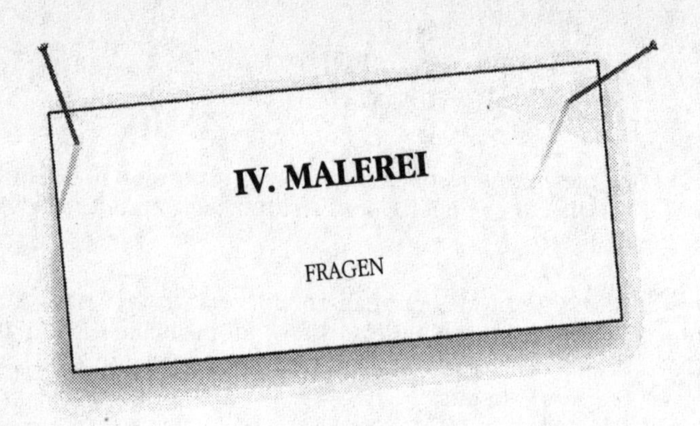

Bleibende Zeugnisse der jahrhundertelangen gegenseitigen Beeinflußung von polnischer und deutscher Kultur finden sich vor allem in der Malerei. Angefangen mit der mittelalterlichen Wand- und Tafelmalerei, über die Porträtkunst der Renaissance und des Barocks bis hin zum formüppigen Klassizismus und das ganze 19. Jahrhundert hindurch haben sich einzelne Schulen und große Künstlerpersönlichkeiten Polens und Deutschlands gegenseitig bereichert. An den Höfen der deutschen Herrscher waren gerade Polen sehr häufig hervorragende Malermeister, den polnischen Herrschern dagegen leisteten deutsche Maler ihre Dienste. Nicht zu übersehen sind auch die Verdienste niederländischer und ganz besonders italienischer Künstler.

61 Der Maler stammte aus Nürnberg. Zusammen mit seinem Bruder, dem wohl berühmtesten Vertreter der mitteleuropäischen Renaissance-Kunst, stand er im Dienst des Kaisers Maximilian I. Später war er in Krakau am Hofe eines polnischen Königs aus dem Jagiellonen-Geschlecht tätig. Welcher deutsche Maler ist hier gemeint?

62 Antoni Moeller-Möller (1563-1612), geboren in Königsberg, war Maler in einigen Städten Pommerns. Sein Name wird jedoch sehr oft in engen Zusammenhang gebracht mit

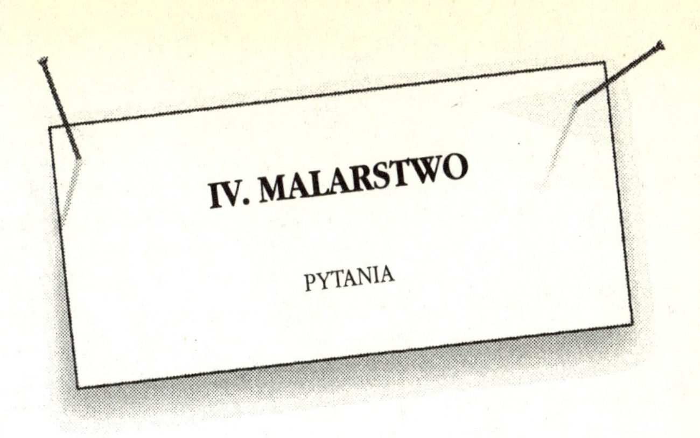

Trwałe świadectwa wielowiekowych wzajemnych wpływów kultury polskiej i niemieckiej pozostały szczególnie w dziedzinie malarstwa. Już od średniowiecznego malarstwa ściennego i tablicowego, poprzez renesansowe i barokowe malarstwo portretowe, aż do bogatego w formy klasycyzmu i całego XIX wieku – oddziaływały na siebie szkoły i wielkie indywidualności twórcze z Polski i Niemiec. Na dworach władców niemieckich jakże często czołowymi malarzami byli Polacy, a u władców polskich – Niemcy. Cenne dopełnienie stanowili artyści niderlandzcy oraz włoscy.

61 Malarz ten pochodził z Norymbergi. Tam, razem z bratem – najwybitniejszym przedstawicielem renesansu w sztuce środkowoeuropejskiej – wykonywał prace dla cesarza Maksymiliana I. Następnie pracował w Krakowie w służbie króla polskiego z rodu Jagiellonów. Który to malarz niemiecki?

62 Antoni Moeller-Möller (1563-1612), pochodzący z Królewca, malował w kilkunastu miastach na Pomorzu. Ale ściśle łączy się go z miastem wielowiekowych

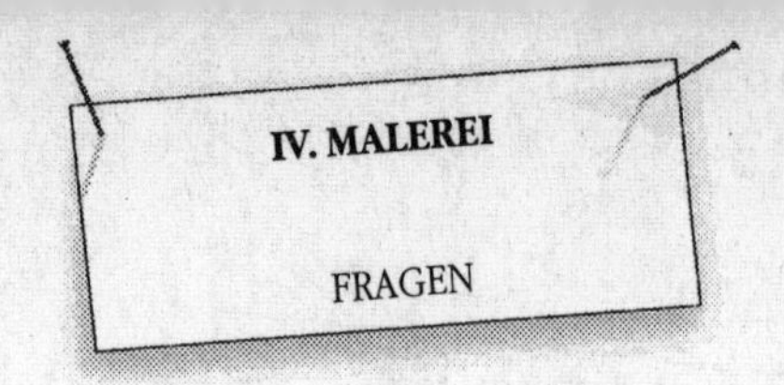

einer Stadt, in der polnische und deutsche Kultur einander Jahrhunderte hindurch befruchtet haben. Welche Stadt ist das?

63 Teodor Bogdan und Krzysztof Lubieniecki waren Maler während der Wende vom 17. zum 18. Jahrhundert. Ihr Vater Stanisław war Schriftsteller und Astronom. Der Lebensweg beider Brüder führte sie eine Zeitlang nach Deutschland. Welcher Art waren ihre Kontakte zu diesem Land?

64 Welcher polnische König hat zur Entstehung einer berühmten Gemäldegalerie in Deutschland beigetragen? Diese Galerie war eine der größten Kunstsammlungen in Europa.

65 Ein Maler italienischer Herkunft wurde dank seines erfolgreichen Schaffens zum Ehrenbürger der Städte Warschau und Dresden ernannt. Er arbeitete sowohl für polnische Könige als auch für den Kaiser in Wien. Wer war das?

66 Władysław Czachórski (1850-1911) war einer der bekanntesten polnischen Maler. Fast sein ganzes künstlerisches Leben verbrachte er in Deutschland, in einem Zentrum der polnischen Exilkünstler. In welcher Stadt lebte er damals?

67 Zu den berühmtesten polnischen Malern gehört der Gründer der sog. Münchener Schule in der polnischen Malerei in der zweiten Hälfte des 19. Jahrhunderts. Denselben Familiennamen führte dann ein deutscher Kanzler. Von wem ist hier die Rede?

68 Zwei berühmte polnische Maler, Vater und Sohn, waren durch ihr künstlerisches Schaffen mit Deutschland verbunden. (In besonderem Maße trifft dies auf den Sohn zu). Sehr bekannt sind ihre Pferdebilder und Schlachtenszenen. Wer waren diese Maler und welcher Art war ihre Verbindung zu Deutschland?

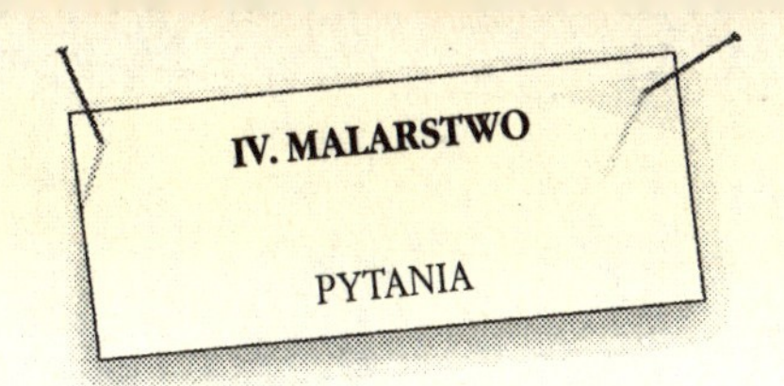

wpływów kultury polskiej i niemieckiej. Z którym to miastem?

63 Lubienieccy – Teodor Bogdan i Krzysztof – to malarze z przełomu XVII i XVIII w., a ich ojciec Stanisław był pisarzem i astronomem. Droga życiowa każdego z nich wiodła w pewnym okresie przez ziemie niemieckie. Co ich łączyło z Niemcami?

64 Który król polski przyczynił się do powstania na terenie Niemiec słynnej galerii malarstwa? Był to jeden z największych zbiorów sztuki w Europie.

65 Malarz ten z pochodzenia był Włochem, ale dzięki osiągnięciom w sztuce malarskiej stał się honorowym obywatelem Warszawy i Drezna. Pracował u królów polskich i u cesarza w Wiedniu. Kto to był?

66 Władysław Czachórski (1850-1911) to jeden z najbardziej znanych malarzy polskich. Jednak prawie całe twórcze życie spędził w Niemczech – w ośrodku malarzy emigrantów z Polski. W jakim mieście mieszkał?

67 Do najsławniejszych malarzy polskich należał twórca tzw. monachijskiej szkoły malarstwa polskiego w drugiej połowie XIX w. Takie samo nazwisko miał jeden z późniejszych kanclerzy Niemiec. O kogo chodzi?

68 Dwaj sławni malarze polscy – ojciec i syn – związani byli swoją twórczością z Niemcami, zwłaszcza syn. Szczególnie znane są ich obrazy z końmi i sceny batalistyczne. Którzy to malarze i jakie były ich związki z Niemcami?

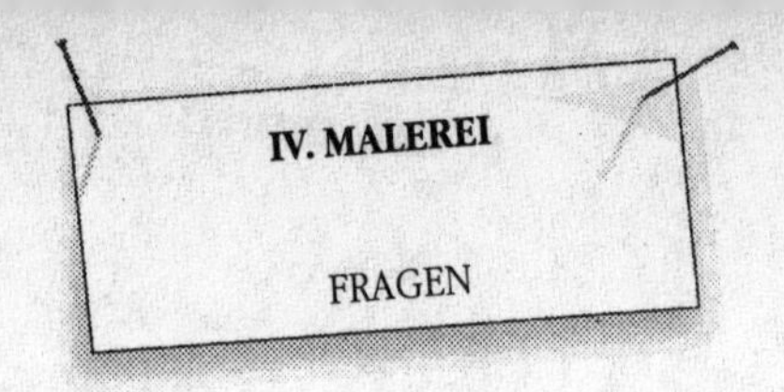

69 Julian Fałat (1853-1929) erfreute sich sowohl unter Polen als auch unter Deutschen des Rufs eines hervorragenden Künstlers. Seine Kunst fand sogar in hohen Regierungs-kreisen Anerkennung. Was für Kontakte hatte er zu Deutschland?

70 Welches ausgezeichnete gotische Gemälde gab das hanseatische Hamburg 1993 seiner Partnerstadt in Polen zurück?

71 Wann und wo lebte der Maler Jan Polak (Polack)?

72 In Danzig trafen verschiedene kulturelle und wirtschaftliche Kräfte aufeinander. Viele der Danziger Künstler genossen bei den polnischen Monarchen hohes Ansehen. Einer dieser Künstler war ein Maler und Porträtist aus dem 17. Jahrhundert, der im Auftrag von drei polnischen Königen arbeitete. Wie hieß dieser Danziger Künstler?

73 Jerzy Lisiewski (1674-1750) entstammte einer polnischen Familie. Nachdem er jedoch bei einem preußischen Herrscher in Dienst getreten war, brach er seine Verbindungen zu Polen ab und betrachtete sich nur noch als Deutscher. Er war der Stammvater einer deutschen Malerfamilie. Welchem Herrscher diente er?

74 Daniel Mikołaj Chodowiecki (1726-1801) war geborener Danziger, Sohn eines Polen und einer Französin. Er hat sich jedoch als deutscher, genauer gesagt als Berliner Künstler, einen Namen gemacht. Auf welchem Kunstgebiet war er tätig?

75 Dieser Maler hielt sich für einen Polen, obwohl er als Sohn einer deutschen Familie zur Welt kam. Er war der Lehrmeister der berühmten polnischen Maler Jan Matejko und Artur Grottger und ein Freund der hervorragendsten Dichter der polnischen Romantik. Wer war er?

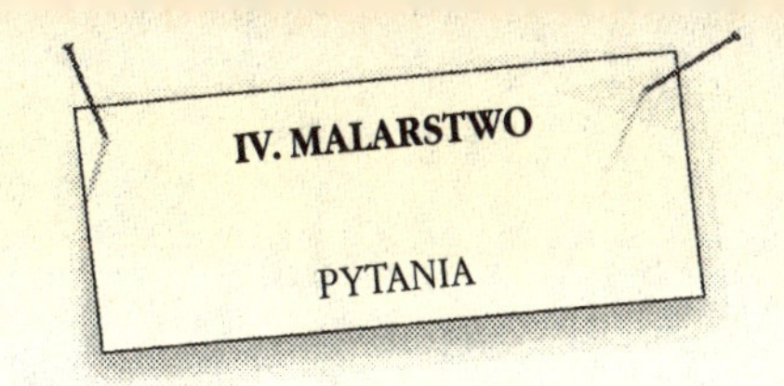

69 Julian Fałat (1853-1929) cieszył się zasłużoną sławą wielkiego artysty nie tylko u Polaków, ale i wśród Niemców. Darzony był uznaniem w wysokich sferach rządowych. Jakie powiązania miał z Niemcami?

70 Jakie wybitne gotyckie malowidło zwrócił w 1993 r. hanzeatycki Hamburg swojemu partnerowi w Polsce?

71 Kiedy żył i gdzie tworzył Jan Polak (Polack)?

72 Gdańsk był miastem krzyżujących się wpływów w dziedzinie gospodarki i kultury. Wielu gdańskich artystów cieszyło się uznaniem u władców Polski, jak np. malarz i portrecista XVIII w., który pracował na zlecenie trzech królów polskich. Jak się nazywał ten gdański artysta?

73 Jerzy Lisiewski (1674-1750) pochodził z polskiej rodziny, ale po przejściu do pracy u władcy pruskiego i zerwaniu z Polską czuł się wyłącznie Niemcem. Był protoplastą niemieckiej rodziny malarzy. U kogo z panujących pracował?

74 Daniel Mikołaj Chodowiecki (1726-1801) był gdańszczaninem, synem Polaka i Francuzki. Znany był jednak jako artysta niemiecki – berlińczyk. Jaką dziedzinę twórczości uprawiał?

75 Czuł się Polakiem, chociaż pochodził z rodziny niemieckiej. Był nauczycielem najsławniejszych malarzy polskich Jana Matejki i Artura Grottgera, przyjacielem wielkich poetów polskiego romantyzmu. O kogo chodzi?

76 Der Maler fand in seiner Heimatstadt Warschau und in ganz Polen erst nach seinem Tod Anerkennung. Er gehört zu den bedeutendsten Künstlern der zweiten Hälfte des 19. Jahrhunderts. Während seines kurzen Lebens (er wurde nur 28 Jahre alt) genoß er großes künstlerisches Ansehen unter den Deutschen. Wie hieß er?

77 Jan Matejko (1838-1893), der überaus berühmte polnische Maler, pflegte sowohl in Krakau als auch in Deutschland Kontakte zu deutschen Künstlern. Wo und bei wem ging er in die Lehre?

78 Der berühmte deutsche Maler Adolph von Menzel (1815-1905) soll vor einem historischen Gemälde von Matejko seinen Hut abgenommen haben, um auf diese Art und Weise seine Bewunderung zum Ausdruck zu bringen. Wo und wann hat sich das ereignet?

79 Zwei polnische Künstler haben am Ende des 19. Jahrhunderts in Berlin ein berühmtes Panorama-Bild geschaffen, welches an die napoleonischen Kriege erinnert. Wer waren diese Maler und welches Rundgemälde ist hier gemeint?

80 Alfred Kowalski-Wierusz (1849-1915) war als Maler eher im Ausland bekannt. Lange Jahre seines Lebens verbrachte er in Deutschland. Mit welchen Städten war er verbunden?

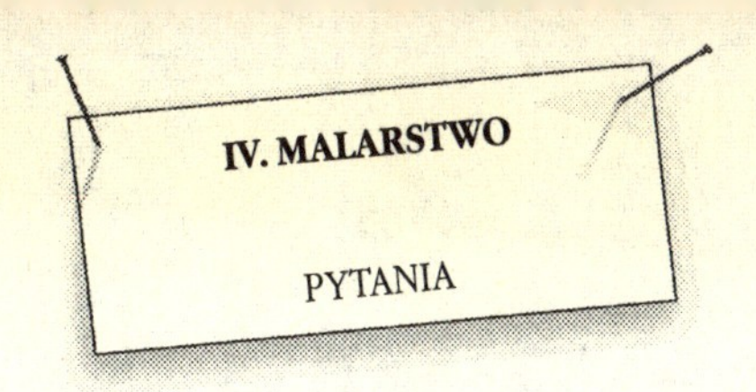

76 Zdobył wielkie uznanie w rodzinnej Warszawie i w całej Polsce dopiero po śmierci. Zaliczany do największych artystów 2. połowy XIX w. W swoim krótkim, 28-letnim życiu, został doceniony jako artysta przez Niemców. Jak się nazywał ten malarz?

77 Jan Matejko (1838-1893), najsławniejszy malarz polski, miał kontakty z artystami niemieckimi w Krakowie, ale także na terenie Niemiec. Gdzie i u kogo się uczył?

78 Sławny malarz niemiecki Adolph von Menzel (1815-1905), ujrzawszy jeden z obrazów historycznych Jana Matejki, zdjął przy tym dziele kapelusz wyrażając w ten sposób swój zachwyt. Gdzie i kiedy miało to miejsce?

79 Dwaj polscy artyści pracując w XIX w. w Berlinie stworzyli słynne dzieło – panoramę nawiązującą do wojen napoleońskich. Którzy to malarze i jaką panoramę wykonali?

80 Alfred Kowalski-Wierusz (1849-1915) był malarzem znanym przede wszystkim za granicą, a mniej wśród rodaków. Większość życia spędził na ziemiach niemieckich. Z jakimi ośrodkami był związany?

Allgemein bekannte und feste deutsch-polnische Beziehungen auf dem Gebiet der Musik gab es vor allem in den letzten zwei Jahrhunderten. Es unterliegt jedoch keinem Zweifel, daß die gegenseitige Beeinflussung im Bereich der Liedkomposition, der religiösen und höfischen Musik auf eine viel längere Tradition zurückblicken kann. Erst Musiker und Komponisten der Romantik und des gesamten 19. Jahrhunderts haben aber zahlreiche und bleibende Zeugnisse der deutsch-polnischen Annäherung hinterlassen. In der verhältnismäßig kurzen Geschichte des Films brachten erst die letzten Jahre eine engere Zusammenarbeit von polnischen und deutschen Filmemachern hervor, obwohl es an Beispielen guten und freundschaftlichen Zusammenwirkens in der Zwischenkriegszeit nicht fehlt.

81 Der Lehrer des genialen polnischen Komponisten Chopin war deutscher Abstammung. Im Laufe seiner langjährigen Tätigkeit unter Polen hat er sich polonisiert. Seine Anhänglichkeit an die neue Heimat bekundeten u.a. Opernwerke, in denen er Motive aus der Geschichte Polens verarbeitete. Wer war dieser Mann?

82 Einige große Vertreter der polnischen Kultur kannten persönlich den berühmten deutschen Dichter Johann Wolfgang von Goethe. Welche namhafte polnische Pianistin und Komponistin pflegte freundschaftlichen Kontakt zu ihm?

W dziedzinie muzyki utrwalone i znane powiązania polsko-niemieckie pochodzą zwłaszcza z ostatnich dwóch wieków. Niewątpliwie jednak znacznie wcześniejsze były wzajemne wpływy kształtujące pieśni i muzykę religijną oraz dworską. Ale dopiero twórcy z okresu romantyzmu i całego XIX wieku pozostawili liczne, trwałe świadectwa zbliżenia polsko-niemieckiego w dziedzinie muzyki. W krótkiej historii sztuki filmowej współdziałanie twórców polskich i niemieckich ożywiło się dopiero w ostatnich latach, jakkolwiek znane są przykłady dobrej, przyjaznej współpracy już w okresie międzywojennym.

81 Nauczyciel Fryderyka Chopina, największego kompozytora polskiego, był Niemcem z pochodzenia. W trakcie wieloletniej pracy wśród Polaków spolonizował się. Swoje związki z nową ojczyzną potwierdził m. in. skomponowaniem oper opartych na wydarzeniach z historii Polski. Kto to był?

82 Kilku sławnych twórców kultury polskiej znało osobiście wielkiego poetę niemieckiego Johanna Wolfganga Goethego. Która sławna polska pianistka i kompozytorka przyjaźniła się z nim?

83 Fryderyk Chopin verbrachte die meisten Jahre seiner künstlerischen Laufbahn in Polen und Frankreich. Eine Zeitlang komponierte er aber auch in Deutschland. In einer deutschen Stadt entstand seine berühmte *C-Moll-Etude*, auch Revolutionsetude genannt. In welcher Stadt ist sie komponiert worden?

84 In der ersten Hälfte des 19. Jahrhunderts kannte ganz Europa einen polnischen Violinisten, der mit Paganini um den Vorrang kämpfte. Er führte u.a. den Titel des „ersten Violinisten des Zaren von Großrußland". Über zwanzig Jahre lebte und wirkte er in Dresden. Wie hieß dieser Musiker?

85 Der deutsche Komponist Robert Schumann (1810-1856) war ein großer Verehrer der Musik von Chopin, ähnlich wie seine Frau Klara. Was haben die beiden unternommen, um die Musik von Chopin zu popularisieren?

86 Dieser polnische Pianist und Komponist des ausgehenden 19. und der ersten Hälfte des 20. Jahrhunderts, ein Musiker von Weltruf, bekleidete auch einen hohen staatlichen Posten. Seine künstlerische Laufbahn brachte ihn u.a. auch nach Deutschlaud. Wer war das?

87 Der polnische Regisseur Jan Rybkowski hat einen Film gemacht, der über die Zerstörung einer schönen deutschen Stadt, eines Kulturzentrums von Weltrang, im 2. Weltkrieg erzählt. Welche Stadt zeigte der Film?

88 1968 ist in Polen ein Film gedreht worden, der sich auf historische Ereignisse aus der Geschichte Polens und Sachsens stützt. Als Drehbuch diente der Roman eines polnischen Schriftstellers, der in Dresden lebte. Von welchem Film ist hier die Rede?

89 Einer der weltbekannten polnischen Komponisten von

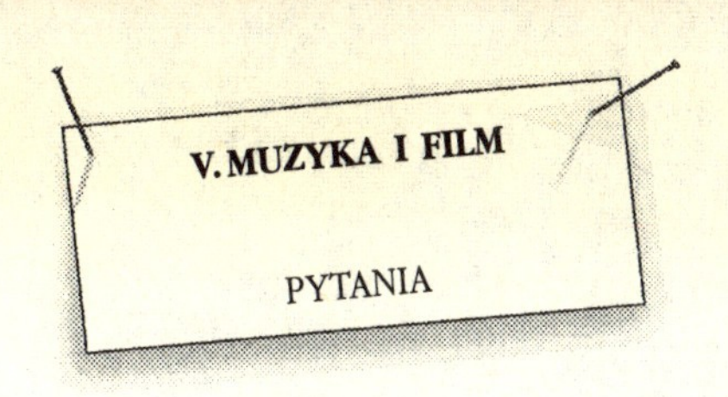

83 Fryderyk Chopin większość swojego twórczego życia spędził w Polsce i we Francji. Ale przebywał również i tworzył na terenie Niemiec. W jednym z miast niemieckich powstała sławna *Etiuda c-moll*, zwana Rewolucyjną. W jakim to było mieście?

84 W pierwszej połowie XIX w. w całej Europie znany był polski skrzypek rywalizujący o pierwszeństwo z Nicolo Paganinim. Miał m. in. tytuł „pierwszego skrzypka cesarza Wszechrusi". Ponad 20 lat mieszkał i pracował w Dreźnie. Jak się nazywał?

85 Robert Schumann (1810-1856), kompozytor niemiecki, był gorącym miłośnikiem muzyki Fryderyka Chopina. Podobnie jego żona Klara. Jakie działania podejmowali, aby upowszechnić muzykę Fryderyka Chopina?

86 Światowej sławy pianista i kompozytor polski z końca XIX w. i 1. połowy XX w. piastował również wysokie stanowisko państwowe. Jego droga artystyczna wiodła m. in. przez Niemcy. Kto to był?

87 Polski reżyser Jan Rybkowski zrealizował film o zniszczeniu w czasie II wojny światowej pięknego miasta niemieckiego – ośrodka kultury światowej rangi. O jakim mieście był ten film?

88 W 1968 r. wyprodukowano w Polsce film osnuty na wydarzeniach z historii Polski i Saksonii. Fabułę oparto na powieści polskiego pisarza, który mieszkał w Dreźnie. O jaki film chodzi?

89 Jeden z największych w świecie współczesnych kompo-

heute, in Deutschland sehr hoch geschätzt, läßt dort oft seine monumentalen, religiöse Motive verarbeitenden Werke aufführen. Wie heißt dieser große Komponist?

90 Unter Polen und Deutschen gab es einige berühmte Hoffmanns. Einer der wohl bekanntesten war Ernst Theodor Amadeus (1776-1822). Welcher Art waren seine Verbindungen mit Polen?

91 Der *Faust* von Johann Wolfgang Goethe war Inspirationsquelle für viele Komponisten. Am populärsten ist die Oper von Gounod. Wer hat als erster Musik zum *Faust* komponiert und das Werk noch zu Lebzeiten des Dichters zur Aufführung gebracht?

92 Bogumił Dawison (1818-1872) galt als einer der größten deutschen Schauspieler des 19. Jahrhunderts. Er feierte auch außerhalb Deutschlands große Erfolge. In welchem Sinne war Dawison mit Polen verbunden?

93 Antoni Kątski (1817-1899), Pianist und Komponist, war als Künstler vor allem mit Preußen verbunden. Was für künstlerische Zeugnisse, die diese Bindung dokumentieren, hat er hinterlassen?

94 Eine der musikalischen Größen Polens, der Musiker und Komponist Feliks Nowowiejski (1877-1946), stand mit zahlreichen Deutschen in Verbindung. Was für Verbindungen waren das?

95 Nach 1936 erfreute sich der Film *Seine große Liebe* enormer Popularität in Deutschland. Inwieweit waren Polen an der Entstehung dieses Films beteiligt?

96 Die Erstaufführung des polnischen Filmes *Wyrok życia (Kreuzweg einer Liebe)* fand in Berlin, in ungewöhnlich feierlicher Atmosphäre, unter Beteiligung von Politikern und Künstlern statt. Wann war das?

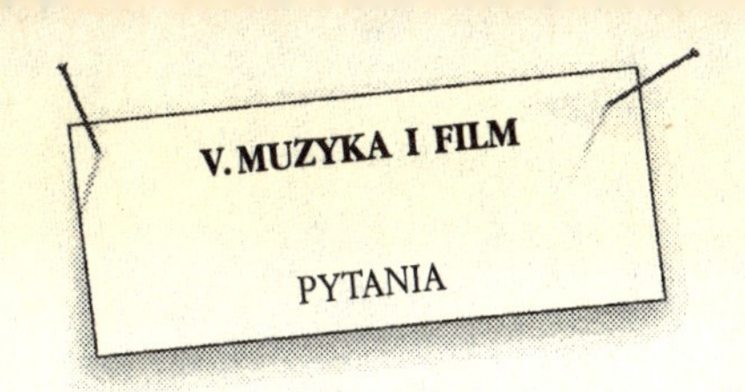

zytorów polskich, znany i ceniony w Niemczech – tam właśnie często wykonuje swoje dzieła. Jak nazywa się ten kompozytor?

90 Wśród Polaków i Niemców było kilku sławnych Hoffmanów. Jednym z najbardziej znanych był Ernst Teodor Amadeus (1776-1822). Jakie były jego powiązania z Polską?

91 *Faust* Johanna Wolfganga Goethego był inspiracją dla wielu kompozytorów: najbardziej znana jest opera Charlesa Gounoda. Kto pierwszy skomponował muzykę i wystawił *Fausta* jeszcze za życia poety?

92 Bogumił Dawison (1818-1872) uważany był za jednego z najsławniejszych aktorów niemieckich w XIX w. Odnosił sukcesy także poza Niemcami. Jakie były związki Dawisona z Polską?

93 Antoni Kątski (1817-1899), pianista i kompozytor, swoją twórczą pracą związał się przede wszystkim z Prusami. Jakie świadectwa tych więzi widoczne są w jego twórczości?

94 Liczne powiązania z Niemcami miał czołowy polski muzyk i kompozytor Feliks Nowowiejski (1877-1946). Na czym polegały te kontakty?

95 Dużym powodzeniem w Niemczech od 1936 r. cieszył się film *Jego wielka miłość (Seine große Liebe)*. Jaki był udział Polaków w produkcji tego znanego filmu?

96 Niezwykle uroczyście, z udziałem władz i świata artystycznego odbyła się w Berlinie premiera polskiego filmu *Wyrok życia* (*Kreuzweg einer Liebe*). Kiedy to było?

V. MUSIK UND FILM

FRAGEN

97 Józef Mann (1883-1921) hat sehr bald, nachdem er Polen verlassen hat, in Deutschland große Karriere als Künstler gemacht. Er war der erste Tenor an der Kaiserlichen Oper in Berlin. Wie war das Ende seiner künstlerischen Laufbahn?

98 Für Marcelina Sembrich-Kochańska (1858-1935), eine der am meisten gefeierten polnischen Opernsängerinnen, spielte Deutschland als Station ihrer künftigen Weltkarriere eine sehr wichtige Rolle. In welcher Weise war ihre Laufbahn mit Deutschland verbunden?

99 Natalia Janotha (1856-1932), polnische Pianistin, studierte in Warszawa und Berlin (u.a. bei Klara Schumann). Den größten Teil ihres künstlerischen Lebens verbrachte sie in Deutschland. Als sie während des I. Weltkriegs in London weilte, wurde sie gezwungen, diese Stadt wieder zu verlassen. Warum?

100 Seit dem Jahre 1977 verleiht man in Hannover Preise an Künstler, die sich um die Entwicklung einer Region auf polnischem Gebiet besonders verdient gemacht haben. Letztens erhielt diesen Preis unter anderen der Regisseur Kazimierz Kutz. Mit welcher Region ist dieser Preis verbunden?

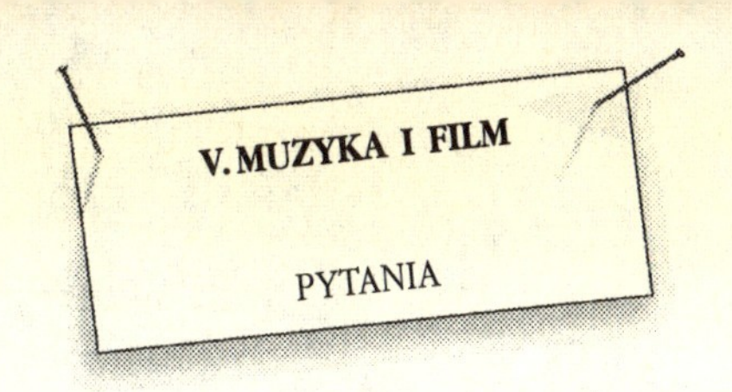

97 Józef Mann (1883-1921), po wyjeździe z Polski zrobił w krótkim czasie wielką karierę w Niemczech. Był pierwszym tenorem cesarskiej opery w Berlinie. Jak zakończyła się jego droga artystyczna?

98 Dla Marceliny Sembrich-Kochańskiej (1858-1935), jednej z największych polskich śpiewaczek operowych, Niemcy były ważnym etapem kariery światowej. W jaki sposób jej kariera wiązała się z Niemcami?

99 Natalia Janotha (1856-1932), polska pianistka, studiowała w Warszawie i Berlinie, m. in. u Klary Schumann. Większość swego twórczego życia spędziła w Niemczech. W czasie I wojny światowej przebywała w Londynie, skąd została jednak wydalona. Dlaczego?

100 Od 1977 r. wręczane są w Hanowerze nagrody twórcom szczególnie zasłużonym dla rozwoju jednej z historycznych krain na terenie Polski. Ostatnio nagrodę tę otrzymał m. in. reżyser Kazimierz Kutz. Z którą krainą jest związana ta nagroda?

Als Ergebnis der Zusammenarbeit von polnischen und deutschen Künstlern sind besonders im Bereich der Architektur und Bildhauerei zahlreiche, sehr bedeutende und wertvolle Werke entstanden. Viele von ihnen – noch aus der Zeit des Mittelalters – haben sich bis zum heutigen Tage erhalten. Unter Mitwirkung deutscher Baumeister und Bildhauer entstanden kostbare Werke in den ältesten polnischen Städten, wie auch in den im 19. Jahrhundert aufblühenden Industriezentren. Umgekehrt zogen auch polnische Künstler, insbesondere Bildhauer, nach Deutschland und folgten den Fußstapfen polnischer Fürstinnen aus dem Piasten- und Jagiellonen-Geschlecht, die Bindungen mit deutschen Fürstenfamilien eingegangen waren. Die Periode der polnisch-sächsischen Union hat besonders viele großartige Werke der Architektur und Bildhauerei hervorgebracht.

101 Das Aufblühen des polnischen Staates unter der Jagiellonen-Dynastie lockte viele Künstler aus dem Ausland an. Unter ihnen befand sich Marcin Lindintolde, ein deutscher Baumeister, der im 15. Jahrhundert zusammen mit polnischen Architekten am Ausbau eines der berühmtesten Krakauer Bauwerke arbeitete. Welche Sehenswürdigkeit ist hier gemeint?

W wyniku współpracy twórców polskich i niemieckich w dziedzinie architektury i rzeźby powstały szczególnie cenne i liczne dzieła. Wiele z nich przetrwało do dnia dzisiejszego jeszcze z okresu średniowiecza. Przy współudziale architektów i rzeźbiarzy z ziem niemieckich powstały cenne dzieła w najstarszych miastach polskich, a także w miastach przemysłowych, rozwiniętych w XIX wieku. Na ziemie niemieckie podążali artyści polscy, zwłaszcza rzeźbiarze – śladem księżniczek piastowskich i jagiellońskich, wiążących się z rodami niemieckimi. Wiele wybitnych dzieł architektury i rzeźby powstało zwłaszcza w czasach unii polsko-saskiej.

101 Rozwój państwa polskiego za Jagiellonów powodował również napływ do Polski twórców kultury z innych krajów. Wśród nich był Marcin Lindintolde – niemiecki architekt, który w XV w. współdziałał z polskimi architektami w rozbudowie jednego z najsławniejszych zabytków europejskich w Krakowie. O jaki zabytek chodzi?

102 In Annaberg (Sachsen) befindet sich in der Anna-Kirche ein Denkmal zu Ehren von Barbara, Tochter des polnischen Königs Kazimierz Jagiellończyk. Aus welchem Grunde wurde der Jagiellonen-Fürstin in Sachsen gedacht?

103 In welcher polnischen Stadt entstand das weltberühmte Werk von Veit Stoß?

104 Leben und Schaffen von Veit Stoß waren auch mit deutschen Gebieten verbunden. In welchen deutschen Städten war er als Künstler tätig?

105 Die Sigismund-Kapelle auf dem Wawelberg in Krakau wird oft als eine Perle der Renaissance bezeichnet. Baumeister war der Italiener Berrecci. An der Ausstattung der Innenräume arbeiteten polnische und deutsche Künstler. Aus welcher deutschen Stadt kamen sie nach Krakau?

106 Einer der Baumeister des Königs Sigmund I. des Alten, Benedikt, auch „der aus Sandomir" genannt (15./16. Jh.), war ebenfalls mit Deutschland verbunden. Welcher Art waren diese Verbindungen?

107 Die Entstehung vieler Bauwerke in Danzig und in Pom-mern hängt mit der Tätigkeit des polnischen Königs Jan III. Sobieski zusammen. Er war u.a. Stifter eines bis heute erhaltenen religiösen Kultobjekts in Danzig. Was für ein Objekt ist das?

108 In einer Straße in Warschau befinden sich zahlreiche Sehenswürdigkeiten, die unter Mitwirkung von polnischen und ausländischen Künstlern (u.a. aus Deutschland) entstanden sind. Wie heißt diese historische Straße in der polnischen Hauptstadt?

109 Auf welchem Gebiet machte sich der seit 1775 fast vierzig Jahre lang in Polen wirkende Johann Christian Schuch (1752-1813) um dieses Land (insbesondere um Warschau) verdient?

VI. ARCHITEKTURA I RZEŹBA

PYTANIA

102 W Annaberg na terenie Saksonii jest w kościele św. Anny pomnik poświęcony Barbarze – córce króla polskiego Kazimierza Jagiellończyka. Dlaczego upamiętniono tę Jagiellonkę w Saksonii?

103 W którym mieście polskim powstało największe dzieło artystyczne Wita Stwosza (Veita Stoßa)?

104 Życie i twórczość Wita Stwosza związane były również z ziemiami niemieckimi. W których miastach Niemiec tworzył ten wielki artysta?

105 Kaplica Zygmuntowska w Krakowie na Wawelu zwana jest perłą Renesansu. Twórcą jej był Włoch Bartolomeo Berrecci. Jej wnętrze zostało wyposażone przez twórców polskich i niemieckich. Z którego miasta niemieckiego przybyli ci artyści?

106 Jeden z budowniczych pracujących u Zygmunta I Starego – Benedykt zwany Sandomierzaninem (XV/XVI w.), powiązany był również z Niemcami. Jakie to były związki?

107 Wiele obiektów w Gdańsku i na Pomorzu wiąże się z działalnością króla polskiego Jana III Sobieskiego. Ufundował on w Gdańsku m. in. obiekt kultu religijnego istniejący do dziś. Jaki to obiekt?

108 Wzdłuż historycznego traktu w Warszawie znajduje się wiele zabytkowych obiektów, które powstały przy współudziale twórców polskich i zagranicznych, m. in. przybyłych z Niemiec. Jak się nazywa ten historyczny trakt stolicy Polski?

109 W jakiej dziedzinie zasłużył się Polsce, a zwłaszcza Warszawie Jan Chrystian Schuch (1752-1813), pracujący tu od 1775 roku prawie przez 40 lat?

110 Krzysztof Wilhelm Dürring errichtete in der ersten Hälfte des 19. Jahrhunderts typisch polnische Handwerksbauten von industriellem Charakter. In welcher Großstadt Polens finden wir heute noch Überreste dieses Baustils?

111 Im Naumburger Dom (Bezirk Halle) befindet sich unter den anderen Skulpturen auch die Statue der „lachenden Polin". Wen stellt diese Figur dar?

112 Andreas Schlüter (1664-1714) war einer der berühmtesten Barockkünstler Mitteleuropas. Er schuf großartige Werke in Warschau, Berlin, St. Petersburg und Danzig. Welche seiner Werke sind am bekanntesten?

113 Zu den größten deutschen Architekten des späten Barocks gehörte der Baumeister des Dresdner Zwingers. Proben seines Talents sind auch in Warschau zu bewundern. Sein Sohn baute das königliche Schloß in Warschau aus. Wie hieß diese Architektenfamilie ?

114 Mit den polnischen Königen aus Sachsen kamen auch viele Baumeister nach Warschau. Einer dieser Architekten leitete hier in den Jahren 1720-1729 die Bauarbeiten am „Sachsenpalais". Wie hieß er?

115 Der berühmten Adelsfamilie Lubomirski gehörten in Polen große Landgüter und Paläste. Einer der Lubomirskis hat 1737 in Dresden ein großes Palais zu Geschenk bekommen. Von wem und aus welchem Anlaß?

116 Plersch-Vater war Bildhauer, Plersch-Sohn Maler. Beide arbeiteten für Herrscher in Deutschland und Polen. Wann und wo waren die Künstler tätig?

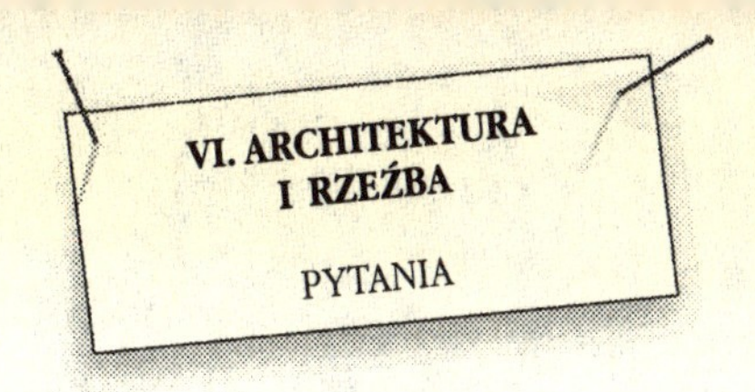

110 Krzysztof Wilhelm Dürring stworzył w 1. połowie XIX w. typowe na ziemiach polskich rzemieślnicze budownictwo o charakterze przemysłowym. W którym wielkim mieście w Polsce są do dziś pozostałości tego budownictwa?

111 W katedrze w Naumburgu (okręg Halle) wśród innych posągów znajduje się także posąg nazywany „uśmiechniętą Polką" (die Lachende Polin). Kogo ten posąg upamiętnia?

112 Andreas Schlüter (ok. 1660-1714) był jednym z najsłynniejszych artystów okresu baroku w Europie Środkowej. Stworzył wielkie dzieła w Warszawie, Berlinie, St. Petersburgu i w Gdańsku. Które jego dzieła są najbardziej znane?

113 Do największych niemieckich architektów późnego baroku należał twórca drezdeńskiego Zwingeru. Efekty jego pracy są widoczne także w Warszawie. Jego syn rozbudowywał Zamek Królewski w stolicy Polski. Jak się nazywali obaj architekci?

114 Polscy królowie z Saksonii sprowadzili z sobą do Warszawy budowniczych-architektów. Jeden z nich w latach 1720-1729, kierował budową Pałacu Saskiego. Jak się nazywał ten architekt?

115 Znany ród magnatów Lubomirskich posiadał w Polsce wielkie majątki ziemskie i pałace. Jeden z członków tego rodu otrzymał w 1737 r. wielki pałac w Dreźnie. Od kogo i dlaczego?

116 Plersch – ojciec był rzeźbiarzem, syn – malarzem. Obydwaj pracowali na terenie Niemiec i w Polsce. Kiedy i gdzie tworzyli?

117 Welche großen noch heutzutage in Warschau zu bewundernden Werke schuf Efraim Schroeger-Szreger (1727-1783) während seines 40jährigen Aufenthalts in Polen?

118 Jan Chrystian Kamsetzer (1753-1795), deutscher Architekt und Innendekorateur, arbeitete über zwanzig Jahre lang für den letzten König von Polen, Stanisław August Poniatowski. Welche bekannten Bauten in der polnischen Hauptstadt sind seine Werke ?

119 Einer der berühmtesten Baumeister, Projektant der Warschauer Gartenanlagen, aus der zweiten Hälfte des 18. Jahrhunderts ist in Merseburg geboren. Zuerst wirkte er in Dresden, dann über fünfzig Jahre lang in Warschau. Wie hieß dieser Wahl-Warschauer?

120 Das wohl charakteristischste Werk der Industrie-Architektur der ersten Hälfte des 19. Jahrhunderts ist in Łódź erbaut worden. Es war ein gewaltiges, dreistöckiges Gebäude. In diesem Bau arbeiteten auch viele Deutsche. Womit beschäftigten sich die damals in Łódź ankommenden Deutschen?

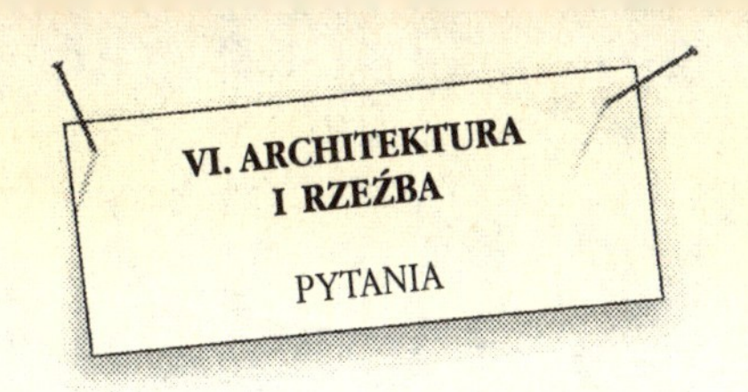

117 Jakie największe dzieła swojego życia, widoczne do dziś w Warszawie, wykonał Efraim Schroeger-Szreger (1727-1783), który po przybyciu z Niemiec pracował 40 lat w Polsce?

118 Jan Chrystian Kamsetzer (1753-1795), niemiecki architekt i dekorator wnętrz, ponad 20 lat pracował dla ostatniego króla Polski Stanisława Augusta Poniatowskiego. Jakie znane obiekty stolicy w Polski są jego dziełem?

119 Jeden z najsławniejszych architektów i projektantów warszawskich ogrodów 2. połowy XVIII w. urodził się w Merseburgu. Najpierw pracował w Dreźnie, a potem ponad 50 lat w Warszawie. Jak się nazywał ten warszawianin z wyboru?

120 Najbardziej charakterystyczne dzieło architektury przemysłowej w 1. połowie XIX w. zbudowano w Łodzi. Był to monumentalny 3-piętrowy murowany gmach. Wiąże się on z działalnością Niemców na tym terenie. Jaki to obiekt? Czym zajmowali się wtedy w Łodzi przybysze z Niemiec?

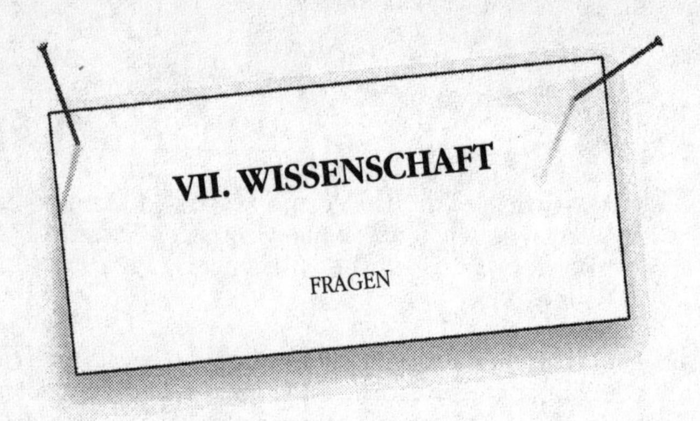

Bei der Gestaltung guter nachbarschaftlicher Kontakte zwischen Polen und Deutschen haben die Wissenschaften eine sehr bedeutende Rolle gespielt. Schon seit der Entstehung der ersten deutschen Universitäten und der Gründung der Krakauer Alma mater waren gegenseitige Besuche von Gelehrten und Studenten keine Seltenheit. Im Laufe der Jahrhunderte studierten und lehrten viele berühmte polnische Gelehrte, Humanisten, Ärzte und Ingenieure an deutschen Universitäten, und umgekehrt leisteten berühmte deutsche oder deutsch-stämmige Wissenschaftler den polnischen Wissenschaften große Dienste. Während der polnischen Volkserhebungen im 19. Jahrhundert setzten sich viele humanistisch gesinnte Männer der Wissenschaft für die Freiheitsbestrebungen der polnischen Nation ein.

121 Ein bekannter deutscher Philosoph und Mathematiker der Wendezeit vom 17. zum 18. Jahrhundert betonte nachdrücklich seine polnische Herkunft, obwohl sich seine Vorfahren seit drei Generationen für Deutsche gehalten hatten. Wie hieß dieser Gelehrte?

122 Der berühmte deutsche Schriftsteller und Philosoph Johann Gottfried Herder (1744-1803) erfreute sich unter polnischen Wissenschaftlern und Kulturträgern großer Sympathie und hoher Anerkennung. Welche seiner Ansichten und Unternehmen haben dazu in besonderem Maße beigetragen?

W kształtowaniu dobrego sąsiedztwa Polaków i Niemców wielką rolę odegrała nauka. Już z chwilą powstania pierwszych uniwersytetów na ziemiach niemieckich i w Krakowie zaczęły się sąsiedzkie wyjazdy uczonych i studiującej młodzieży. W ciągu wieków wielu wybitnych polskich uczonych, humanistów, lekarzy, inżynierów kształciło się i pracowało na uczelniach niemieckich, a nauce polskiej służyli wybitni Niemcy lub osoby mające niemieckich przodków. W czasach polskich powstań narodowych w XIX w. sławni niemieccy uczeni-humaniści występowali w obronie aspiracji wolnościowych Polaków.

121 Znany niemiecki filozof i matematyk z przełomu XVII i XVIII w. podkreślał swoje polskie pochodzenie, mimo że jego przodkowie od trzech pokoleń uważali się za Niemców. Jak nazywał się ten sławny uczony?

122 Wybitny niemiecki pisarz i filozof, pastor Johann Gottfried Herder (1744-1803), zyskał sobie sympatię i uznanie twórców nauki i kultury w Polsce. Jakie działania i poglądy Herdera miały na to szczególny wpływ?

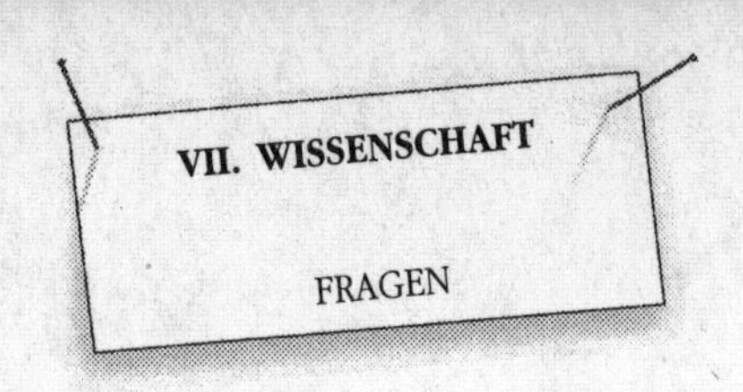

123 Gotfryd Ernest Groddeck-Grodek (1762-1825), Schlesier aus einer germanisierten Familie, hatte hohen Anteil am Aufschwung der polnischen Wissenschaften. Auf welchem Wissensgebiet war er tätig?

124 In den Jahren 1774-1939 existierte in Leipzig die Gelehrtengesellschaft „Societas Jablonoviana" (Fürstlich Jablonovskische Gesellschaft der Wissenschaften). Ihr Bemühen um eine Popularisierung des Wissens über Polen war in Deutschland von großer Bedeutung. Wer hat diese Gesellschaft ins Leben gerufen?

125 Zu den am meisten geschätzten Historikern und patriotischen Aktivisten des geteilten Polens gehörte Joachim Lelewel (1786-1861). Seine Beziehungen zu Deutschen waren sehr eng. Welcher Art waren diese Kontakte?

126 Der deutsche Philosoph Friedrich Wilhelm Nietzsche (1844-1900) hob mit Nachdruck seine Bindung an Polen hervor. Womit begründete er seine Zugehörigkeit zur polnischen Nation?

127 Um die Wende des 19. zum 20. Jahrhundert errang sich Jan Mikulicz-Radecki (1850-1905) großen Ruhm in der wissenschaftlichen Welt. Seine Mutter, Emilie von Damnitz, war deutscher Abstammung, er selbst hielt sich jedoch für einen Polen. In welcher Wissenschaft war er tätig?

128 Der Gelehrte hatte einen deutschen Familiennamen, studierte und arbeitete als Wissenschaftler an deutschen Hochschulen. Wie hieß dieser hervorragende Slawist, Historiker und Kenner der polnischen Kultur, Verteidiger des Polentums in der Wendezeit vom 19. zum 20. Jahrhundert?

129 Henryk B. Arctowski (1871-1958), entstammte einer deutschen Familie, war aber in Polen der führende Verteter seines Forschungsbereichs. Worauf beruhten seine Verdienste für die polnische Wissenschaft?

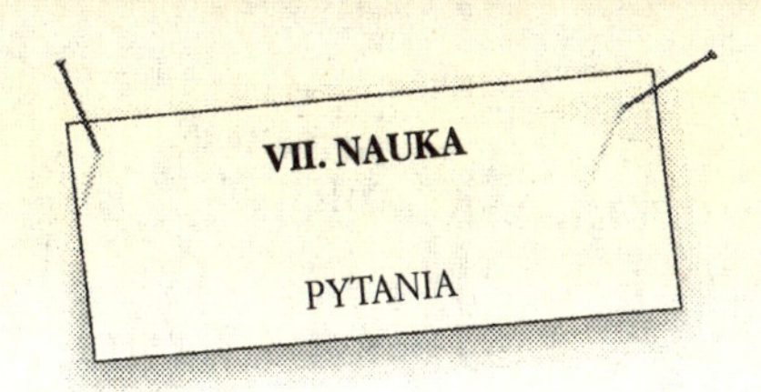

123 Gotfryd Ernest Groddeck-Grodek (1762-1825), pochodzący ze zgermanizowanej rodziny śląskiej, miał duży udział w rozwoju nauki polskiej. Jaką dziedziną nauki się zajmował?

124 W Lipsku istniało w latach 1774-1939 Towarzystwo Naukowe „Societas Jablonoviana" (Fürstlich Jablonowskische Gesellschaft der Wissenschaften). Miało ono duże znaczenie dla rozwijania wiedzy o Polsce w Niemczech. Kim był twórca tego Towarzystwa?

125 Do najbardziej cenionych historyków i działaczy patriotycznych Polski porozbiorowej należał Joachim Lelewel (1786-1861). Bliskie były jego związki z Niemcami. Jakie?

126 Szczególnie silnie swoje związki z Polakami wyrażał niemiecki filozof Friedrich Wilhelm Nietzsche (1844-1900). Jakie przesłanki swojej polskości podkreślał?

127 Wielką sławę w nauce światowej zyskał na przełomie XIX i XX w. Jan Mikulicz-Radecki (1850-1905). Jego matka Emilie von Damnitz, była pochodzenia niemieckiego, a on sam uważał się za Polaka. Jaką dziedzinę nauki reprentował?

128 Uczony ten miał niemieckie nazwisko, studia i pracę naukową rozwijał na uczelniach niemieckich. Jak się nazywał ów wielki slawista, historyk kultury polskiej i obrońca polskości, żyjący na przełomie wieków XIX i XX ?

129 Henryk B. Arctowski (1871-1958), pochodzący z rodziny niemieckiej, był w Polsce czołowym badaczem w swojej dziedzinie. Czym zasłużył się polskiej nauce?

130 Samuel Suchodolski-Suchodolec (1649-1724) verließ Polen und war ein ergebener Diener des Kurfürsten von Brandenburg. Mit welcher Wissenschaft beschäftigte er sich?

131 Wawrzyniec Mitzler de Kolof (1711-1778) aus Sachsen entwickelte in Warschau vielfältige Aktivitäten. Auf welchem Gebiet hat er sich um die polnische Wissenschaft besonders verdient gemacht?

132 Michael Gröll (1722-1798) kam aus Nürnberg nach Polen und erzielte hier große Erfolge in seinem Fach. Wodurch hat er sich um das Polen der Aufklärungszeit verdient gemacht?

133 Karol Ferdynand Gräfe (1787-1840) war Sohn einer Polin und eines Deutschen aus Warschau. Als Forscher und praktischer Gelehrter stand er im Dienst der Deutschen, insbesondere des Königs Friedrich Wilhelm III. Auf welchem theoretischen und praktischen Gebiet war er tätig?

134 Philipp Neriusz Walter (1810-1847) war ein innovativer Forscher auf dem Gebiet der organischen Chemie. U.a. benannte er viele chemische Elemente. Er hatte vielerlei Verbindungen zu Polen, Deutschland und Frankreich. Welcher Art waren diese Kontakte ?

135 Jan Stanisław Kubary (1846-1896), polnischer Reisender, arbeitete häufig im Auftrag des großen Hamburger Handelshauses Godeffroy. Ergebnisse seiner Arbeit sind heute noch in Berlin und Leipzig zu sehen. Was war sein Fachgebiet?

136 Auf welchem Forschungsgebiet hat sich Jan Dzierżon (1811-1906) in ganz Europa einen Namen gemacht? Überall geschätzt und ausgezeichnet, genoß er besondere Anerkennung in Deutschland. Nach seinem Namen wurde 1945 eine Stadt in Niederschlesien benannt.

130 Samuel Suchodolski-Suchodolec (1649-1724) opuścił Polskę i wstąpił w służbę elektora brandenburskiego. Jaką dziedziną pracy badawczej się zajmował?

131 Wawrzyniec Mitzler de Kolof (1711-1778) przybył z Saksonii i rozwinął w Warszawie wszechstronną działalność. W jakiej dziedzinie miał największe osiągnięcia ważne dla nauki polskiej?

132 Michał Gröll (1722-1798) przybył z Norymbergi do Polski i osiągnął tu największe sukcesy w swojej dziedzinie. Czym szczególnie zasłużył się Polsce w okresie Oświecenia?

133 Karol Ferdynand Gräfe (1787-1840) był synem Polki i Niemca z Warszawy. Uczony i praktyk w służbie Niemców, zwłaszcza króla Fryderyka Wilhelma III. Jaką dziedziną nauki i praktyki się zajmował?

134 Filip Neriusz Walter (1810-1847) to twórca nowych metod badawczych w chemii organicznej. M. in. nadał nazwy wielu pierwiastkom chemicznym. Miał różne powiązania z Polską, Niemcami i Francją. Jakie?

135 Jan Stanisław Kubary (1846-1896) był podróżnikiem polskim, ale wiele pracował na zlecenie domu handlowego Godeffroy w Hamburgu. Efekty tej pracy są widoczne do dziś w Berlinie i w Lipsku. Jaką dyscyplinę nauki reprezentował?

136 W jakiej dziedzinie badań wsławił się w całej Europie Jan Dzierżon (1811-1906), powszechnie szanowany i wyróżniany, zwłaszcza na terenie Niemiec. Od jego nazwiska pochodzi nazwa jednego z miast na Dolnym Śląsku, nadana przez Polaków po 1945 r.

137 Edward Adolf Strasburger (1844-1912), ein hervorragender Botaniker, gilt als das Ideal eines Wissenschaftlers, der in vorbildlicher Weise über nationale Streitigkeiten hinwegzusehen vermochte. Welcher Natur waren seine Bindungen zu Polen und Deutschland?

138 Viele polnische Familien ließen sich germanisieren, aber es gibt auch zahlreiche Beispiele für eine erneute Polonisierung. Solch ein Fall ist der in der polnischen Wissenschaft hochgeschätzte Wojciech Kętrzyński (1838-1918). Auf welchem Wege fand er zum Polentum zurück?

139 Leon Lichtenstein (1878-1933), ein gelehrter Mathematiker, war als Professor an deutschen Universitäten tätig. Er gab u.a. die „Mathematische Zeitschrift" heraus. Was verband ihn mit Polen?

140 In der engen deutsch-polnischen Zusammenarbeit im Bereich der Wissenschaft wird in den letzten Jahren an eine jahrhundertelange Tradition angeknüpft, als für Forscher praktisch keine Grenzen vorhanden waren. Dieses Ziel verfolgt u.a. auch die bereits tätige Europäische Viadrina-Universität. In welcher Stadt befindet sich diese Hochschule?

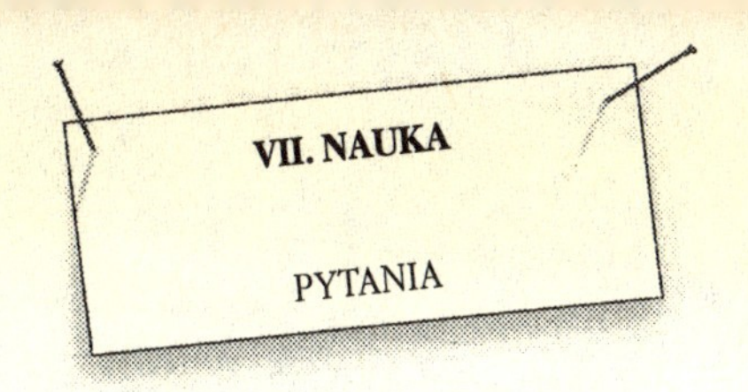

137 Edward Adolf Strasburger (1844-1912), znakomity botanik, jest wzorem uczonego, który przyczynił się do rozwoju nauki wznosząc się ponad narodowe przesądy. Jakie były jego związki z Polską i z Niemcami?

138 Wiele rodów polskich zgermanizowało się, ale są także liczne przykłady repolonizacji. Tak było z cenionym uczonym Wojciechem Kętrzyńskim (1838-1918). Jakie były jego drogi powrotu do polskości?

139 Leon Lichtenstein (1878-1933), uczony matematyk, był profesorem na uniwersytetach niemieckich. M. in. wydawał pismo „Mathematische Zeitschrift". Co łączyło go z Polską?

140 Silniejsza w ostatnim okresie współpraca polsko-niemiecka w dziedzinie nauki to nawiązywanie do dobrych tradycji sprzed wieków, gdy dla ludzi nauki praktycznie nie było granic. Obecnie temu celowi ma służyć m. in. Uniwersytet „Viadrina". W jakim mieście znajduje się ta uczelnia?

Sowohl auf deutschen als auch auf polnischen Gebieten bestanden nicht nur in der Vergangenheit, sondern auch in neuerer Zeit starke wirtschaftliche Verflechtungen. In der einen Epoche waren es ähnliche gesetzliche Regelungen der Siedlungspolitik, in einer anderen die ökonomische Gemeinschaft der Seestädte; in der neuesten Zeit schließlich die industrielle Entwicklung im 19. Jahrhundert, durch den starken Zufluß von Fachleuten und Arbeitern in bereits bestehende industrielle Zentren bedingt. In den letzten Jahren eröffneten sich neue Perspektiven hinsichtlich einer bedeutenden Aktivierung der wirtschaftlichen Zusammenarbeit zwischen Polen und Deutschland.

141 Im Mittelalter, insbesondere im 13. Jahrhundert, erhielten viele polnische Ortschaften ihre Stadtrechte in Anlehnung an eine gesetzliche Regelung, die ihren Namen von einer deutschen Stadt ableitet. Um welche Stadt geht es hier?

142 Die deutsche Stadt Lübeck galt seit dem 13. Jahrhundert als Organisationszentrum einer mächtigen Handelsgemeinschaft von Kaufleuten und europäischen Städten. Mitglieder dieser Organisation waren u.a. zahlreiche polnische Städte. Wie hieß sie?

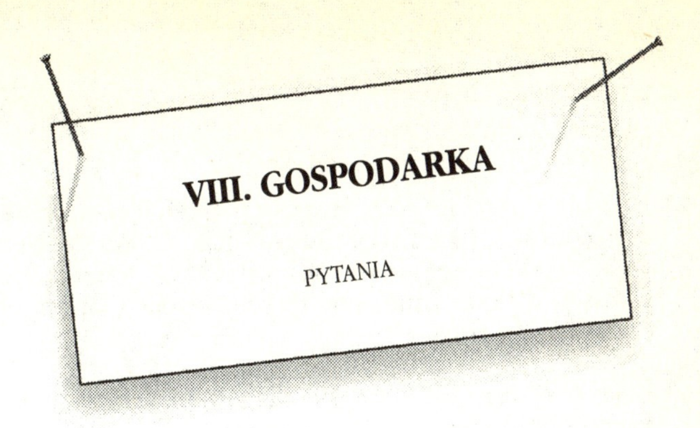

Gospodarka na ziemiach niemieckich i polskich rozwijała się – zarówno w ubiegłych wiekach jak i w czasach najnowszych – we wzajemnym silnym powiązaniu. W jednym okresie były to podobne wzorce prawne rozwoju osadnictwa, w innym wspólnota ekonomiczna miast nadmorskich, a w nowszych czasach rozwój przemysłu oparty na napływie fachowców i robotników do ośrodków uprzemysłowionych w XIX wieku.

W ostatnich latach otworzyły się nowe perspektywy znacznego rozwoju współpracy i wzajemnych powiązań Polski i Niemiec w dziedzinie gospodarczej.

141 W średniowieczu, szczególnie w XIII w., wiele miast w Polsce lokowano, wzorując się na prawach biorących nazwę od jednego z miast niemieckich. O które miasto chodzi?

142 Lubeka była w XIII w. ośrodkiem organizacyjnym wielkiego stowarzyszenia handlowego kupców i miast Europy. Należało do tej organizacji wiele miast z ziem polskich. Jak brzmi jej nazwa?

143 In Polen bezeichnet der Begriff „Bamber" einen vermögenden Bauern. Der Begriff geht auf eine gewisse Gruppe von Deutschen zurück, die sich in Polen niedergelassen haben. Woher sind diese deutschen Einwanderer gekommen?

144 Ludwik Geyer (1805-1869) verließ 1828 Neugersdorf in Sachsen und kam nach Kongreß-Polen, wo er große Industriebetriebe erbaute. In welcher polnischen Stadt befanden sie sich und in welcher Industrie war er tätig?

145 Um die Mitte des 19. Jahrhunderts lebte in Warschau eine deutsche Familie, deren Nachfolgern es zu verdanken ist, daß hier die größte und wohl in ganz Polen berühmteste Zuckerbäckerei entstanden ist. Die Firma genießt heutzutage auch einen sehr guten Ruf. Wie hieß diese Familie?

146 Wann und in welcher polnischen Stadt hat die Familie Scheibler einen der größten Industriekomplexe Europas aufgebaut? Zu bestimmten Zeiten war dieses Geschlecht eine der zehn reichsten Familien Europas.

147 Der massenhafte Zustrom polnischer Bevölkerung nach Deutschland in der zweiten Hälfte des 19. Jahrhunderts begünstigte zweifellos die dortige Entwicklung großer Industriezentren und gebiete. Dies bestätigen auch viele deutsche Forscher. In welcher industriellen Region Deutschlands waren polnische Arbeiter besonders stark vertreten?

148 Am Ende des 19. Jahrhunderts befand sich die nach Warschau größte Ansammlung polnischer Bevölkerung auf dem Gebiet Deutschlands. Sie galt gleichzeitig als ein wichtiges Zentrum der Aktivitäten polnischer Organisationen. Welche deutsche Stadt war das?

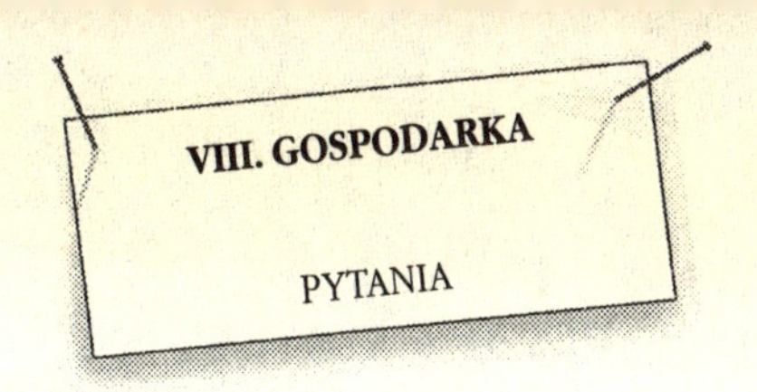

143 W Polsce znane jest pojęcie „bamber", które oznacza bogatego rolnika. Pochodzenie tego słowa związane jest z historią pewnej grupy niemieckich osadników przybyłych do Polski. Jacy to byli przybysze – skąd?

144 Ludwik Geyer (1805-1869) przybył w 1828 r. z Neugersdorf w Saksonii do Królestwa Kongresowego. Rozbudował tu wielkie zakłady przemysłowe. W jakim mieście to było i jaką dziedzinę przemysłu rozwijał?

145 W połowie XIX w. zamieszkała w Warszawie niemiecka rodzina, która w następnych pokoleniach rozbudowała tu najsławniejsze i największe w Polsce zakłady cukiernicze, znane do dzisiaj. Jak się nazywa ten ród?

146 W którym mieście polskim i w jakim okresie niemiecka rodzina Scheiblerów rozbudowała największą w Europie jurydykę przemysłową? W pewnym okresie była to jedna z dziesięciu najbogatszych rodzin w Europie.

147 Masowy napływ Polaków do Niemiec w 2. połowie XIX w. ułatwił rozwój wielkich ośrodków i regionów przemysłowych. Przyznaje to wielu badaczy niemieckich. W którym rejonie przemysłowym Niemiec udział Polaków był największy?

148 Pod koniec XIX w. największe skupisko Polaków – poza Warszawą – znajdowało się na terenie Niemiec. Był to jednocześnie ważny ośrodek działalności organizacji polonijnych. Które to miasto niemieckie?

149 In den Jahren 1981-1982, als Polen in einer tiefen wirtschaftlichen Krise steckte, sind die Deutschen der polnischen Bevölkerung sehr spontan und in organisierter Form zu Hilfe gekommen. Worauf beruhte diese Hilfsaktion in erster Linie?

150 Im Oktober 1995 wurde von den Ministern für das Bauwesen Polens und Deutschlands eine Verständigung über eine langfristige Raumordnung der Gebiete in beiden Ländern unterzeichnet. Um welche Gebiete geht es in dieser Verständigung: Meeresgebiete, Gebiete an der Oder und Neiße oder Berggebiete?

151 Jost Ludwik Decjusz-Dietz (um 1485-1549), ein aus Wissembourg in Deutschland stammender polnischer Historiker, beschäftigte sich u.a. mit Problemen, die für die polnische Wirtschaft von großer Wichtigkeit waren. Welche Aufgaben nahm er in Angriff?

152 Jan Ernest Gockowski-Gotzkowsky (1710-1775), ein vermögender Berliner Manufakturbesitzer polnischer Abstammung, hat sich um Deutschland, insbesondere um Berlin, so sehr verdient gemacht, daß er eine Zeitlang als der „größte Berliner Patriot" bezeichnet wurde. Wodurch hat er sich dieses Namens würdig erwiesen?

153 In der ersten Hälfte des 19. Jahrhunderts ließ sich eine starke Einwanderung deutscher Bevölkerung in das sog. Kongreß-Polen verzeichnen. In besonderem Maße traf dies auf polnische Städte zu. Wodurch wurde dieser massive Zustrom ausgelöst?

154 Dezydery Adam Chłapowski (1788-1879) entwickelte über ein halbes Jahrhundert lang eine innovatorische und hochgeschätzte Aktivität im Großfürstentum Posen. Bei seinen deutschen Mitarbeitern genoß er hohes Ansehen und wurde von ihnen „polnischer Thaer" oder „polnischer Block" genannt. Auf welchem Gebiet der Wirtschaft hat Chłapowski Bedeutendes geleistet?

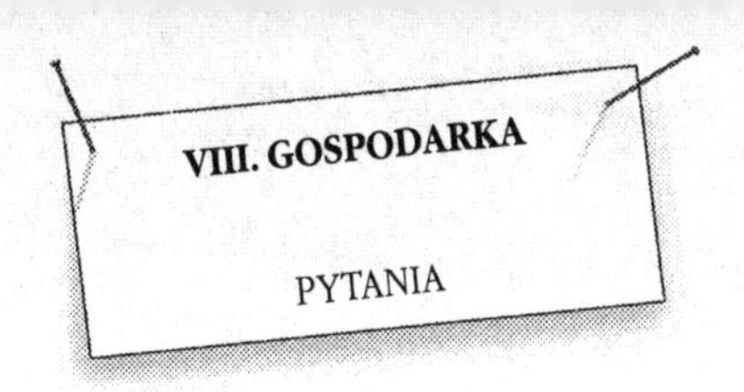

149 W latach 1981-1982 w trudnej sytuacji gospodarczej Polski naród niemiecki pomagał Polakom w sposób zorganizowany i spontanicznie. Na czym przede wszystkim ta pomoc polegała?

150 W październiku 1995 r. zostało podpisane przez ministrów budownictwa Polski i Niemiec porozumienie o wieloletnim zagospodarowaniu przestrzennym terenów położonych w obydwu krajach. O które tereny chodzi w tym porozumieniu: nadmorskie, przygraniczne nad Odrą i Nysą Łużycką czy rejony górskie?

151 Jost Ludwik Decjusz-Dietz (ok. 1485-1549), polski historyk pochodzenia niemieckiego z Wissembourgu, zajmował się również pracami bardzo ważnymi dla gospodarki polskiej. Na czym te ważne prace polegały?

152 Jan Ernest Gockowski-Gotzkowsky (1710-1775), bogaty właściciel manufaktur w Berlinie, Polak z pochodzenia, tak bardzo zasłużył się Niemcom, a zwłaszcza Berlinowi, że w pewnym okresie nazywano go „największym patriotą Berlina". Jakimi działaniami na to miano sobie zasłużył?

153 W 1. połowie XIX w. nastąpił znaczny napływ Niemców na ziemie Królestwa Kongresowego, zwłaszcza do miast. Jakie były przyczyny tego napływu?

154 Dezydery Adam Chłapowski (1788-1879) prowadził przez ponad pół wieku nowatorską i bardzo cenioną działalność gospodarczą na terenie Wielkiego Księstwa Poznańskiego. Wysokie uznanie zyskał u Niemców, z którymi współpracował. Nazywali go „polskim Thaerem" lub „polskim Blockem". O jaką działalność gospodarczą chodzi?

155 Im Jahre 1846 organisierten die Einwohner von Breslau aus Solidarität mit der polnischen Stadt Krakau eine Protestaktion, mit der sie das ökonomische Interesse dieser Stadt vertraten. Wodurch wurde dieser Protest ausgelöst?

156 Um die Wende des 19. zum 20. Jahrhundert hat Michał Doliwo-Dobrowolski (1862-1919) mit seinen wissenschaftlichen Forschungen und durch die praktische Anwendung technischer Neuerungen in bedeutender Weise zur Entwicklung der deutschen Wirtschaft beigetragen. Worauf beruhte die Aktivität dieses Polen in Deutschland vor allem?

157 Am Anfang des 20. Jahrhunderts entstanden in Nordrhein-Westfalen, wo Tausende von Polen arbeiteten, starke polnische Organisationen; in einer der Städte wurde sogar die Polnische Industrie-Gesellschaft gegründet und die Zeitschrift „Głos Górnika" („Stimme des Bergmanns") herausgegeben. Welche deutsche Stadt war damals ein bedeutendes Polen-Zentrum?

158 Seit 1990 läßt sich ein besonders intensiver deutsch-polnischer Handelsaustausch feststellen. Welchen Platz belegte Deutschland in den letzten Jahren im Handel mit Polen?

159 Vor der Abschaffung der Visumpflicht war der touristische Verkehr an der deutsch-polnischen Grenze nicht sehr lebhaft. Seit 1991 läßt sich in dieser Hinsicht von einer mehrfachen Intensivierung sprechen. Wie viele Touristen aus Deutschland haben 1995 Polen besucht: 10, 20 oder 40 Millionen? Wie viele Polen reisten nach Deutschland?

160 Die Normalisierung der deutsch-polnischen Beziehungen wirkt sich in den letzten Jahren in der wirtschaftlichen und kulturellen Zusammenarbeit sehr positiv aus. Seit neuestem kommt die Zusammenarbeit im Bereich des Umweltschutzes hinzu. Wo soll ein – nach gemeinsamen Entwürfen polnischer und deutschen Wissenschaftler organisiertes – Deutsch-Polnisches Naturschutzgebiet entstehen?

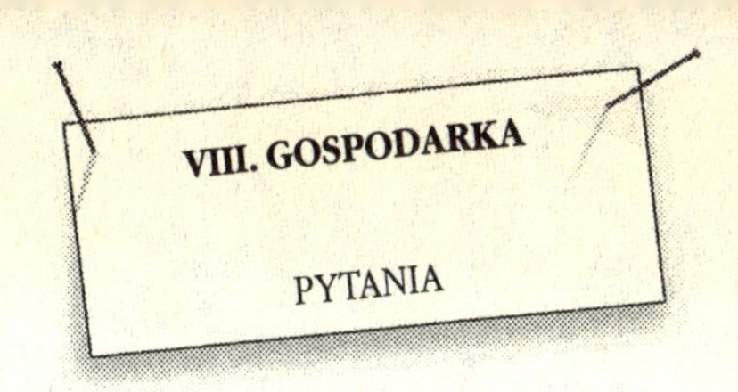

155 W 1846 r. mieszczaństwo Wrocławia ostro zaprotestowało na znak solidarności i w obronie interesów gospodarczych polskiego Krakowa. Jaka była przyczyna tych protestów?

156 Znaczący wpływ na rozwój niemieckiej gospodarki na przełomie XIX i XX w. miał Michał Doliwo-Dobrowolski (1862-1919), głównie poprzez badania naukowe i wdrożenie wynalazków do praktyki. Czym przede wszystkim zajmował się ten Polak na terenie Niemiec?

157 Na początku XX w. na terenie Nadrenii-Westfalii, gdzie pracowało tysiące Polaków, rozwijały się silnie organizacje polonijne, a w jednym z miast powstało Polskie Towarzystwo Przemysłowe; wydawano tam pismo „Głos Górnika". Jakie miasto stanowiło wtedy centrum życia polonijnego?

158 Od 1990 r. bardzo szybko rozwija się polsko-niemiecka wymiana handlowa. Które miejsce w handlu z Polską zajmują Niemcy w ostatnich latach?

159 W okresie przed zniesieniem wiz ruch turystyczny przez granicę polsko-niemiecką był niezbyt duży. Od 1991 r. wzrósł on jednak wielokrotnie. Ilu Niemców odwiedziło Polskę w 1995 r.: 10, 20 czy 40 milionów? Ilu Polaków wyjechało do Niemiec?

160 Normalizacja stosunków polsko-niemieckich w ostatnim okresie wpływa na ożywienie współpracy gospodarczej, kulturalnej, a także w dziedzinie ochrony środowiska. Gdzie organizowany jest Polsko-Niemiecki Park Narodowy – według projektu polskich i niemieckich naukowców?

Für gute nachbarschaftliche Beziehungen haben sich viele Polen und Deutsche eingesetzt, Menschen, die dank der neuesten Geschichtsforschung bekannt geworden sind: Wissenschaftler, Aktivisten verschiedener Organisationen und Politiker. Selbst in der schwierigen Periode vor dem 2. Weltkrieg gab es Politiker, die an eine dauerhafte deutsch-polnische Versöhnung glaubten und für sie kämpften. Die verheerende Kriegskatastrophe hat diesen Bestrebungen nur für kurze Zeit ein Ende gesetzt. Infolge der politischen Veränderungen in Europa und der ganzen Welt und dank der Bemühungen der Menschen guten Willens kam eine Annäherung zustande. Sie ist u.a. Geistlichen, Wissenschaftlern, Schriftstellern und Publizisten, nicht zuletzt Diplomaten und hohen Staatsfunktionären zu verdanken.

161 Viele Polen hatten in Deutschand, insbesondere in Preußen und Sachsen, wichtige Aufgaben zu erfüllen. Welches Fürstengeschlecht, aus der Geschichte der polnisch-litauischen Beziehungen bekannt, war durch familiäre und politische Bande mit Deutschland verknüpft?

162 In der Weimarer Republik setzte sich ein bekannter Politiker der Zwischenkriegszeit, einer der Parteiführer der SPD und Reichstagsabgeordneter aktiv für eine friedliche deutsch-polnische Zusammenarbeit ein. Wie hieß er?

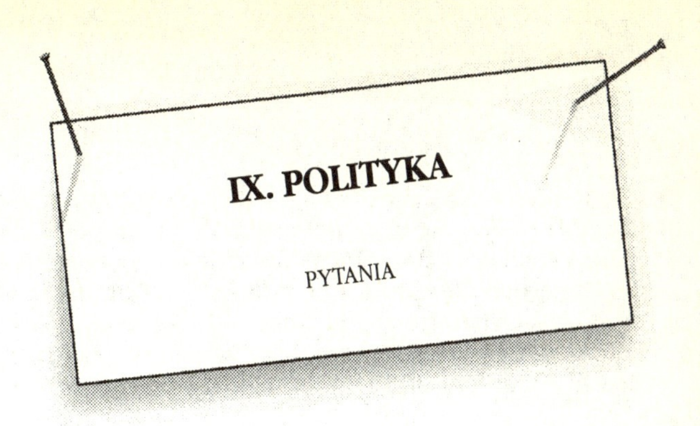

Na rzecz ukształtowania dobrosąsiedzkich stosunków pracowało wielu Polaków i Niemców znanych w najnowszej historii – uczonych, badaczy, działaczy różnych organizacji i polityków. Nawet w bardzo trudnym okresie przed II wojną światową byli politycy, którzy wierzyli w trwałe porozumienie polsko-niemieckie i walczyli o nie.

Tragiczna wojna tylko na pewien czas zahamowała te dążenia. Wraz ze zmianami na arenie politycznej Europy i świata następowało nieuniknione zbliżenie wysiłkiem ludzi dobrej woli – duchowieństwa, uczonych, pisarzy i publicystów, a także dyplomatów i członków najwyższych władz państwowych.

161 Wielu Polaków wypełniało ważne zadania w państwach niemieckich, zwłaszcza w Prusach i Saksonii. Który sławny w historii polsko-litewskiej ród książęcy miał liczne powiązania rodzinne i polityczne z Niemcami?

162 W czasach Republiki Weimarskiej cenne działania na rzecz pokojowej współpracy polsko-niemieckiej rozwijał znany polityk okresu międzywojennego – jeden z czołowych przywódców SPD i poseł do Reichstagu. Jak się nazywał?

163 In den Jahren 1922-1930 weilte Ulrich Rauscher in Polen. Mit Wohlwollen sah er dem Wiederaufbau des polnischen Staates nach über 100jähriger Unterjochung entgegen und würdigte den Reichtum der polnischen Kultur. Er war um eine Festigung der friedlichen Zusammenarbeit von Polen und Deutschen bemüht. Womit beschäftigte er sich in erster Linie während seines Aufenthalts in Polen?

164 Für die deutsch-polnische Annäherung war der Vertrag vom 7. Dezember 1970 von großer Wichtigkeit. Wo und von welchen Politikern ist dieses Abkommen über die Normalisierung der deutsch-polnischen Beziehungen unterzeichnet worden?

165 Eine gewaltige, massive sozial-gewerkschaftliche Bewegung im Polen der 80er Jahre löste, besonders in Deutschland, eine Welle von Solidaritätsaktionen und spontaner Hilfsbereitschaft aus, deren Intensität mit der politischen Aktivität der „Polenlieder"-Periode vor 150 Jahren vergleichbar wäre. Welche sozial-gewerkschaftliche Bewegung war das?

166 Welcher deutsche Präsident der Nachkriegszeit hat wegen seines Engagements für die deutsch-polnische Versöhnung hohe Anerkennung bei der polnischen Bevölkerung gefunden? Welche wichtigen Ereignisse rief er in seiner Ansprache vor Bundestag und -rat am 40. Jahrestag des Sieges über den Faschismus in Erinnerung?

167 Wo befindet sich das größte (das heißt – mit den meisten Angestellten) deutsche Konsulat der Welt?

168 Bei welcher Gelegenheit wurden in den letzten Jahren gemeinsame polnisch-deutsche Briefmarken herausgegeben?

169 In Deutschland erscheint in zweimonatigem Zyklus die Zeitschrift „Dialog". Wer ist ihr Herausgeber und welchen Problemen ist die Zeitschrift gewidmet?

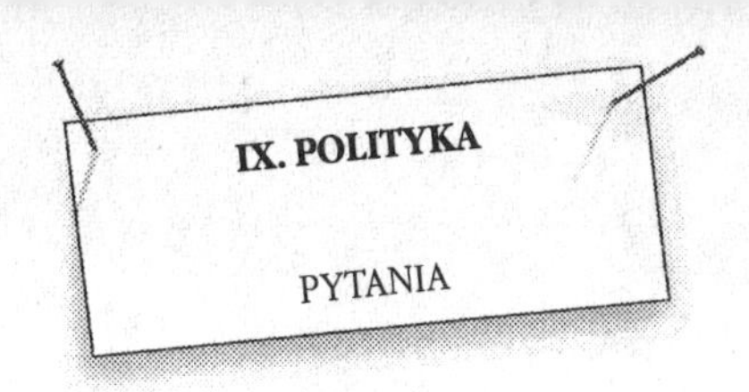

163 W latach 1922-1930 przebywał w Polsce Ulrich Rauscher. Z życzliwością odnosił się do dorobku kultury polskiej i odbudowy państwa polskiego po przeszło 100-letniej niewoli. Starał się umacniać pokojową współpracę Niemiec i Polski. Czym przede wszystkim zajmował się Rauscher w Polsce?

164 Ważnym wydarzeniem dla zbliżenia polsko-niemieckiego był układ podpisany 7 XII 1970 r. Gdzie i którzy politycy podpisali ten układ o normalizacji stosunków polsko-niemieckich?

165 Wielki, masowy ruch społeczno-zawodowy, zrodzony w Polsce w latach osiemdziesiątych wywoływał szczególnie w Niemczech poczucie wspólnoty i chęć niesienia pomocy na miarę okresu *Polenlieder* sprzed 150 lat. O jaki ruch chodzi?

166 Który niemiecki prezydent okresu powojennego zyskał szczególne uznanie Polaków za działania na rzecz pojednania polsko-niemieckiego? Jakie ważne sprawy przypomniał on w swoim przemówieniu do Bundestagu i Bundesratu w 40-lecie zakończenia II wojny światowej?

167 Gdzie znajduje się największy na świecie pod względem liczby zatrudnionych urzędników niemiecki konsulat?

168 Z jakiej okazji wydano w ostatnich latach wspólne polsko-niemieckie znaczki pocztowe?

169 W Niemczech ukazuje się dwumiesięcznik „Dialog". Kto jest wydawcą tego pisma i jakim sprawom jest poświęcone?

170 Infolge der Normalisierung der deutsch-polnischen Beziehungen konnte u.a. die deutsche Minderheit in Polen ihre gesamtpolnische Interessenvertretung, den Oberrat der Vereinigungen der deutschen Bevölkerung in der Republik Polen, ins Leben rufen. Wann ist der Rat entstanden?

171 Helmut Georg von Gerlach (1866-1935) schrieb u.a.: „Die deutsche Politik hat viele Sünden begangen. Mit dem Polen von Morgen muß Deutschland in Frieden zusammenleben. Wir sollen alles tun, damit Recht und Gerechtigkeit einen Sieg davontragen". Wo und wann wirkte Gerlach?

172 Welcher deutsche Politiker, zuerst Gegner der Nachkriegsordnung und des Versailler-Vertrags, Mitglied der NSDAP, änderte sein Verhältnis zu Polen und zum Faschismus radikal, als er Vorsitzender des Senats der Freien Stadt Danzig (1933-34) wurde?

173 1937 haben Einwohner einer deutschen Stadt dem polnischen Staat ein Gebäude geschenkt; auf diese Art und Weise sollte das Andenken eines führenden polnischen Politikers geehrt werden, der in dieser Stadt gefangen gehalten worden war. Welche deutsche Stadt war das? Wie hieß der polnische Politiker?

174 Nach dem 2. Weltkrieg sind auf deutschem Boden Polen-Organisationen wieder aktiv geworden. Zwei von ihnen wirkten in ganz Deutschland. Wie hießen sie?

175 1951 hat Georg Eckert in Braunschweig ein Institut gegründet, welches seit 1975 den Namen seines Gründers trägt. Wie heißt es genau und welche bedeutenden Schritte auf dem Weg zur Annäherung der Völker hat das Institut unternommen?

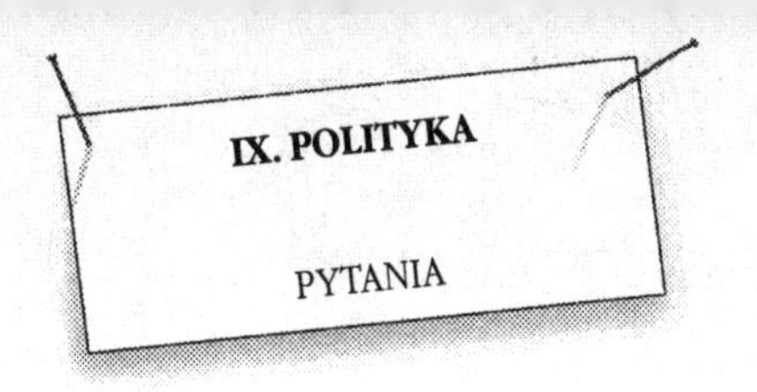

170 Rezultatem postępującej normalizacji stosunków polsko-niemieckich było m. in. utworzenie przez mniejszość niemiecką swojej organizacji o zasięgu ogólnopolskim – Rady Naczelnej Stowarzyszeń Ludności Niemieckiej w Rzeczpospolitej Polskiej. W którym to było roku?

171 Helmut Georg von Gerlach (1866-1935) pisał m. in.: „Polityka Niemiec ciężko nagrzeszyła. Z przyszłą Polską Niemcy powinny współżyć pokojowo (...) Pracujmy dla triumfu prawa i sprawiedliwości". Gdzie i kiedy działał Gerlach?

172 Który niemiecki polityk, początkowo przeciwnik powojennego ładu wersalskiego i członek NSDAP, gdy został przewodniczącym senatu Wolnego Miasta Gdańska (1933-1934), radykalnie zmienił swój stosunek do Polaków i do hitleryzmu?

173 W 1937 r. mieszkańcy jednego z miast niemieckich przekazali Polsce na własność dar w postaci budynku, upamiętniającego czołowego polityka polskiego, który w tym mieście był więziony. Jakie to było miasto niemieckie i o którego polskiego polityka chodzi?

174 Po II wojnie światowej na ziemiach niemieckich odrodziły się organizacje polonijne. Dwie najważniejsze z nich miały zasięg ogólnoniemiecki. Jak się nazywały?

175 W 1951 r. w Braunschweigu założony został przez Georga Eckerta instytut, który od 1975 r. przyjął nazwę od jego założyciela. Jak brzmi pełna nazwa tego instytutu i jakie ważne prace dla zbliżenia narodów rozwijał?

176 Wer hielt im Namen Polens eine Rede während der Festsitzung im Bundestag und Bundesrat in Bonn anläßlich des 50. Jahrestages des Endes des zweiten Weltkriegs?

177 Im Dienste der deutsch-polnischen Versöhnung sind einige Stiftungen in Deutschland und Polen tätig. Am größten ist wohl die Stiftung für deutsch-polnische Zusammenarbeit. Von wem und wann ist sie gegründet worden?

178 Die Hamburger Körber-Stiftung war Sponsor einer ungewöhnlichen Wanderausstellung für die Sache der Versöhnung. Sie wurde Mitte der 80er Jahre in Deutschland und Polen gezeigt. Was war ihr Thema?

179 In Kreisau (Schlesien) fand eine politische Begegnung von symbolischer Bedeutung für die neuesten deutsch-polnischen Beziehungen statt. Welche Politiker sind dort wann zusammengekommen?

180 Am 14. November 1990 wurde ein deutsch-polnischer Grenzvertrag unterzeichnet. Sämtliche Aspekte der deutsch-polnischen Beziehungen und Zusammenarbeit werden in diesem Vertrag über gute Nachbarschaft und freundschaftliche Zusammenarbeit besprochen. Wann wurde dieser Vertrag unterzeichnet? Was sind seine Schwerpunkte? Welche anderen wichtigen Dokumente sind gleichzeitig unterschrieben worden?

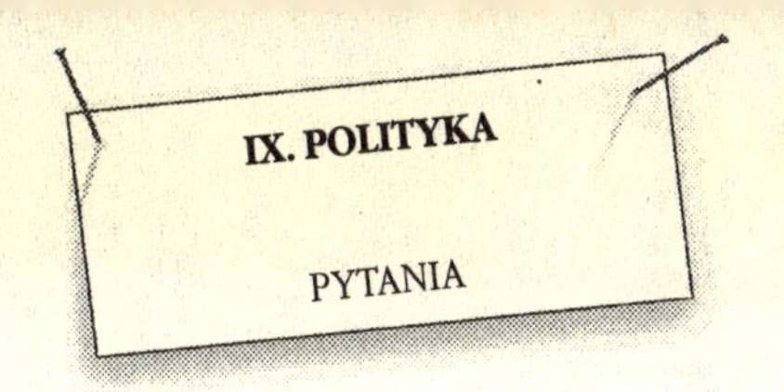

176 Kto w imieniu Polski wygłosił przemówienie na uroczystej sesji Bundestagu i Bundesratu w Bonn z okazji 50. rocznicy zakończenia II wojny światowej?

177 Pojednaniu polsko-niemieckiemu służy kilka fundacji działających w Niemczech i w Polsce. Największą z nich jest Fundacja Współpracy Polsko-Niemieckiej. Kto i w którym roku ją ustanowił?

178 Fundacja Körbera z Hamburga sponsorowała niezwykłą wystawę objazdową na rzecz pojednania. Pokazywana ona była w połowie lat 80. w Niemczech i w Polsce. Jaki był temat tej ważnej wystawy?

179 W miejscowości Krzyżowa (Kreisau) na Śląsku odbyło się spotkanie polityków, które miało symboliczne znaczenie dla współczesnych stosunków polsko-niemieckich. Którzy politycy i kiedy się tam spotkali?

180 Dnia 14 XI 1990 r. podpisany został polsko-niemiecki traktat graniczny. Natomiast całokształt stosunków i współpracy polsko-niemieckiej normuje Traktat o Dobrym Sąsiedztwie i Przyjaznej Współpracy. Kiedy ten traktat podpisano i jakie są jego najważniejsze treści. Jakie inne ważne dokumenty zostały tego dnia podpisane?

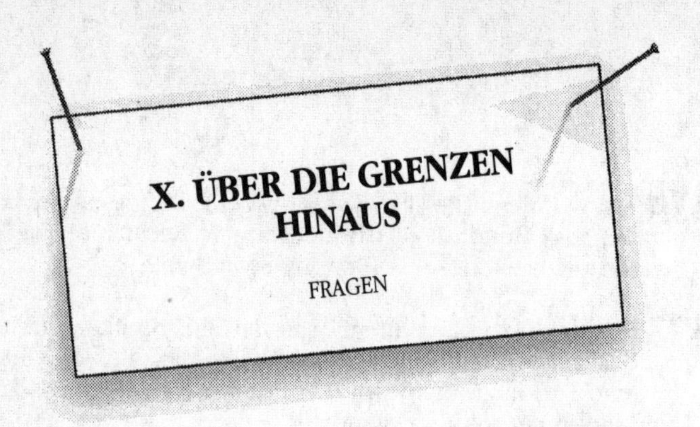

In der tausendjährigen Geschichte der deutsch-polnischen Nachbarschaft hat es schon immer, auch in den Zeiten gegenseitiger Abneigung, Menschen gegeben, die um Verständigung bemüht waren. Das Streben nach einer Verbesserung ihrer Lebensbedingungen zog immer wieder viele tatkräftige Individuen und große Massen deutscher Einwanderer nach Polen und umgekehrt. Für deutsch-polnische Mischehen, die sowohl von Angehörigen der Oberschichten als auch von einfachen Menschen eingegangen wurden, bestanden keine Grenzen. Eine sichere Brücke, die zur Verständigung führte, bildeten immer Bücher, Kunstwerke und unmittelbare Begegnungen der Kulturschaffenden.

181 Die polnische Fürstin Karolina Sayn-Wittgenstein, geborene Iwanowskas hat viele Jahre unter Deutschen verbracht. Sie half dem großen Komponisten Richard Wagner, als dieser sich in schwierigen Lebensumständen befand. Worin bestand diese Hilfe ?

182 Jan N. Bobrowicz (1805-1881) trug in Leipzig zur Verbreitung polnischer und deutscher Kultur bei. Auf welchem Gebiet hat er sich besondere Verdienste erworben?

183 Das bekannte deutsche Verlagshaus Brockhaus hat sich um die Entwicklung der polnischen Kultur sehr verdient gemacht. Wo und wann war sein Engagement für die polnische Kultur am stärksten?

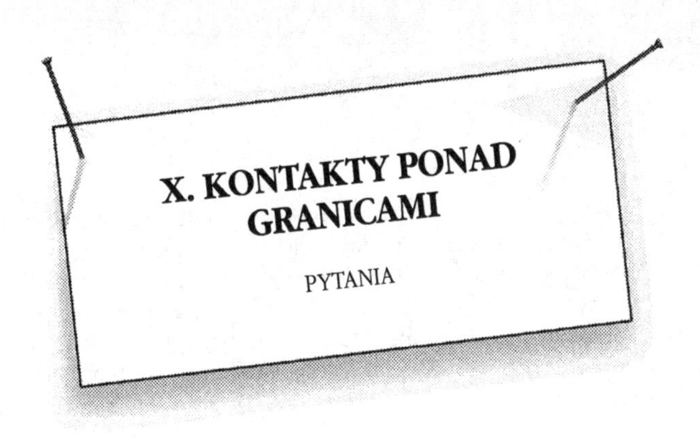

W 1000-letnich dziejach sąsiedztwa polsko-niemieckiego, nawet w czasach największej wzajemnej niechęci, znaleźli się ludzie działający na rzecz porozumienia. Dążenie do poprawy warunków życia przyciągało w wielu okresach prężne jednostki i masy imigrantów z Niemiec do Polski, a z Polski na ziemie niemieckie. Nie istniały granice, gdy zawierano małżeństwa polsko-niemieckie wśród prostych ludzi i wśród rodów panujących.

Zawsze pewnym pomostem porozumienia były książki, dzieła sztuki oraz bezpośrednie spotkania twórców kultury.

181 Polska księżna Karolina Sayn-Wittgenstein z Iwanowskich wiele lat życia spędziła wśród Niemców. Pomogła wielkiemu kompozytorowi Richardowi Wagnerowi w ciężkich kłopotach życiowych. Na czym polegała ta pomoc?

182 Jan N. Bobrowicz (1805-1881) popularyzował w Lipsku kulturę polską i niemiecką. W jakiej dziedzinie miał największe osiągnięcia?

183 Znana niemiecka firma Brockhaus miała duże zasługi dla rozwoju kultury polskiej. Gdzie i kiedy jej związki z tą kulturą były najsilniejsze?

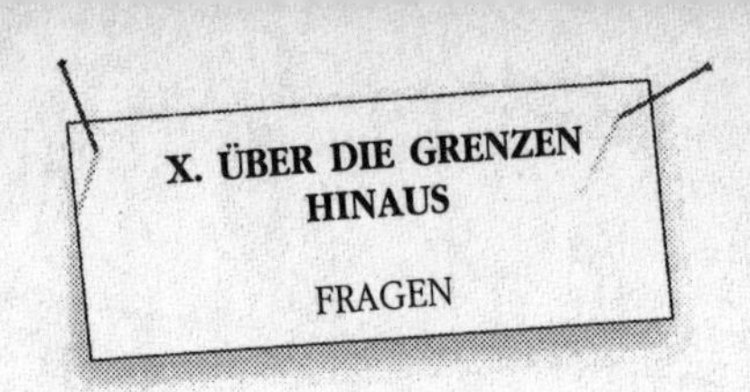

184 In der Zwischenkriegszeit fand auf deutschem Territorium ein Welttreffen der Auslandspolen statt; es sollte für die Wiedergeburt des polnischen Nationalgefühls in der Welt, insbesondere aber in Deutschland, von großer Wichtigkeit sein. Auf der Tagung wurden die sog. „fünf Glaubensartikel der Polen" verkündet. In welcher Stadt tagten die Polen? Was beinhalteten die erwähnten Glaubensartikel?

185 Ludwik Zimmerer, westdeutscher Auslandkorrespondent in Warschau, hat während seines Aufenthalts in Polen (seit 1956) eine große und sehr interessante Kunstsammlung angelegt. Was sammelte dieser Liebhaber der polnischen Kultur?

186 Im Prozeß der deutsch-polnischen Annäherung und Verständigung hat das Deutsche Polen-Institut eine ungewöhnliche Rolle gespielt. In welcher Stadt, wann und von wem ist es gegründet worden?

187 Winfried Lipscher, BRD-Botschaftsrat in Warschau und ein großer Freund Polens, entfaltet nicht nur politische Aktivitäten zur Förderung der deutsch-polnischen Verständigung. Womit beschäftigt er sich ebenfalls?

188 Die Robert-Bosch-Stiftung aus Stuttgart trägt in bedeutendem Maß zur Vertiefung der deutsch-polnischen Kontakte bei. Ihr besonderes Verdienst ist die Förderung des Jugendaustausches. Welche anderen wichtigen Unternehmungen fördert diese bekannte Stiftung?

189 Für ihre Tätigkeit zur Förderung der deutsch-polnischen Versöhnung sind in den letzten Jahren besonders verdienstvolle polnische Wissenschaftler und Kulturschaffende mit hohen westdeutschen Auszeichnungen geehrt worden. Welche Auszeichnungen sind hier gemeint? Wem wurden sie verliehen?

184 W latach międzywojennych na terenie Niemiec odbył się światowy zjazd Polonii, mający bardzo duże znaczenie dla odrodzenia poczucia polskości w świecie, a zwłaszcza w Niemczech. Przyjęto na nim tzw. pięć prawd Polaków. W którym mieście odbył się ten zjazd? O czym mówiły przyjęte prawdy Polaków?

185 Ludwik Zimmerer, zachodnioniemiecki korespondent z Warszawy, w czasie pobytu w Polsce od 1956 r. zgromadził wielką, bardzo interesującą kolekcję. Co gromadził ten entuzjasta kultury polskiej?

186 Nieocenioną rolę we wzajemnym zbliżeniu i poznaniu narodów polskiego i niemieckiego odgrywa w ostatnich latach Niemiecki Instytut Kultury Polskiej. W jakim mieście się on znajduje, kiedy i przez kogo został powołany?

187 Winfried Lipscher, były radca ambasady RFN w Warszawie i przyjaciel Polski, prowadzi poza polityczną także inną działalność na rzecz porozumienia niemiecko-polskiego. O jaką działalność chodzi?

188 Wielki wpływ na rzecz porozumienia niemiecko-polskiego wywarła Fundacja Roberta Boscha ze Stuttgartu. Wsparła ona szczególnie program wymiany młodzieży. Jakie inne ważne działania wspiera?

189 Najbardziej zasłużeni twórcy nauki i kultury z Polski otrzymali w ostatnich latach wysokie wyróżnienia niemieckie za działalność na rzecz pojednania polsko-niemieckiego. Co to za wyróżnienia i którzy najbardziej zasłużeni Polacy je otrzymali?

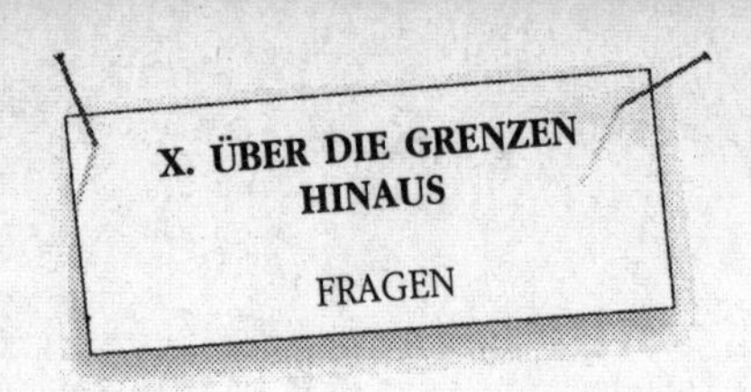

190 Der Wald des Friedens ist ein Wald der Versöhnung auf einem Schlachtfeld des 2. Weltkriegs. Wo und seit wann wächst dieser Wald?

191 Die berühmte „Tafel bei Wierzynek" in Krakau während der Regierungszeit des Königs Kazimierz des Großen gilt als ein historisches Ereignis. Welche Verbindungen bestanden zwischen Wierzynek und Deutschland?

192 Florian Ungler (?-1536) aus Bayern verlegte in seiner Drukkerei das erste bis heute erhaltene polnische Buch, *Raj duszny* (Seelenparadies) des Autors Biernat aus Lublin. Wann und in welcher Stadt ist das Werk im Druck erschienen?

193 Johannes Faust (um 1480-1536) ist die Hauptfigur zahlreicher musikalischer und literarischer Werke. Welche Verbindungen hatte er zu Polen?

194 Sowohl in der polnischen Literatur als auch in mündlicher Überlieferung ist die Gestalt des Herrn Twardowski, der als typischer Pole gilt, sehr lebendig. Der authentische Prototyp war jedoch mit Deutschland eng verbunden. Warum?

195 F'ür die Verbreitung der polnischen Kultur und insbesondere der Literatur ist die Aktivität der Familie Gebethner seit langer Zeit sehr wichtig. In welcher Weise war diese Familie mit Deutschland verbunden? Worin besteht die Tätigkeit der Gebethner?

196 Das berühmte polnische Geschlecht von Małachowski umfaßte auch eine germanisierte Linie. Dieser entstammte Paweł Józef Małachowski, der sich im 18. Jahrhundert unter dem preußischen König Friedrich II. sehr verdient gemacht hat. Worin bestanden seine Verdienste?

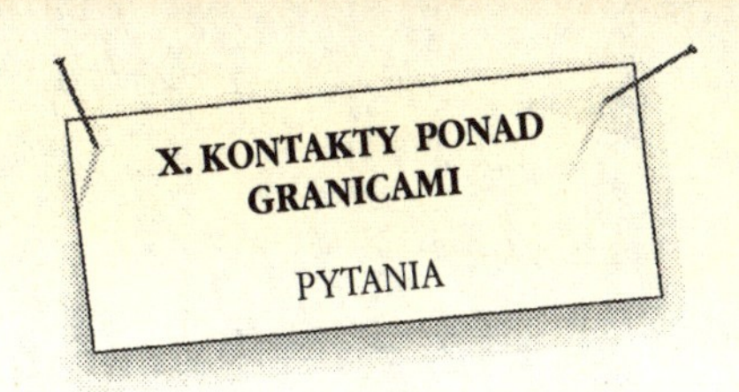

190 Las Pokoju to las pojednania narodów rosnący na miejscu bitwy, jaka rozegrała się w czasie drugiej wojny światowej. Gdzie i od kiedy taki las rośnie?

191 Do historii przeszła sławna „uczta u Wierzynka" w Krakowie w czasach panowania króla Kazimierza Wielkiego. Jakie związki miał Wierzynek z Niemcami?

192 Florian Ungler z Bawarii (?-1536) wydał w swojej drukarni pierwszą, zachowaną do dziś, drukowaną książkę polską *Raj duszny* Biernata z Lublina. Kiedy i w jakim mieście to było?

193 Bohaterem wielu znanych utworów literackich i muzycznych jest dr Johannes Faust (ok. 1480-1536). Jakie były jego związki z Polską?

194 W literaturze polskiej i w przekazach ustnych znana jest postać Pana Twardowskiego, uznanego za typowego Polaka. Jego żywy pierwowzór był jednak ściśle związany z Niemcami. Dlaczego?

195 Nieocenione zasługi dla rozwoju kultury polskiej, a zwłaszcza literatury, miał i nadal ma ród Gebethnerów. Jakie związki z Niemcami ma ta rodzina i na czym polega działalność Gebethnerów?

196 Sławny ród polski Małachowskich miał swoją zgermanizowaną linię. Pochodził z niej w XVIII w. Paweł Józef Małachowski, który szczególnie zasłużył się królowi Prus Fryderykowi II. W jaki sposób?

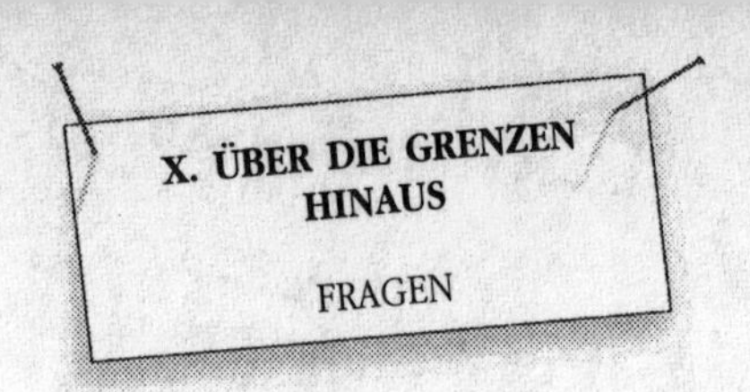

197 Welche polnische Schule wurde neulich mit dem Namen einer um die polnisch-deutsche Aussöhnung bemühten ostpreußischen Gräfin geehrt?

198 Ein großer Freund der Polen, deutscher Bürger, schrieb u.a. eine dreibändige Geschichte des November-Aufstandes. Polen, denen er oft auf seinen Reisen begegnete, nannten ihn ihren „ersten literarischen Verbündeten". Wer war das?

199 Bettina von Arnim-Brentano (1785-1859) war eine große Humanistin und Schriftstellerin, die jede Art von Gewalt bekämpfte. Auf welche Art und Weise hat sie sich mit ihrem Wirken für die polnische Sache eingesetzt?

200 Auf Initiative polnischer und deutscher Institutionen und Kulturschaffender wird die Gründung einer Europäischen Akademie in Krakau erwogen. Von wem ging diese Idee aus und welche Ziele würde die Akademie verfolgen?

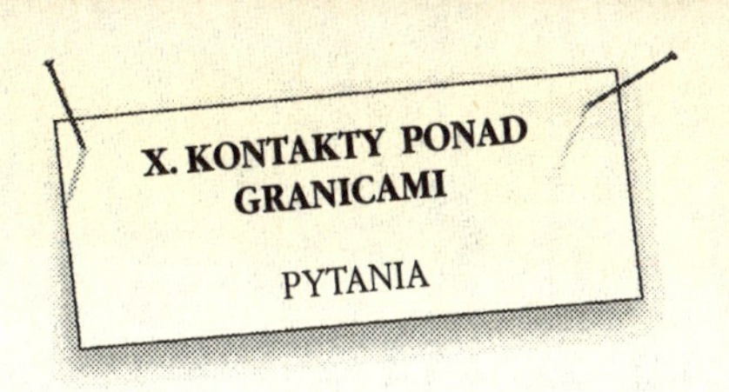

197 Jedna z polskich szkół uhonorowana została niedawno imieniem wschodniopruskiej hrabiny zasłużonej dla polsko-niemieckiego pojednania. O jakiej szkole mowa?

198 Niemiec – gorący przyjaciel Polaków, napisał m. in. 3 tomowe dzieło o powstaniu listopadowym. Polacy, z którymi spotykał się często w czasie podróży po Polsce, nazywali go „pierwszym literackim sojusznikiem". O kogo chodzi?

199 Bettina von Arnim Brentano (1785-1859) to wielka humanistka, pisarka zwalczająca wszelką przemoc. W jaki sposób swoimi działaniami zasłużyła się dla sprawy polskiej?

200 Z inicjatywy działaczy kultury oraz instytucji niemieckich i polskich rozważany jest projekt utworzenia w Krakowie Akademii Europy. Kim są projektodawcy Akademii i jakie cele miałaby ona realizować?

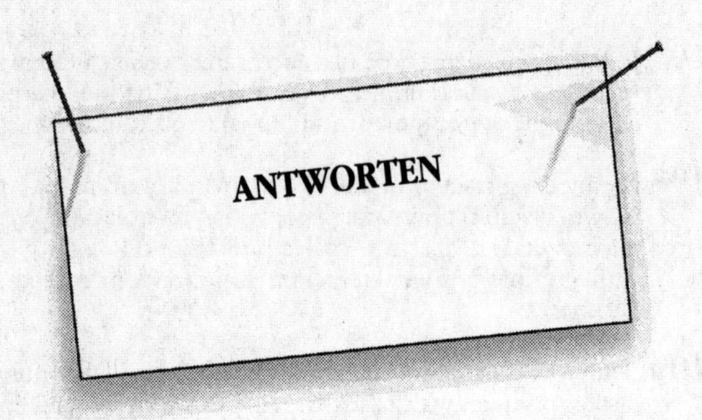
ANTWORTEN

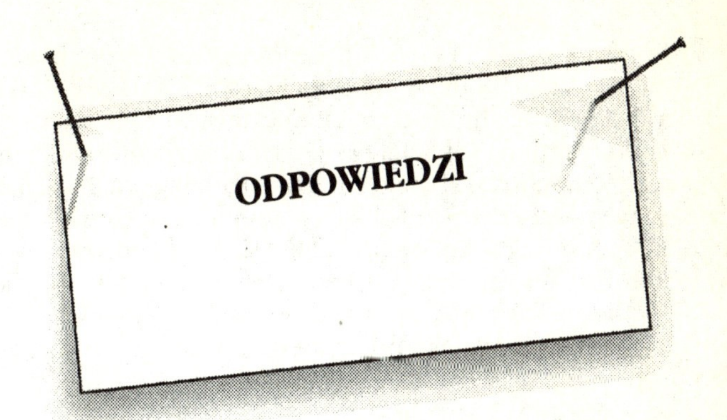
ODPOWIEDZI

1 Friedrich Schiller (1795-1805), neben Goethe der bedeutendste Vertreter der deutschen Klassik, hat u.a. auf Adam Mickiewicz Einfluß ausgeübt. Mickiewiczs *Ode an die Jugend* wurde durch Schillers *Ode an die Freude* angeregt, die revolutionäre Hymne der damaligen Jugend. Die Dichtungen von Friedrich Schiller gehören zu den im 19. und 20. Jahrhundert in Polen am häufigsten übersetzten Werken. In seinem Drama *Demetrius* verarbeitete Schiller Motive aus der Moskauer und polnischen Geschichte des 17. Jahrhunderts (die polnische Ausgabe des Dramas erschien 1900).

2 Nach dem Scheitern des November-Aufstandes von 1830/31 suchten viele polnische Patrioten und Intellektuelle Zuflucht im Fürstentum Sachsen. Unter ihnen befanden sich die polnischen Nationaldichter Juliusz Słowacki (1809-1849) und Adam Mickiewicz (1798-1855). Der letztere arbeitete in Dresden am dritten Teil seiner *Ahnenfeier* (*Dziady*), bekannt als die *Dresdner Ahnenfeier*, sowie an *Ordons Schanze* (*Reduta Ordona*). Zuvor war Mickiewicz im Jahre 1829 in Weimar dem großen deutschen Dichter Johann Wolfgang von Goethe begegnet.

3 Heinrich Heine (1797-1856) interessierte sich sehr für Polen und begrüßte mit Sympathie die Freiheitskämpfe von 1830/31 und 1848. Heine war in Polen schon zu Lebzeiten sehr gut bekannt. Seine Werke wurden oft (u.a. von Maria Konopnicka (1842-1910), Kazimierz Przerwa-Tetmajer (1865-1940) und Leopold Staff (1878-1957)) ins Polnische übertragen.

4 Józef Ignacy Kraszewski (1812-1887), dem wegen der Beteiligung am Januar-Aufstand von 1863 eine Verhaftung drohte, verließ Warschau und bewohnte eine kleine Villa in der Nordstraße in Dresden. Unter seiner Feder sind viele Werke entstanden, die sich mit der Geschichte Polens und Sachsens befassen, z.B. *Gräfin Cosel* oder *Brühl*.

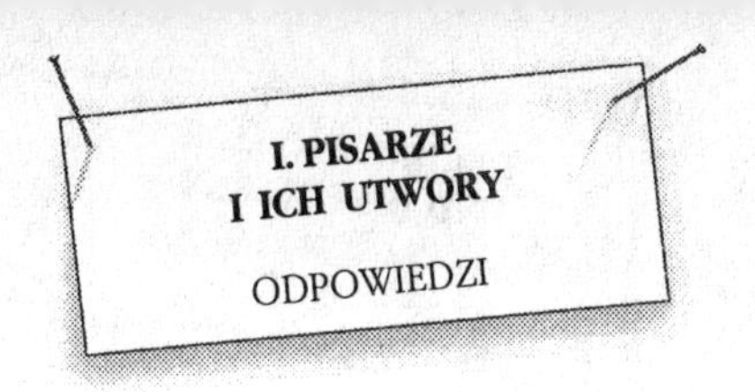

1 Friedrich Schiller (1759-1805), najwybitniejszy obok Johanna Wolfganga Goethego przedstawiciel niemieckiej klasyki, wywarł wpływ m.in. na Adama Mickiewicza. Jego *Odę do młodości* inspirował wiersz Schillera *Do radości*, który stał się rewolucyjnym hymnem młodzieży. Utwory Schillera należały do najczęściej tłumaczonych w Polsce w XIX i XX w. Friedrich Schiller rozpoczął pisanie dramatu *Dymitr*, opartego na motywach z historii Moskwy i Polski w XVII w. (wydanie polskie dramatu w 1900 r.).

2 Po upadku powstania listopadowego 1830/31 wielu polskich patriotów i twórców kultury szukało schronienia w Królestwie Saksonii. Byli wśród nich wieszcze narodu polskiego Juliusz Słowacki (1809-1849) oraz Adam Mickiewicz (1798-1855), który napisał w Dreźnie *Dziadów* część III (zwaną Dziadami Drezdeńskimi) oraz *Redutę Ordona*. Wcześniej, w 1829 r., Adam Mickiewicz spotkał się w Weimarze z wielkim poetą niemieckim Johannem Wolfgangiem Goethem.

3 Heinrich Heine (1797-1856) żywo interesował się Polską i okazywał dużo sympatii dla jej walk wyzwoleńczych w latach 1830/31 i 1848. Heinrich Heine był dobrze znany w Polsce już za życia. Jego utwory tłumaczyli na język polski, m.in. Maria Konopnicka (1865-1940), Kazimierz Przerwa-Tetmajer (1865-1940) i Leopold Staff (1878-1957).

4 Józef Ignacy Kraszewski (1812-1887), zagrożony aresztowaniem za udział w powstaniu styczniowym 1863 r., wyjechał z Warszawy i osiadł w Dreźnie (mała willa przy Nordstraße). Napisał wiele utworów opartych na dziejach polskich, w tym także na historii Polski i Saksonii, np. *Hrabina Cosel* i *Brühl*. Kraszewski posiadał w tym

In Dresden besaß Kraszewski eine Druckerei. Da er gegen die Besatzungsmächte konspirierte und der Zusammenarbeit mit Frankreich verdächtigt wurde, war er 1883-1885 in Berlin Moabit und Magdeburg inhaftiert. Heute befindet sich in Dresden ein kleines Kraszewski-Museum mit einer Sammlung Dresdner Polonika.

5 Stanisław Przybyszewski (1868-1927), Schriftsteller und bedeutender Mitbegründer des Jungen Polen, weilte seit 1889 in Berlin, wo er Medizin und Architektur studierte. Nach der Veröffentlichung des Essays *Chopin und Nietzsche* wurde er in den Kreis der deutschen Modernisten aufgenommen und schloß Bekanntschaft mit dem Dichter Richard Dehmel. Dann knüpfte er Kontakte zur sozialistischen Bewegung. 1892-1893 war er Redakteur der Berliner „Arbeiterzeitung". 1906 ließ er sich in München nieder. Die letzten Jahre seines Lebens verbrachte er überwiegend in Polen.

6 Thomas Mann (1875-1955) erfreut sich in Polen sehr großer Popularität. Er war schon vor dem Krieg bekannt und hoch geschätzt. Nach dem Krieg betrug die Gesamtauflage seiner Werke über eine Million Exemplare. Eine der bedeutendsten polnischen Schriftstellerinnen, Maria Dąbrowska (1889-1965), bezeichnete Thomas Mann als die „erste überzeugende Ehrenrettung der Deutschen". W. Lipscher bemerkt u.a.: „Es wäre nicht allzu übertrieben, Thomas Mann einen par excellence polnischen Schriftsteller zu nennen".

7 Gemeint ist Karl Dedecius – der Mann von unschätzbaren Verdiensten für die Popularisierung der polnischen Kultur, insbesondere der polnischen Literatur, in Deutschland. Er hat über 90 polnische Bücher – Dichtung und Prosa des 19. und 20. Jahrhunderts – u.a. Stanisław Lec, Zbigniew Herbert, Konstanty Ildefons Gałczyński, Tadeusz Różewicz ins Deutsche übersetzt. Er veröffentlichte auch eine Abhandlung mit dem Titel *Polen und Deutsche. Die*

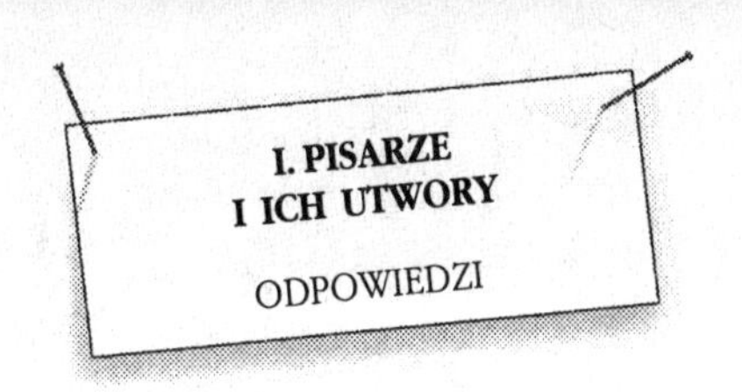

mieście drukarnię. Za działalność przeciw zaborcom, posądzony o współpracę z Francją, więziony był w berlińskim Moabicie i Magdeburgu (1883-1885). Dziś w Dreźnie znajduje się małe muzeum im. Kraszewskiego gromadzące drezdeńskie *polonica*.

5 Stanisław Przybyszewski (1868-1927), pisarz i czołowy twórca programu Młodej Polski, od 1889 r. przebywał w Berlinie, studiował tam architekturę i medycynę. Po ogłoszeniu w 1898 r. eseju *Chopin und Nietzsche* wszedł w środowisko niemieckich modernistów, nawiązując znajomość z poetą Richardem Dehmelem. Związał się z ruchem socjalistycznym, a w latach 1892-1893 był redaktorem berlińskiej „Gazety Robotniczej". W 1906 r. S. Przybyszewski osiadł w Monachium. Ostatnie lata życia spędził głównie w Polsce.

6 Tomasz Mann (1875-1955), cieszy się w Polsce niesłabnącą popularnością. Był znany i ceniony już przed wojną, a po wojnie łączny nakład jego utworów przekroczył milion egzemplarzy. Wielka polska pisarka Maria Dąbrowska (1889-1965) stwierdziła, że Tomasz Mann jest „pierwszą przekonywającą rehabilitacją dla Niemców". Winfried Lipscher pisze m. in., iż „z niewielką przesadą można powiedzieć, że Tomasz Mann jest par excellence polskim pisarzem".

7 Jest to Karl Dedecius – człowiek nieocenionych zasług dla upowszechniania kultury, zwłaszcza literatury polskiej w Niemczech. Przetłumaczył na język niemiecki około 90 polskich książek – poezji i prozy z XIX i XX w., w tym Stanisława Leca, Zbigniewa Herberta, Konstantego Ildefonsa Gałczyńskiego, Tadeusza Różewicza. Wydał m. in. pracę *Polacy i Niemcy. Posłannictwo książek*. W 1965 r. otrzymał nagrodę polskiego PEN-Clubu, w 1990 r. Pokojową Na-

Botschaft der Bücher. 1965 mit dem Preis des polnischen PEN-Clubs, 1990 mit dem Friedenspreis des Deutschen Buchhandels (Kleiner Nobelpreis genannt) ausgezeichnet. Doctor honoris causa einiger polnischer Hochschulen. 1991 doctor honoris causa seiner Heimatstadt Łódź.

8 Günter Grass (geb. 1927) hält den Danziger Boden und die dort ansässige deutsche, polnische, kaschubische, jüdische und niederländische Kultur für seine eigentliche Heimat. Grass ist in Polen als berühmter Romanautor, vor allem jedoch dank seines Buchs *Die Blechtrommel* bekannt. In diesem Roman hat er die Absurditäten und Perversionen des Nationalsozialismus entlarvt.

9 Horst Bienek (1930-1990) stammte aus Gleiwitz, wo er bis 1946 lebte. In seinen Büchern verarbeitet er persönliche Kriegserfahrungen und reagiert gefühlvoll auf das tragische Schicksal des polnischen Volkes. Beispiele für seine engagierte Haltung sind *Die erste Polka* (1975) und *Septemberlicht* (1977), in denen über die ersten Tage des Krieges von 1939 im deutsch-polnischen Grenzland berichtet wird.

10 *Zeit der Frauen* handelt vom Leiden polnischer und deutscher Menschen am Vortag des Sieges der Alliierten. Heldin und Erzählerin des Romans ist die Schwester des Verfassers, Libussa Fritz-Krockow, die als schwangere junge Frau nach dem Einmarsch der siegreichen Sowjetarmee dramatische Momente in ihrer Heimat Pommern erlebt.

11 Conrad Celtis o. Celtes (1459-1508), deutscher Humanist und Dichter, Vertreter der Renaissance in Mitteleuropa. Als erster Deutscher von Kaiser Friedrich III. mit dem Lorbeerkranz gekrönt. 1489-1491 studierte er an der Jagiellonen-Universität in Krakau und hielt dort auch Vorlesungen. Unter seinen poetischen Werken finden wir auch Liebesgedichte, die einem Krakauer Bürgermädchen namens Halszka gewidmet sind.

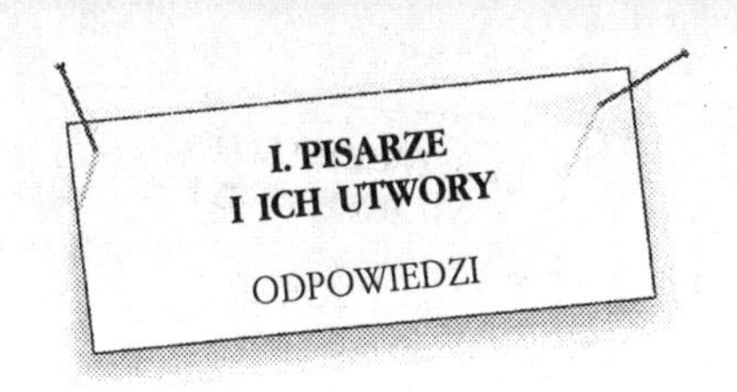

grodę Księgarzy Niemieckich, zwaną Małym Noblem. Otrzymał doktoraty honoris causa kilku uczelni polskich – m.in. w 1991 r. w rodzinnej Łodzi.

8 Günter Grass (ur. 1927 r.) uznaje za swoją „ojczyznę domową" ziemię gdańską z jej tradycją niemiecką, polską, kaszubską, żydowską i holenderską. Günter Grass znany jest w Polsce z kilku głośnych utworów, zwłaszcza *Blaszanego bębenka*, w którym ukazał absurdy i zwyrodnienia narodowego socjalizmu.

9 Horst Bienek pochodził z Gliwic, które opisał w 1946 r. W swych książkach nawiązuje do osobistych doświadczeń wojennych, wczuwając się silnie w przeżycia Polaków. Przykładem takiej postawy pisarza jest *Pierwsza Polka* (wyd. 1975 r.) oraz *Septemberlicht* (wyd. 1977 r.) – na temat pierwszych dni wojny 1939 r. na pograniczu polsko-niemieckim.

10 *Czas kobiet* to książka o cierpieniach Polaków i Niemców w przeddzień zwycięstwa. Bohaterką i narratorką powieści jest siostra autora, Libussa Fritz Krockow, która jako ciężarna młoda kobieta przeżywa dramatyczne chwile na rodzinnym Pomorzu pod koniec II wojny światowej i po wejściu zwycięskich wojsk radzieckich.

11 Conrad Celtis-Celtes (1459-1508), niemiecki humanista i poeta, był propagatorem idei Odrodzenia w Europie Środkowej. Jako pierwszy Niemiec został uwieńczony przez cesarza Fryderyka III wawrzynem poetyckim. Studiował i prowadził wykłady na Uniwersytecie Jagiellońskim w Krakowie w latach 1489-1491. Wśród jego utworów poetyckich są także wiersze miłosne do krakowskiej mieszczki Halszki.

12 Martin Opitz Opitius (1597-1639) stammte aus Schlesien und war ein typischer Vertreter des deutsch-polnischen Grenzlandes. Er stand im Dienst des polnischen Königs Władysław IV. und wurde vom polnischen Sejm zum königlichen Geschichtsschreiber ernannt. Seine Werke stellen eine Lobpreisung der polnischen Monarchen dar.

13 Der geniale polnische Nationaldichter Adam Mickiewicz wollte nach dem Scheitern des Aufstandes von 1831 nach Westen fliehen, stieß jedoch auf Schwierigkeiten bei dem Versuch, die Grenze zu passieren. Es ist ihm gelungen, mit einer Gruppe von fliehenden Aufständischen unter dem falschen Namen Adam Mühl nach Dresden zu gelangen. Dabei erwiesen sich seine guten Deutschkenntnisse als sehr behilflich. Er begann schon 1818 in Wilna, Deutsch zu lernen. Gute Sprachkenntnisse ermöglichten es ihm auch, im Jahre 1829 in Berlin die Vorlesungen von Georg Wilhelm Friedrich Hegel zu besuchen und später auch Werke von Friedrich Schiller und Johann Wolfgang Goethe zu übersetzen.

14 Der Verfasser des Polenliedes ist Justinus Kerner (1786--1862), der die polnischen Angelegenheiten mit viel Sympathie verfolgte. Er unterstützte den November-Aufstand und organisierte nach dessen Niederschlagung im Jahre 1831 Hilfsaktionen für Tausende von polnischen Aufständischen, die nach Deutschland flüchteten. Für sein ungewöhnliches Engagement hat ihm Joachim Lelewel im Namen des Polnischen Nationalkomitees in Paris persönlich Dank ausgesprochen.

15 Der Verfasser des Gedichts *An Mickiewicz* war Ludwig Uhland (1787-1862), Dichter und Professor an der Universität in Tübingen, einer der Mitbegründer der Germanistik. Er war auch politisch tätig und vertrat liberale Ansichten. Sein Ansehen als Abgeordneter zur Deputiertenkammer der Frankfurter Nationalversammlung machte ihn zu einem prominenten Fürsprecher der polnischen Freiheitsidee.

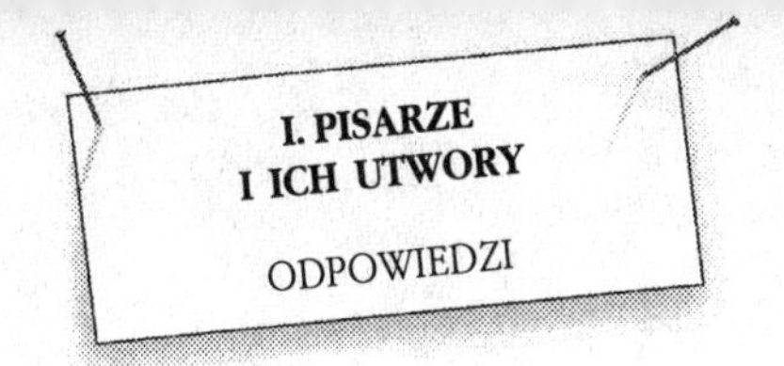

12 Marcin Opitz-Opitius (1597-1639), pochodził ze Śląska, był typowym przykładem twórcy kultury z pogranicza polsko-niemieckiego. Służył na dworze króla Władysława IV. Sejm polski zatwierdził go jako historiografa królewskiego. W swoich utworach głosił pochwałę królów polskich.

13 Wieszcz polski Adam Mickiewicz po upadku powstania 1831 r. chciał wyjechać na Zachód, ale miał trudności z przekroczeniem granicy. Udało mu się to, gdy z falą uchodźców powstańczych wyjechał do Drezna pod pseudonimem Adam Mühl. Sprzyjała temu także dobra znajomość języka niemieckiego, którego zaczął się uczyć już w Wilnie w 1818 r. Znajomość niemieckiego pozwalała również Mickiewiczowi w 1829 r. słuchać w Berlinie wykładów Georga Wilhelma Friedricha Hegla, a następnie tłumaczyć utwory Fryderyka Schillera i Johanna Wolfganga Goethego.

14 Autorem pieśni o Polsce był Justinus Kerner (1786-1862), bardzo przyjaźnie odnoszący się do spraw polskich. Popierał powstanie listopadowe, a po jego upadku w 1831 r. organizował pomoc dla tysięcy powstańców polskich napływających na ziemie niemieckie. Otrzymał za to osobiste podziękowanie od Joachima Lelewela z Polskiego Komitetu Narodowego w Paryżu.

15 Autorem wiersza *Do Mickiewicza* był Ludwig Uhland (1787-1862), poeta i profesor Uniwersytetu w Tybindze, jeden z twórców germanistyki. Był zarazem działaczem politycznym o poglądach liberalnych. Broniąc idei wolnościowych Polaków wykorzystywał swój autorytet posła do Izby Deputowanych we Frankfurckim Zgromadzeniu Narodowym.

16 Georg Herwegh (1817-1875) verfaßte viele Polen-Gedichte. Er unterstützte die polnischen Freiheitskämpfe und verwies dabei gleichzeitig auf den verhängnisvollen Anteil Preußens am Untergang Polens. 1848 schrieb Herwegh an Joachim Lelewel, den polnischen Intellektuellen und Patrioten: „Unser Schicksal ist miteinander verflochten. Ohne ein freies Polen gibt es kein freies Deutschland".

17 Peter Cornelius erlernte die polnische Sprache unter dem Einfluß der polnischen Fürstin Sayn-Wittgenstein, geb. Iwanowska (sie setzte sich ebenfalls für Richard Wagner ein). Cornelius war ein Verehrer der Dichtung von Mickiewicz und übersetzte viele seiner Gedichte ins Deutsche. Das wohl bekannteste Werk im musikalischen Schaffen von Cornelius ist die komische Oper *Der Barbier von Bagdad* (unter seiner Feder ist auch das Libretto entstanden).

18 Alfred L. Olszewski war von den historischen Romanen Sienkiewiczs hingerissen. Als Dank an den Schriftsteller für dessen Verdienste um die patriotische Emanzipation der Polen und die Wiederherstellung ihres Nationalbewußtseins, hat er 1909 sein ganzes Vermögen an Sienkiewicz verfügt und seine eigenen Kinder enterbt, falls sie die Bedingungen des Testaments nicht erfüllen sollten. Als Bedingung galt u.a. die Verpflichtung, die polnische Tradition fortzusetzen und die polnische Sprache zu erlernen. Nach Olszewskis Tod fanden jahrelang Gerichtsverfahren statt, um die Testamentsbeschlüsse außer Kraft zu setzen. Vor allem war es aber Sienkiewicz selbst, der sich weigerte, dieses ungewöhnliche Erbe anzunehmen.

19 Es handelt sich hier um das 1971 von Karl Dedecius veröffentlichte Buch *Polen und Deutsche. Die Botschaft der Bücher.* Adressaten des Buches waren vor allem die Landsleute des Verfasser und das Ziel des Autors war es, „eine Chronik aufzuzeichnen, welche weder Schlachten,

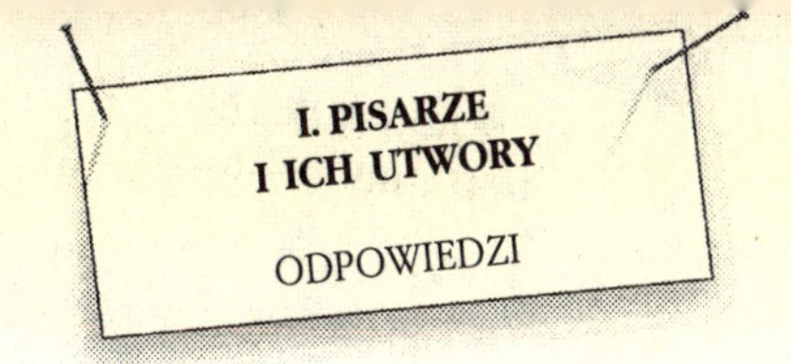

16 Georg Herwegh (1817-1875), to autor wielu wierszy o Polsce. Popierał polskie walki wolnościowe ukazując jednocześnie fatalną rolę Prus w upadku Polski. W 1848 r. Herwegh pisał do polskiego patrioty i myśliciela Joachima Lelewela: „Nasze losy są ze sobą związane. Nie ma wolnych Niemiec bez wolnej Polski".

17 Peter Cornelius nauczył się języka polskiego, na co wpływ wywarła księżna polska Karolina Sayn-Wittgenstein z Iwanowskich (pomagała ona również Richardowi Wagnerowi). Cornelius był miłośnikiem poezji Adama Mickiewicza, którą tłumaczył na język niemiecki. Najbardziej znane dzieło muzyczne Corneliusa to opera komiczna *Cyrulik z Bagdadu*, do którego napisał również libretto.

18 Alfreda L. Olszewskiego oczarowały powieści historyczne Henryka Sienkiewicza. Z wdzięczności dla pisarza za uświadomienie narodowe i przywrócenie poczucia polskości – właśnie poprzez książki – zapisał mu w 1909 r. swój majątek. Własne dzieci Olszewskiego, zostałyby wydziedziczone, gdyby nie spełniły warunków testamentu. A warunki te to m. in. obowiązek zachowania więzi z tradycją polską i nauczenie się języka polskiego. Długie lata po śmierci Alfreda L. Olszewskiego toczył się proces o unieważnienie tego testamentu. Przede wszystkim jednak sam Sienkiewicz nie chciał przyjąć tego niezwykłego spadku.

19 Jest to książka Karla Dedeciusa *Polacy i Niemcy. Posłannictwo książek* – wydana w 1971 r. Autor adresował ją przede wszystkim do swoich rodaków z myślą „o kronice, która nie rejestrowałaby ani bitew, ani morderstw, ani zdobyczy terytorialnych (...), o kronice poszukującej

Mordtaten noch territoriale Eroberungen verzeichnen würde (...), eine Chronik, welche die gemeinsamen Wege aufdeckt und eine Brücke schlägt, damit alle Menschen guten Willens und reinen Gewissens einig werden könnten". Egon Naganowski hebt hervor, daß auch die Übersetzungen von Dedecius ein einmaliges Phänomen von internationalem Format darstellen, denn niemand in der Welt habe so viel für die Popularisierung der polnischen Literatur geleistet.

20 Den Preis des Börsenvereins des Deutschen Buchhandels – in Deutschland von größtem Prestige– bekamen alle drei genannten Polen: Janusz Korczak – posthum im Jahre 1972, Leszek Kołakowski im Jahre 1977 und Władysław Bartoszewski im Jahre 1986. Das war ein Ausdruck der Anerkennung ihres Schaffens, das dem Frieden, der Humanität und der internationalen Aussöhnung dient.

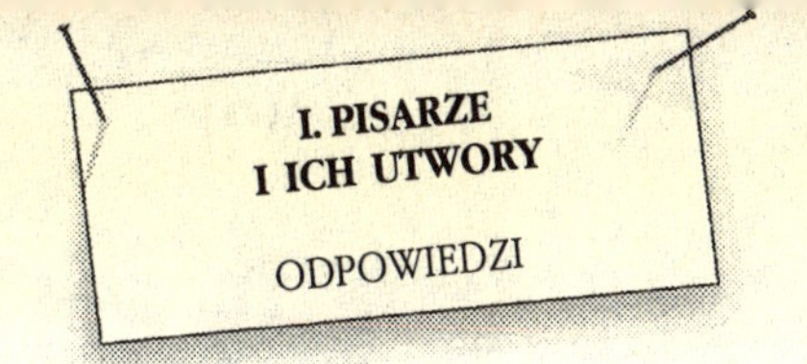

wspólnych nici, kładącej podwaliny pod jedność wszystkich ludzi dobrej woli i czystego sumienia". Egon Naganowski podkreśla, że również działalność przekładowa Dedeciusa jest zjawiskiem szczególnym w skali międzynarodowej, bo nikt na świecie nie zrobił tak dużo dla popularyzacji polskiego piśmiennictwa.

20 Nagrodę Stowarzyszenia Księgarzy Niemieckich (Börsenverein des Deutschen Buchhandels), najbardziej prestiżową w Niemczech nagrodę przyznawaną pisarzom, otrzymali trzej wymienieni Polacy: Janusz Korczak – pośmiertnie w 1972 r., Leszek Kołakowski – w 1977 r. i Władysław Bartoszewski – w 1986 r. Był to wyraz uznania ich twórczości, służącej pokojowi, humanitaryzmowi i międzynarodowemu pojednaniu.

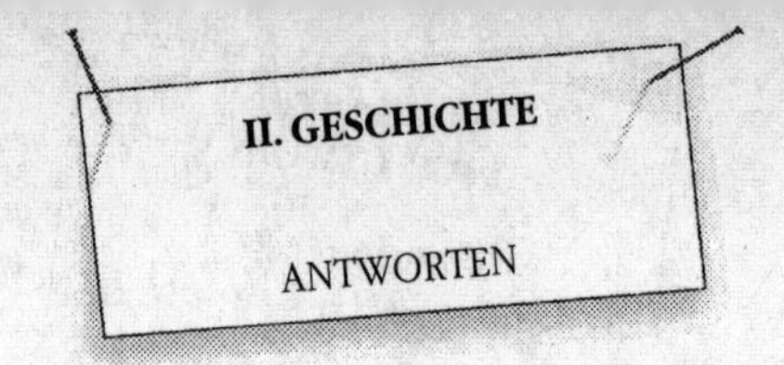

21 Kaiser Otto III. hat während der Tagung in Gnesen im Jahre 1000 den künftigen polnischen König Bolesław Chrobry mit dem Ehrentitel des römischen Patriziers ausgezeichnet. Er schenkte ihm auch den Spieß des heiligen Mauritius als Symbol ihrer Vereinigung zur gemeinsamen Bekämpfung des Heidentums, besonders unter den polabischen Stämmen.

22 Am weitreichendsten und verheerendsten war der Angriff der Mongolen im Jahre 1241, unter dem Ungarn und Polen besonders zu leiden hatten. Bei Liegnitz kam es zur entscheidenden Schlacht; an der Spitze der verbündeten Ritter stand Heinrich II. der Fromme aus der Piasten-Dynastie, Herzog von Breslau, Krakau und Großpolen. Der polnische Chronist Jan Długosz berichtet, daß an der Schlacht auch der Markgraf von Mähren und der Großmeister der Kreuzritter Poppo von Hosterno teilgenommen haben sollen (letztere Angabe läßt sich jedoch nicht mit Sicherheit bestätigen). Trotz einer Niederlage der deutsch-polnischen Heere wurde die mongolische Macht durch diese Schlacht bedeutend geschwächt.

23 Der polnische König Stanisław Leszczyński (1677-1766) hat sich 1714, nach der Niederlage seines Gönners, des Königs Karl XII. von Schweden, in Zweibrücken (Bayern) niedergelassen. Nach dem Tode Karls XII. mußte er 1719 nach Wissembourg im Elsaß flüchten.

24 Nach dem Beschluß des Großen Sejm sollte der Thron in Polen erblich und durch die sächsischen Kurfürsten besetzt werden. Dies hätte eine Rückkehr zur polnisch-sächsischen Union vergangener Jahrzehnte bedeutet. Friedrich August, der Kurfürst von Sachsen, dem die Thronerbschaft angeboten wurde, machte seine Zustimmung von der einstimmigen Einwilligung der drei Besatzungsmächte (Rußland, Preußen und Österreich) abhängig. Rußland war jedoch mit dem Beschluß nicht einverstanden.

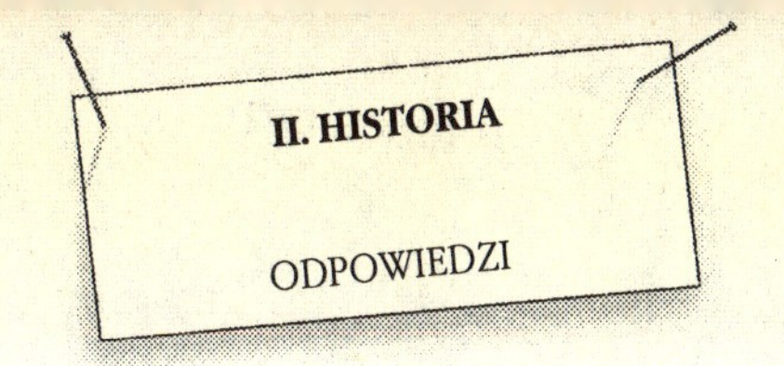

21 Cesarz Otto III na zjeździe w Gnieźnie w 1000 r. obdarzył Bolesława Chrobrego – przyszłego króla polskiego – tytułem patrycjusza rzymskiego. Podarował mu także włócznię św. Maurycego jako symbol współdziałania w zwalczaniu pogaństwa, szczególnie wśród plemion połabskich.

22 Najdalszy zasięg miał i najbardziej niszczący był najazd Mongołów w 1241 r., który dotknął szczególnie ziemie polskie i węgierskie. Do wielkiej bitwy doszło pod Legnicą, gdzie sprzymierzonym rycerstwem dowodził Henryk II Pobożny (ok. 1191-1241) z rodu Piastów – książę wrocławski, krakowski i wielkopolski. Dziejopis polski Jan Długosz podaje, że w bitwie brał udział margrabia morawski, a także mistrz krzyżacki Poppo von Hosterno (co jest jednak niepewne). Bitwa, choć zakończona klęską wojsk polsko-niemieckich, osłabiła jednak znacznie siły mongolskie.

23 Król polski Stanisław Leszczyński (1677-1766), po porażkach swego protektora króla Szwecji Karola XII, w 1714 r. osiadł na emigracji w Zweibrücken w Bawarii, skąd po śmierci Karola XII musiał także uchodzić w 1719 r. do Wissembourga w Alzacji.

24 Sejm Wielki postanowił wprowadzić w Polsce dziedziczność tronu. Panowanie królów dziedzicznych miała zapoczątkować dynastia saska. Byłby to powrót do unii polsko-saksońskiej sprzed kilkudziesięciu lat. Fryderyk August elektor saski, któremu ofiarowano sukcesję tronu, uzależnił jej przyjęcie od jednomyślnej zgody trzech zaborców – Rosji, Prus i Austrii. Rosja jednakże sprzeciwiła się temu.

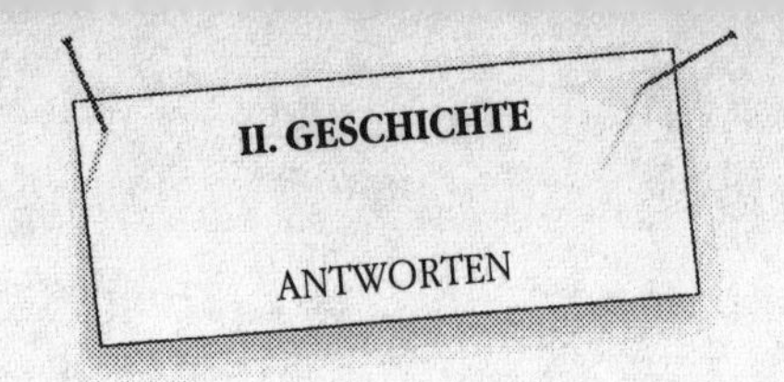

25 Nach dem Scheitern der Verfassung vom 3.Mai fanden die durch die Besatzungsmächte verfolgten polnischen Patrioten im befreundeten Kurfürstentum Sachsen, insbesondere in Dresden und Leipzig, Zuflucht. Am 22. April 1793 kam Tadeusz Kościuszko (1746-1817), der polnische Nationalheld und Oberbefehlshaber des Aufstandes, von Paris nach Leipzig. Dort traf er mit anderen zum Kampf entschlossenen Flüchtlingen zusammen, die daran arbeiteten, einen erneuten, 1794 ausgebrochenen Aufstand gegen die Besatzungsmächte vorzubereiten.

26 Jan Henryk Dąbrowski (1755-1818), der Gründer der Polnischen Legionen in Italien, in der polnischen Nationalhymne besungen, war etwa 40 Jahre lang mit Sachsen verbunden. Dort ist er zur Schule gegangen und lernte Deutsch. Seine Polnischkenntnisse waren merklich geringer. Seine Ehefrau entstammte einer deutschen Familie. Hohe militärische Qualifikationen erwarb er sich an deutschen Schulen und während seines Dienstes in der königlichen Garde in Dresden. 1792 begann seine militärische Laufbahn in der polnischen Armee.

27 Friedrich August (1750-1827), seit 1806 König von Sachsen, wurde als Napoleons Verbündeter Herzog von Warschau. Er erkannte die Verfassung des Herzogtums an. Nach Napoleons Niederlage und unter dem Druck des Wiener Kongresses hat er jedoch abgedankt. Als letzter König des polnischen Kleinstaates hat er eine Abschiedsproklamation an die Bevölkerung des Herzogtums verfaßt.

28 Fürst Józef Poniatowski (1763-1813), in der Schlacht bei Leipzig zum Marschall von Frankreich ernannt, ist während des Übergangs über die Elster, als er den Rückzug der französischen Armee sicherte, ums Leben gekommen. Nach seinem Tod wurde er in Verbindung mit der Legende um Napoleon Gegenstand eines Personenkults. Davon zeugt in Leipzig unter anderem ein Gipsmodell des dänischen Künstlers Thorwaldsen.

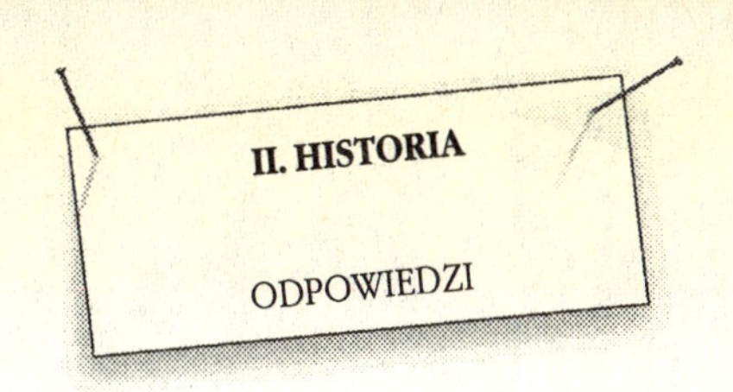

25 Po upadku Konstytucji 3 Maja patrioci polscy, prześladowani przez zaborców, skupili się w przyjaznym księstwie saskim, zwłaszcza w Dreźnie i w Lipsku. 22 IV 1793 r. z Paryża przybył do Lipska Tadeusz Kościuszko (1746-1817), polski bohater narodowy, naczelnik powstania. Spotkał tam innych emigrantów, zwolenników walki zbrojnej, przygotowujących powstanie przeciw zaborcom, które wybuchło w 1794 r.

26 Jan Henryk Dąbrowski (1755-1818), twórca Legionów Polskich we Włoszech, opiewany w hymnie polskim, przez ok. 40 lat był związany z Saksonią. Tam uczył się w szkołach, poznał dobrze język niemiecki, a słabiej znał język polski. Jego żona pochodziła z rodziny niemieckiej. Wysokie kwalifikacje wojskowe zdobył w szkołach niemieckich i podczas służby w gwardii królewskiej w Dreźnie. W wojsku polskim zaczął ofiarną służbę w 1792 r.

27 Fryderyk August (1750-1827), wyniesiony w 1806 r. do godności króla Saksonii, jako sojusznik Napoleona został księciem warszawskim. Uznał konstytucję Księstwa Warszawskiego. Po klęsce Napoleona zrzekł się jednak tytułu księcia pod naciskiem Kongresu Wiedeńskiego. Jako ostatni władca polskiego państewka porozbiorowego wydał pożegnalną proklamację do mieszkańców Księstwa.

28 Książę Józef Poniatowski (1763-1813), w bitwie pod Lipskiem mianowany marszałkiem Francji, poległ w czasie przeprawy przez Elsterę, osłaniając odwrót armii francuskiej. Po śmierci rozwinął się kult jego osoby powiązany z legendą napoleońską. W Lipsku znalazł się zbiór pamiątek po tym bohaterze, w tym także model gipsowy posągu wykonanego przez duńskiego artystę Thorwaldsena.

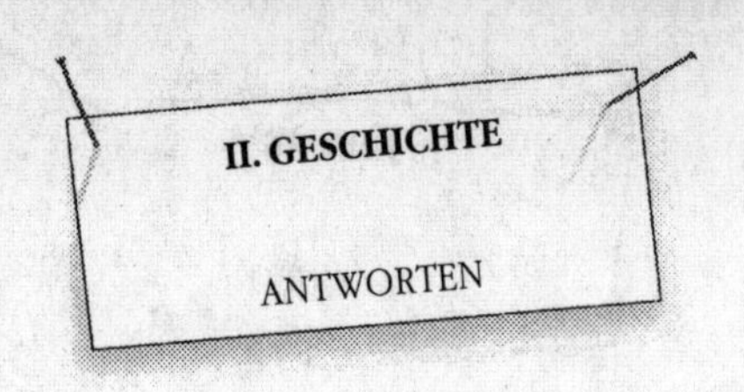

29 Das Leben von Gustav Alfred Bojanowski war untrennbar mit dem Militär verbunden. Während seines Dienstes in der preußischen Armee weilte er u.a. 1806 in Warschau. 1812 gehörte er zum preußischen Korps der Armee Napoleons. Nach 1818 brachte er es unter König Friedrich Wilhelm III. bis zum General; für seine militärischen Verdienste wurde er mit preußischen, russischen und schwedischen Orden ausgezeichnet.

30 Ludwik Mierosławski (1814-1878), durch die preußischen Machthaber zum Tode verurteilt und in Berlin Moabit gefangengehalten, wurde 1848 durch das Berliner Volk befreit und als polnischer und deutscher Nationalheld enthusiastisch gefeiert. 1849 kam er nach Karlsruhe. Die Regierung Badens und der Pfalz ernannte ihn zum Oberbefehlshaber der gegen Preußen kämpfenden Truppen. Neben vielen anderen Polen kam ihm auch sein Bruder Adam zu Hilfe.

31 993 wurde in Augsburg die Heiligsprechung des Bischofs Udalrich erwogen. Zu den Wundertaten, welche der Bischof vollbracht haben sollte, zählte man die Heilung des Vandalenfürsten Mieszko I.; für die Errettung vor dem Tode soll Mieszko eine ansehnliche Schenkung gemacht haben. Hierin bestand die Erwähnung in der Augsburger Synode.

32 Diese kostbare Urkunde wurde vom polnischen Fürsten Władysław Herman (1043-1102) für den Dom in Bamberg ausgestellt und mit dem Datum 1099-1102 versehen. Älter, aber im Original nicht erhalten, ist das Dokument, in dem Polen sich unter der Herrschaft Mieszkos I. dem heiligen Stuhl in Rom unterwarf (sog. Dagome iudex).

33 Reinhold Heidenstein, Mitarbeiter des Kanzlers Jan Zamoyski, war seit 1582 Sekretär des Königs Stefan Batory. In vielen seiner Schriften rühmte er die Politik dieses Königs. Er schrieb auch eine Geschichte Polens von der Wahl Heinrich von Valois (1574) bis 1602.

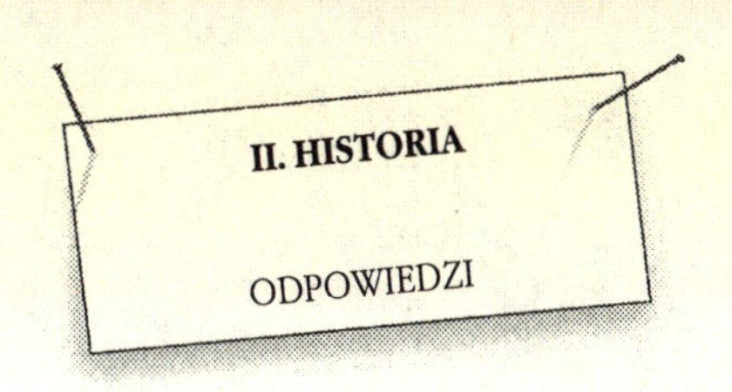

29 Gustaw Alfred Bojanowski (1787-1856), związał się na stałe z wojskiem. Służąc w armii pruskiej był m. in. w Warszawie w 1806 r., a w 1812 w korpusie pruskim armii Napoleona. Od 1818 r. w armii króla Friedricha Wilhelma III dochodzi aż do stopnia generała. Za zasługi wojskowe otrzymał wiele odznaczeń nie tylko pruskich, ale także rosyjskich i szwedzkich.

30 Ludwik Mierosławski (1814-1878), skazany na śmierć przez władze pruskie i osadzony w berlińskiej twierdzy Moabit, został w 1848 r. uwolniony przez lud Berlina. Był entuzjastycznie obnoszony przez tłumy jako bohater dwóch narodów, polskiego i niemieckiego. W 1849 r. przybył do Karlsruhe. Rząd Badenii i Palatynatu mianował go naczelnym wodzem armii walczącej z Prusami. Wśród wielu Polaków z pomocą pośpieszył mu brat Adam.

31 W Augsburgu omawiano w 993 r. sprawę kanonizacji biskupa Udalryka. Wśród cudów uzasadniających świętość biskupa wymieniano wyzdrowienie księcia Wandalów Mieszka I, który za ocalenie od grożącej (na skutek groźnej rany) śmierci, złożył szczodre wotum. Mówił o tym zapis z synodu augsburskiego.

32 Ten cenny akt to dokument wydany dla katedry w Bambergu przez polskiego władcę Władysława Hermana (1043-1102), pochodzący z lat 1099-1102. Starszym chronologicznie, ale nie zachowanym w oryginale, był akt oddania Polski przez Mieszka I pod opiekę Stolicy Apostolskiej (tzw. Dagome iudex).

33 Reinhold Heidenstein to historyk współpracujący z kanclerzem Janem Zamoyskim, sekretarz króla Stefana Batorego od 1582 r. Był autorem prac pochwalających politykę tego władcy. Spisał też dzieje Polski od elekcji w 1574 r. króla Henryka Walezego do 1602 r.

34 Anna entstammte dem Jagiellonen-Geschlecht und war Tochter des Königs Władysław II. Ihre Ehe mit Ferdinand wurde zu einem von Dichtern gepriesenen Vorbild für ganz Europa. Aus der Ehe sind 15 Kinder hervorgegangen (12 davon sollten überleben). Zwei der Töchter wurden Gemahlinnen des letzten Königs aus der Jagiellonen-Dynastie, Siegmund August; einer der Söhne wurde deutscher Kaiser (Maximilian II.). Zusammen mit ihrem Gemahl nahm Anna an den Reichstagen zu Nürnberg (1522/23 und 1524) teil und hat einen gewissen Einfluß auf die Reichspolitik ihres Gatten ausgeübt.

35 Der oberste Befehlshaber der polnischen Heere und ihrer Verbündeten in der Schlacht gegen die Türken bei Wien (1683) war König Jan III. Sobieski (1629-1696). Die deutsch-österreichischen Truppen führten Herzog Georg III., Kurfürst von Sachsen (Vater des künftigen polnischen Königs August II.) und Karl Leopold, Führer der österreichischen Heere, Kurfürst von Lothringen, der sich mehrmals um die polnische Krone bewarb.

36 Es war die Familie von Brühl. Der Vater (Heinrich) übte in der Regierungszeit von August III. einen sehr bedeutenden Einfluß auf die Politik Polens aus. Sein Sohn Alois Friedrich (1739-1793) war Starost von Warschau und polnischer Gesandter in Wien und St. Petersburg. Er beteiligte sich aktiv am Ausbau von Warschau und an der architektonischen Neuordnung der Stadt, hat sich auch große Verdienste bei der Entwicklung der polnischen Artillerie und der Kaderausbildung erworben. Er wurde ebenfalls als Autor von einigen Komödien bekannt und war ein vielseitig gebildeter Anhänger aufklärerischer Ideen.

37 Johann David Ludwig Yorck von Wartenburg (1759-1830), preußischer Graf und berühmter Feldmarschall, soll nach dem deutschen Historiker Droysen aus dem polnischen Geschlecht der Gustkowskis aus Pommern stammen. 1812 hat er in Tauroggen mit dem russischen General Iwan Dybicz ei-

34 Anna pochodziła z rodu Jagiellonów, była córką króla czesko-węgierskiego Władysława II. Jej małżeństwo z Ferdinandem było wzorem dla Europy, sławionym przez poetów. Mieli 15 dzieci (12 przeżyło), z których 2 córki były kolejno żonami ostatniego króla polskiego z rodu Jagiellonów – Zygmunta Augusta, a jeden syn cesarzem (Maksymilian II). Anna wraz z mężem była uczestniczką sejmów Rzeszy w Norymberdze w latach 1522-1523 i 1524. Wywierała pewien wpływ na politykę męża w Rzeszy.

35 Wojskami polskimi i całej koalicji antytureckiej pod Wiedniem w 1683 r. dowodził król Jan III Sobieski (1629-1696), wojska austriacko-niemieckie przyprowadzili książę Georg III elektor saski (ojciec późniejszego króla Polski Augusta II) i – dowódca armii austriackiej Karl Leopold elektor lotaryński, kilkakrotnie pretendent do korony polskiej.

36 Byli to Brühlowie. Ojciec – Heinrich w czasie panowania Augusta III wywierał decydujący wpływ na bieg spraw w Polsce. Syn – Alojzy Fryderyk (1739-1793) był starostą warszawskim, posłem polskim do Wiednia i St. Petersburga. Czynnie uczestniczył w rozbudowie nowych dzielnic Warszawy i uporządkowaniu architektonicznym miasta. Miał duże zasługi w rozwoju artylerii i szkoleniu kadr. Był wszechstronnie wykształconym wyznawcą idei oświeceniowych, autorem kilku komedii.

37 Johann David Ludwig Yorck von Wartenburg (1759-1830) , pruski hrabia, sławny feldmarszałek był ponoć według niemieckiego historyka Johanna Gustava Droysena – potomkiem polskiego rodu Gustkowskich z Pomorza. W 1812 r. podpisał w Taurogach układ z generałem ro-

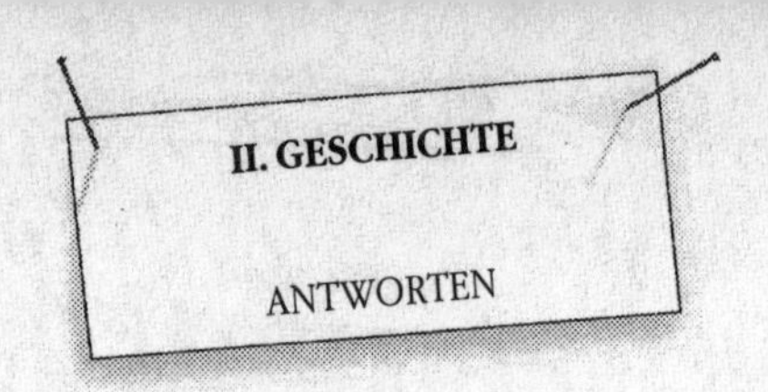

nen Vertrag unterzeichnet, der zur Folge hatte, daß die preußische Armee Napoleon verriet und sich gegen Frankreich auflehnte.

38 Polenlieder (der polnischen Problematik gewidmete Dichtung deutscher Schriftsteller) und „Polenvereine" (Polen unterstützende Vereinigungen) entstanden während und nach der Niederschlagung des November-Aufstandes von 1830/31, später auch in den unruhigen Jahren 1846-48 bis hin zum Januar-Aufstand 1863-64. In ihnen kamen Sympathie und Solidarität mit den polnischen Freiheitskämpfen zum Ausdruck, die als lobenswertes Vorbild für die Auflehnung gegen Tyrannei und Unterdrückung galten. Bedeutende Verfasser von Polenliedern waren u.a. Adalbert von Chamisso, Ferdinand Freiligrath, Franz Grillparzer, Anastasius Grün, Christian Friedrich Hebbel, Ludwig Uhland und August Platen-Hallermünde. Das Gedicht von Platen nahm der Breslauer Dichter Karl von Holtei 1835 in sein Drama über Kościuszko auf.

39 An der Kundgebung in Hombach nahmen etwa dreißigtausend Menschen teil. Man verlangte die Freiheit aller Völker und die Einheit Deutschlands. Unter den Beteiligten befand sich eine Delegation polnischer Flüchtlinge, die einen Appell *An die deutschen Brüder* verlas. Die Teilnehmer forderten Polens Wiedergeburt und skandierten die Parole: „Kein freies Deutschland ohne ein freies Polen".

40 Fryderyk Radziwiłł war General des preußischen Heeres, Führer des Ingenieurkorps und Oberinspektor der preußischen Festungen. Er hatte hohen Anteil an den Siegen Preußens über Dänemark, Österreich und Frankreich. Daß er sich trotzdem für einen Polen hielt, zeigt u.a. die Tatsache, daß er seine Kinder von Polen erziehen ließ.

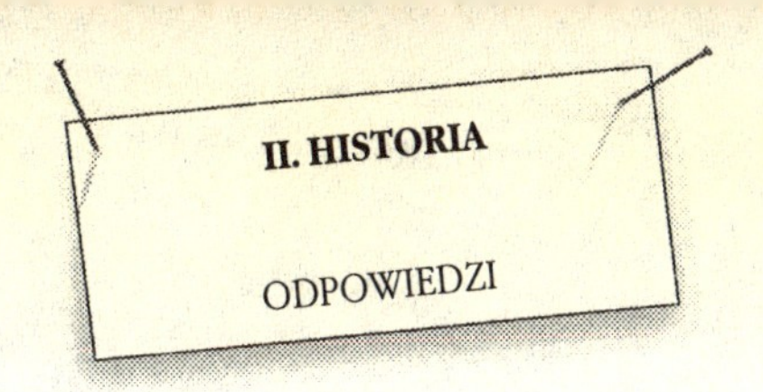

syjskim Iwanem Dybiczem, na mocy którego armia pruska opuściła Napoleona i wystąpiła przeciw Francji.

38 *Polenlieder* to niemieckie pieśni o polskiej tematyce, „Polenvereine" zaś były związkami organizującymi się dla poparcia Polaków. Powstawały podczas i po upadku powstania listopadowego 1830-1831, poprzez okres powstań 1846-1848, aż do powstania styczniowego 1863-1864. Wyrażały one sympatię dla Polski oraz solidarność z jej walką narodowo-wyzwoleńczą, traktowaną jako chwalebny przykład walki z tyranią. Czołowi autorzy *Polenlieder* to: Adalbert von Chamisso, Ferdinand Freiligrath, Franz Grillparzer, Anastasius Grün, Christian Friedrich Hebbel, Ludwig Uhland oraz August Platen-Hallermünde, którego utwór włączył w 1835 r. wrocławski poeta Karl von Holtei do sztuki *Stary wódz* o Kościuszce.

39 W manifestacji w Hombach uczestniczyło ok. 30 tys. osób, domagając się wolności ludów i jedności Niemiec. W święcie uczestniczyła delegacja polskiej emigracji, która przekazała apel *Do braci Niemców*. Zgromadzeni domagali się odrodzenia Polski, głosząc hasło „bez wolnej Polski nie ma wolnych Niemiec".

40 Fryderyk Radziwiłł (1787-1870), był generałem wojsk pruskich, szefem korpusu inżynieryjnego armii, naczelnym inspektorem twierdz pruskich. Miał wielki wkład w zwycięstwo Prus nad Danią, Austrią i Francją. O zachowanym poczuciu polskości Fryderyka Radziwiłła świadczy m. in. to, że dzieci swe oddał na wychowanie Polakom.

41 Otto III. begab sich im Dezember 999 zusammen mit geistlichen und weltlichen Würdenträgern nach Polen, um das Grab des Heiligen Adalbert in Gnesen, der ersten polnischen Hauptstadt, aufzusuchen. Der polnische Fürst Bolesław Chrobry begrüßte den Kaiser an der Grenze in Iława am Bober-Fluß. Im Frühjahr 1000 fand eine Zusammenkunft der Herrscher in Gnesen statt; dort wurde mit dem Gründungsakt des Erzbistums Gnesen und der Bistümer in Breslau, Kolberg und Krakau die Unabhängigkeit der polnischen Kirche beschlossen. Danach sollten die neuen Bistümer (mitsamt dem Bistum Posen) der Metropole in Gnesen unterstehen. Es war ein wichtiger Akt, der die guten deutsch-polnischen Beziehungen, somit auch die Ausführung der römischen Beschlüsse von 999, bestätigte.

42 Nicolaus Kopernikus (1473-1543), der große polnische Astronom, führte seine bahnbrechenden Forschungsarbeiten in Frauenburg im Königlichen Preußen durch, welches ein Bestandteil des damaligen polnisch-litauischen Staates war. Der große Denker und Humanist war zugleich Theologe, Arzt, Mathematiker und Ökonom. Als Verwalter des Domkapitel-Guts in Allenstein (1520/21) verteidigte er das Schloß gegendie Kreuzritter. Er bearbeitete ein Währungsreformprojekt, das u.a. eine Unifikation der preußischen und polnischen Währung vorsah. 1539 traf Kopernikus in Allenstein mit dem Wittenberger Professor Rheticus zusammen; Rheticus nahm 1541 eine Kopie des Manuskripts von *De revolutionibus orbium coelestium* mit sich, um es in Nürnberg drucken zu lassen. Die gemeinsame deutsch-polnische Schulbücher-Kommission bezeichnete Kopernikus als einen „polnischen Reichsbürger und Gelehrten von europäischem Rang".

43 Ernest Ludwik Borowski, sein Leben lang mit Königsberg verbunden, war evangelischer Theologe, Kaplan im preußischen Heer, Erzbischof der preußisch-evangelischen Kirche und kirchlicher Verwalter.

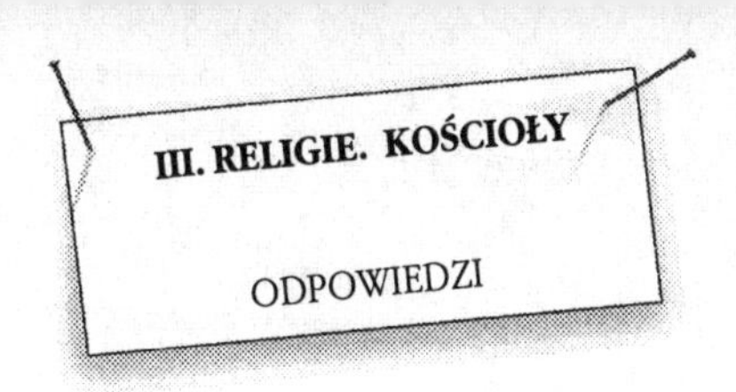

41 Otto III udał się w grudniu 999 r. wraz z dostojnikami świeckimi i papieskimi do Polski w celu odwiedzenia grobu świętego Wojciecha w Gnieźnie, w najstarszej stolicy polskiej. Władca Polski Bolesław Chrobry przywitał cesarza przy granicy w Iławie nad Bobrem. Wiosną 1000 r. odbył się zjazd władców w Gnieźnie. Nastąpiło wtedy uniezależnienie Kościoła w Polsce przez utworzenie arcybiskupstwa w Gnieźnie oraz biskupstw we Wrocławiu, Kołobrzegu i Krakowie, które wraz z biskupstwem w Poznaniu podlegały odtąd metropolii gnieźnieńskiej. Był to ważny akt potwierdzający dobre stosunki polsko-niemieckie, wykonanie decyzji powziętych w 999 r. w Rzymie.

42 Mikołaj Kopernik (1473-1543), wielki astronom polski swoje epokowe badania prowadził we Fromborku na terenie Prus Królewskich, które stanowiły część ówczesnego państwa polsko-litewskiego. Ten wielki humanista był jednocześnie teologiem, lekarzem, matematykiem, ekonomistą. Jako administrator dóbr kapitularnych przebywał w latach 1520-1521 w Olsztynie, broniąc zamku przed Krzyżakami. Opracował projekt reformy walutowej, m. in. ujednolicenie monety pruskiej i polskiej. W 1539 r. we Fromborku odbyło się spotkanie Mikołaja Kopernika z Retykiem (Rhetieus) – profesorem Uniwersytetu w Wittenberdze, który zabrał w 1541 r. odpis rękopisu dzieła *De revolutionibus orbium coelestium* do wydrukowania w Norymberdze. Wspólna komisja polsko-niemiecka ds. podręczników określiła Mikołaja Kopernika jako „polnischer Reichsbürger und Gelehrte von europäischen Rang" (polskiego obywatela i uczonego o europejskiej randze).

43 Ernest Ludwik Borowski całe życie związany z Królewcem, to teolog ewangelicki, kapelan w wojsku pruskim i arcybiskup pruskiego kościoła ewangelickiego. Był administratorem kościelnym i oświatowym.

44 *Der Aufruf der polnischen Bischöfe an ihre deutschen Brüder* wurde am 18. November 1965 in Rom zum Abschluß des II.Vatikanischen-Konzils veröffentlicht. Der Leitgedanke des Aufrufs ist die Aufforderung zur deutsch-polnischen Versöhnung: „Wir reichen Euch die Hand (...) als Zeichen der Vergebung und bitten um Verzeihung". Die deutsche Kirche wurde auch zu den Feierlichkeiten aus Anlaß des 1000-jährigen Bestehens des getauften Polen im Jahre 1966 eingeladen.

45 Das Memorandum betraf die Beziehungen zwischen dem deutschen Volk und seinen Nachbarn im Osten und hob die Notwendigkeit der Versöhnung deutlich hervor. Es warb auch um Verständnis für die Erlebnisse jener Deutschen, die ihre Heimat im Osten verloren hatten.

46 Der Brief der in Auschwitz versammelten Bischöfe enthielt eine Bitte an den Papst, die Kirche möge den durch die Nazis ermordeten Maksymilian Kolbe zum Märtyrer erklären. Im Schreiben wurde auch eine gemeinsame Erklärung der polnischen und deutschen Bischöfe verkündet, in der mit Nachdruck festgestellt wurde, daß die nationalsozialistische Ideologie antichristlich gewesen sei.

47 Eine große Zusammenkunft von Deutschen und Polen aus aller Welt fand während der Heiligsprechung Maksymilian Kolbes im Petersdom in Rom statt. Es war ein Akt gegenseitiger Verzeihung und moralischer Annäherung der beiden Völker.

48 Der Besuch des Papstes am 11.Dezember 1983 kam aus Anlaß des 500. Geburtstags von Martin Luther zustande. Der Einladung der evangelisch-lutherischen Gemeinde folgend, kam der Papst in die Christi-Kirche, um einem durch einen Pastoren zelebrierten Gottesdienst beizuwohnen. In seiner Ansprache rief der Papst zur Verständigung und Vereinigung aller Christen auf.

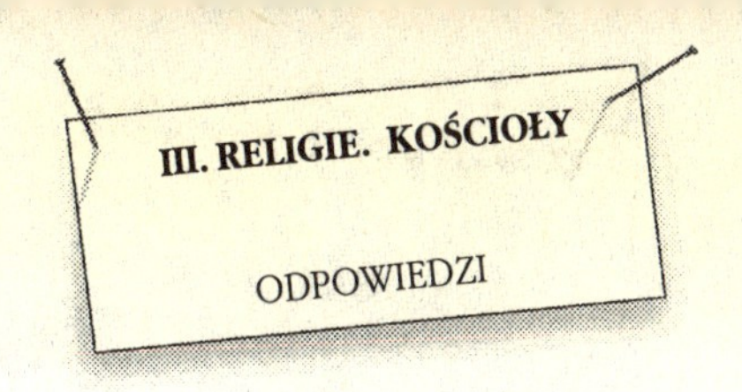

44 *Orędzie Biskupów Polskich do ich Niemieckich Braci* wydane zostało 18 XI 1965 r. w Rzymie pod koniec Soboru Watykańskiego II. Główna treść orędzia to wezwanie do pojednania polsko-niemieckiego: „wyciągamy do Was (...) nasze ręce oraz udzielamy wybaczenia i prosimy o nie". W orędziu było jednocześnie zaproszenie Kościoła w Niemczech do udziału w obchodach w 1966 r. 1000-lecia chrztu Polski.

45 Memorandum dotyczyło stosunków między narodem niemieckim i wschodnimi sąsiadami Niemiec, a w szczególności koniecznego pojednania. Wyrażało ono również zrozumienie przeżyć Niemców, którzy utracili swoje ziemie na Wschodzie.

46 W liście biskupów zebranych w Oświęcimiu zawarta była prośba do papieża, aby Kościół ogłosił męczennikiem Maksymiliana Kolbego (1894-1941), zamordowanego przez hitlerowców w Oświęcimiu. Tam również biskupi polscy i niemieccy uznali, że ideologia hitlerowska była z natury antychrześcijańska.

47 Wielkie spotkanie Niemców i Polaków z całego świata odbyło się podczas uroczystej kanonizacji Maksymiliana Kolbego w Bazylice św. Piotra w Rzymie. Był to akt wzajemnego przebaczenia i zbliżenia moralnego Polaków i Niemców.

48 Rzymskie spotkanie papieża 11 XII 1983 r. wiązało się z 500. rocznicą urodzin Marcina Lutra. Na zaproszenie gminy ewangelicko-luterańskiej papież przybył do kościoła Christuskirche, uczestniczył w nabożeństwie prowadzonym przez pastora, a przemawiając apelował o dialog i jedność chrześcijan.

49 Einen besonders starken Einfluß übte der Protestantismus unter der Herrschaft der Habsburger nach der Teilung Polens im 19. Jahrhundert auf die polnische Bevölkerung des Teschiner Schlesiens aus. Wenn man dort vom polnischen Buch sprach, meinte man damit oft das evangelische Gesangsbuch. Verschiedene protestantische Strömungen haben ebenfalls in bedeutendem Maße zur Entwicklung der polnischen Renaissance beigetragen. Heute noch ist in Bielsko-Biała ein Martin-Luther-Denkmal zu sehen.

50 „Bischof der Heiden" wurde Bruno oder der heilige Bonifazius (ca. 974-1009) aus Querfurt genannt. Dieser berühmte Missionar war Kaplan des Kaisers Otto III. Er unterhielt freundschaft Beziehungen zum polnischen Herrscher Bolesław Chrobry und stellte sich während Chrobrys Auseinandersetzung mit dem deutschen Herrscher Heinrich II. auf dessen Seite. Auf den gemeinsam mit dem polnischen Monarchen organisierten Missionszügen begleiteten Bruno polnische Missionare.

51 Bischof Otto von Bamberg entfaltete auf Einladung des polnischen Königs Bolesław Krzywousty eine rege Missionstätigkeit unter den Pommern. Auf der Insel Wolin gründete er ein Bistum, dessen Zentrum 1175 nach Kammin (Pommern) verlegt wurde. Otto war auch Kaplan am Hofe des polnischen Fürsten Władysław Herman. Seit 1102 bekleidete er das Amt des Kanzlers unter dem Kaiser Heinrich IV. und war gleichzeitig Bischof von Bamberg. 1189 wurde er heilig gesprochen.

52 Schon zu ihren Lebzeiten fand die heilige Hedwig (Jadwiga), geboren in Andechs, Gemahlin Heinrichs des Bärtigen, eines dem Piasten-Geschlecht entstammenden Fürsten von Schlesien, sowohl unter Polen als auch unter Deutschen großes Ansehen. Sie war Stifterin des Zisterzienser-Frauenordens in Trebnitz (Trzebnica) und galt als vorbildliche Fürsprecherin der christlichen Verständigung von Polen und Deutschen.

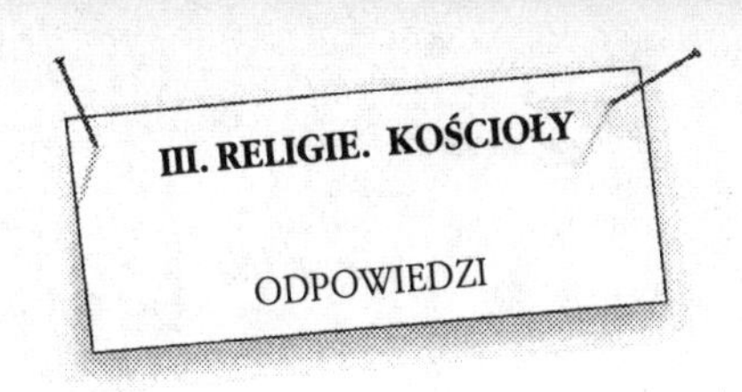

49 Szczególnie duży wpływ wywierał protestantyzm na Polaków na Śląsku Cieszyńskim – pod panowaniem antykatolickich Habsburgów w czasach porozbiorowych w XIX w. Książkę polską znano tam często pod postacią ewangelickiego kancjonału. Różne nurty protestanckie odegrały znaczącą rolę w rozwoju kultury polskiej także w okresie Odrodzenia. Do dziś w Bielsku-Białej stoi pomnik Marcina Lutra.

50 Biskupem pogan zwano Brunona z Kwerfurtu – św. Bonifacego (ok. 974-1009). Ten sławny misjonarz był kapelanem Ottona III. Utrzymywał przyjazne kontakty z Bolesławem Chrobrym, którego bronił w zatargach z niemieckim władcą Henrykiem II. W misjach organizowanych wspólnie z władcą polskim Brunonowi towarzyszyli polscy misjonarze.

51 Biskup Otton z Bambergu prowadził misje wśród Pomorzan na zaproszenie władcy polskiego Bolesława Krzywoustego. Założył biskupstwo na wyspie Wolin, przeniesione w 1175 r. do Kamienia Pomorskiego. Otton był także kapelanem na dworze polskiego władcy Władysława Hermana. Od 1102 r. pełnił funkcję kanclerza cesarza Henryka IV, będąc jednocześnie biskupem Bambergu. Ogłoszony świętym w 1189 r.

52 Powszechny szacunek Polaków i Niemców już za życia zyskała św. Jadwiga (ok. 1174-1243), urodzona w Andechs – żona Henryka Brodatego, piastowskiego władcy Śląska. Założyła zakon żeński cystersów w Trzebnicy (Trebnitz). Uważana za wzór budowania chrześcijańskiego porozumienia Polaków i Niemców.

53 Mateusz von Krakau, Jurist und Philosoph, war Professor an der Universität Heidelberg. Dort war er auch Kaplan und vertrauter Gesandter des bayrischen Fürsten Ruprecht in Rom. Seit 1405 Bischof von Ermland und päpstlicher Legat für die deutschen Lande.

54 Jan Dantyszek von Höffen, ein Danziger, Nachkomme polonisierter Deutscher, war u.a. ständiger Gesandter am Kaiserhof. Er nahm Verbindungen zu den meisten europäischen Herrschern auf. 1516 erhielt er vom Kaiser Maximilian als erster Pole den Poeten-Lorbeerkranz.

55 Jan Łaski, Humanist der Reformationszeit, Schriftsteller, evangelischer Geistlicher, wurde auf seinen Reisen in den Zentren der protestantischen Bewegungen in England, den Niederlanden und der Schweiz, vor allem aber in Deutschland bekannt; dort kam er u.a. mit Luther und Melanchthon in Berührung. Er lebte dann, mit einer Deutschen verheiratet, in Frankfurt am Main. Er fördete große Denker unabhängig von ihrer Konfession und Abstammung und war Mitbegründer der reformierten Kirche in England und Frankreich.

56 Pastor Otto entstammte einer polonisierten deutschen Familie. Nach dem Studium in Berlin war er in Polen u.a. in Kalisch, Piotrków Trybunalski und Warschau tätig. Er war auch Gründer und Redakteur der Zeitschrift „Der evangelische Bote" („Zwiastun ewangelicki"), Autor einiger Arbeiten über Martin Luther und einer historischen Studie über die evangelisch-augsburgische Kirchengemeinde in Warschau. Von der preußischen Regierung zum Bischof von Ostpreußen ernannt, lehnte er diese Würde ab. Er bemühte sich um die Einführung der polnischen Sprache in die Liturgie der evangelischen Pfarrei in Warschau.

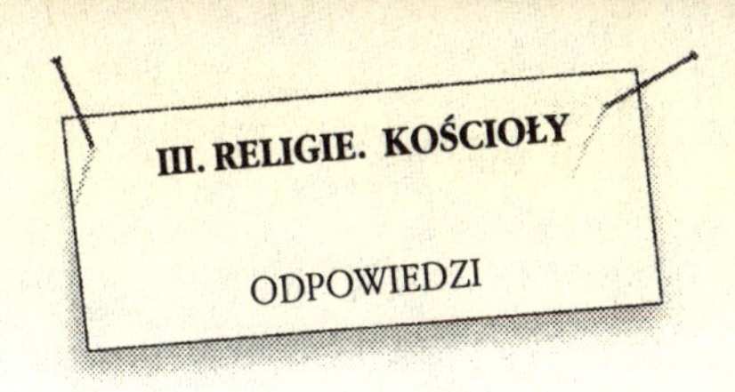

53 Mateusz z Krakowa (ok. 1330-ok. 1410) ,prawnik i filozof, był profesorem w Heidelbergu. Tam został kapelanem i zaufanym posłem do Rzymu księcia bawarskiego Ruprechta. W 1405 r. będąc biskupem warmińskim Mateusz został legatem papieskim na kraje niemieckie.

54 Jan Dantyszek von Höffen (1485-1548), gdańszczanin, potomek spolonizowanych Niemców był między innymi stałym posłem przy dworze cesarskim. Nawiązał kontakty z większością władców europejskich. W 1516 r. jako pierwszy z Polaków otrzymał laur poetycki od cesarza Maksymiliana.

55 Jan Łaski (1499-1560), humanista okresu reformacji, pisarz, duchowny protestancki odwiedził i poznał ośrodki tego ruchu w Anglii, Holandii, Szwajcarii, a głównie w Niemczech, gdzie zetknął się m. in. z Lutrem i Melanchtonem. Mieszkał we Frankfurcie nad Menem i ożenił się z Niemką. Popierał myślicieli bez względu na wyznanie i pochodzenie. Współorganizował Kościół reformowany w Anglii i Francji.

56 Pastor Marian Otto (1819-1882), pochodził ze spolszczonej rodziny niemieckiej. Po studiach w Berlinie pracował na ziemiach polskich w Kaliszu, Piotrkowie Trybunalskim i w Warszawie. Był założycielem i redaktorem „Zwiastuna Ewangelickiego”, autorem prac o Marcinie Lutrze i historii zboru ewangelicko-augsburgskiego w Warszawie. Odrzucił nominację rządu pruskiego na biskupa w Prusach Wschodnich. Zaproponował wprowadzenie języka polskiego do nabożeństw w parafii ewangelickiej w Warszawie.

57 Juliusz Bursche, seit 1904 Bischof der evangelischen Kirche in Polen; wegen seiner Verteidigung des evangelischen Glaubens durch die zaristischen Behörden verfolgt. Organisator der Fakultät der Evangelischen Theologie an der Warschauer Universität. Nach dem 1. Weltkrieg Verteidiger des Polentums von Ermland, Masuren und Schlesien. Im 2. Weltkrieg verfolgt und verhaftet, ist er mit seinen Familienangehörigen in einem KZ ums Leben gekommen.

58 „Aktion Sühnezeichen" wurde durch Tausende von Unterschriften der Teilnehmer des Deutschen Evangelischen Kirchentags in Stuttgart initiiert. Von dort aus wurde u.a. ein Schreiben an die deutsche Regierung geschickt, in dem gefordert wurde, die bestehende Grenze mit Polen anzuerkennen. „Aktion Sühnezeichen" bedeutete den ersten großen Schritt auf dem schwierigen Weg, Mitverantwortung für die Verschuldungen zu übernehmen, die im Namen des deutschen Volkes begangen worden sind.

59 Priester Franciszek Blachnicki, „Theologe der Befreiung", veranstaltete 1980-81 für Fabrikarbeiter und die „Solidarność" – Gewerkschaft Andachtsübungen, die als „Evangelium der Befreiung" bezeichnet wurden. Das Verbot der Gewerkschaft im Jahre 1981 überraschte ihn in Deutschland, wo er den Rest seines Lebens verbrachte. Dort organisierte er die Seelsorge für Auslandspolen und das internationale Zentrum der „Oasen-Bewegung", auch „Licht-Leben" genannt.

60 Wolfgang Pailer, Slawist, Dolmetscher und Mitarbeiter des Bonner Außenministeriums gab seinem Buch den Titel *Stanisław Stomma. Nestor der polnisch-deutschen Aussöhnung*. Es ist dem vieljährigen Schaffen von Stomma für die polnisch-deutsche Aussöhnung gewidmet. Erschienen ist es dank der Bemühung der Deutsch-Polnischen Gesellschaft in Bonn und der Konrad-Adenauer-

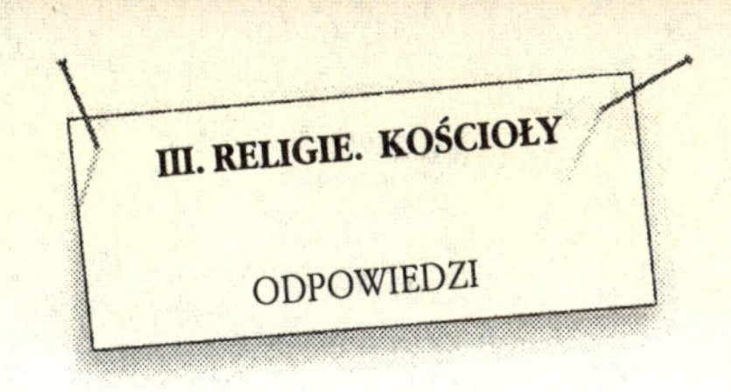

57 Juliusz Bursche był od 1904 r. biskupem kościoła ewangelickiego na ziemiach polskich. Za obronę wiary ewangelickiej prześladowany przez władze carskie. Zorganizował wydział teologii ewangelickiej na Uniwersytecie Warszawskim. Po I wojnie światowej obrońca polskości Warmii, Mazur i Śląska. Podczas II wojny światowej prześladowany i więziony, poniósł śmierć w obozie, podobnie jak inni członkowie jego rodziny.

58 „Akcję Pokuty" rozpoczęły swoimi podpisami tysiące uczestników Dnia Niemieckiego Kościoła Ewangelickiego, który odbył się w Stuttgarcie. Skierowano stamtąd m. in. apel do rządu Niemiec o uznanie istniejących granic z Polską. „Aktion Sühnezeichen" zainicjowała wielkie trudne dzieło o charakterze moralnym – przyjęcie współodpowiedzialności za winy popełnione w przeszłości w imieniu narodu.

59 Ks. Franciszek Blachnicki – teolog wyzwolenia – organizował rekolekcje zwane „Ewangelią wyzwolenia" dla robotników w zakładach pracy i dla związku „Solidarność" w latach 1980-1981. Delegalizacja „Solidarności" w 1981 r. zastała go w Niemczech, gdzie pozostał już do końca życia. Zajął się tam organizowaniem duszpasterstwa polonijnego i międzynarodowej centrali ruchu oazowego „Światło i życie".

60 Wolfgang Pailer, slawista, tłumacz i współpracownik bońskiego Ministerstwa Spraw Zagranicznych napisał książkę *Stanisław Stomma. Nestor der polnisch-deutschen Ausssöhnung*. Jest ona poświęcona wieloletniej pracy Stommy na rzecz pojednania polsko-niemieckiego. Wydawna staraniem Towarzystwa Niemiecko-Polskiego w Bonn i Fundacji Konrada Adenauera, jest dokumenta-

Stiftung. Es ist eine Dokumentation der Bemühungen des Professors und katholischer Kreise in Polen, Kontakte mit den politischen Kreisen in der BRD anzuknüpfen, um in schwieriger Zeit gegenseitige Vorurteile und Mißtrauen zu überwinden. Professor Stomma wurde 1988 für seine Verdienste mit dem Großen Verdienstkreuz der BRD ausgezeichnet und im Jahre 1994 erhielt er zusammen mit der Gräfin Marion Dönhoff den Deutsch-Polnischen Preis.

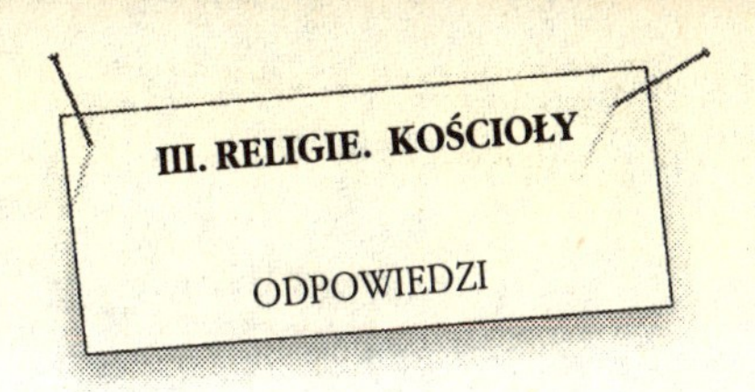

cją starań profesora i środowisk katolickich w Polsce o nawiązanie kontaktów z kołami politycznymi w RFN w trudnym okresie przełamywania wzajemnych uprzedzeń i nieufności. Profesor Stomma za swe zasługi został w 1988 r. odznaczony Wielkim Krzyżem Zasługi Republiki Federalnej Niemiec, a w 1994 r., wraz z hrabiną Marion Dönhoff, otrzymał Nagrodę Polsko-Niemiecką.

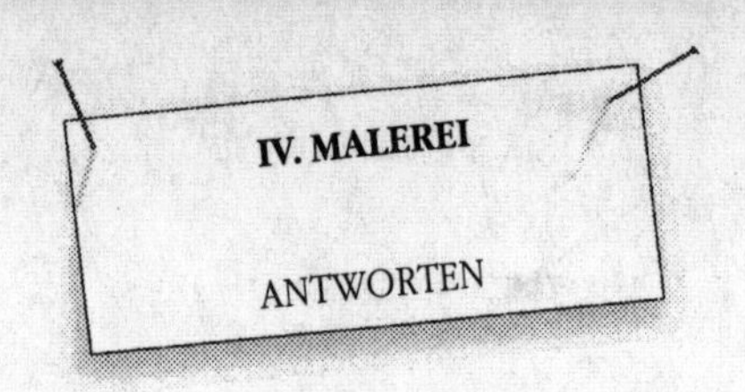

61 Hans Dürer (1490-1534) war ein Bruder des berühmten Albrecht Dürer. In Nürnberg, seinem Geburtsort, ist er Künstler geworden. Von 1527 bis an sein Lebensende blieb er in Krakau im Dienste des Königs Siegmund I. des Alten. Er porträtierte den König und beteiligte sich an der Ausstattung des königlichen Schlosses auf dem Wawelberg. Ihm wird das Bild vom heiligen Hieronymus zugeschrieben. Das Gemälde gehört zu den Schätzen der polnischen Museumsbestände.

62 Antoni Moeller-Möller (1563–1612) war Landschaftsmaler der Stadt Danzig. Unter seinem Pinsel sind u.a. vier Gemälde für den Artus-Hof entstanden: zwei von ihnen (*Der Bau des Gotteshauses und Der Zinsgroschen*) sind erhalten geblieben. Moeller hat auf das Schaffen der modernen polnischen Maler einen bedeutenden Einfluß ausgeübt.

63 Teodor Bogdan Lubieniecki (1654-1718), Maler und Graveur, studierte u.a. in Hamburg. Er war am Hof des Kurfürsten von Brandenburg und in Hannover tätig. 1702-1704 Rektor der Akademie der Künste in Berlin und Raumgestalter des Berliner Schlosses. Sein Bruder Krzysztof Lubieniecki (1659-1729), geboren in Pommern, ließ sich ebenfalls in Hamburg ausbilden; als Maler wirkte er vor allem in den Niederlanden. Der Vater Stanisław Lubieniecki (1623-1675), auf Grund eines Beschlusses des polnischen Sejm (Reichstag) des Landes verwiesen, verbrachte dreizehn Jahre (1662-1675) in Hamburg, wo er wissenschaftlich und schriftstellerisch tätig war.

64 Friedrich August II. (1696-1763), Kurfürst von Sachsen und in den Jahren 1733-1763 König von Polen (August III.), sammelte zahlreiche Kunstwerke für die Dresdner Gemäldegalerie, deren Initiator (1560) August I. war. Zur Vervollständigung der Sammlung hat der Minister Heinrich Brühl große Dienste geleistet. 1763, als Friedrich August II. starb, besaß die Dresdner Galerie bereits etwa fünftausend Gemälde.

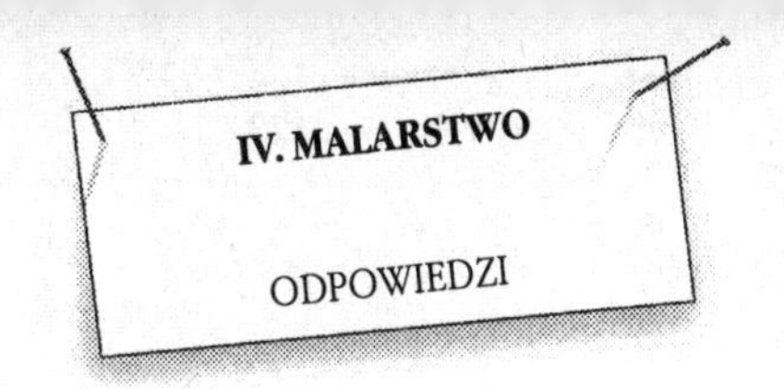

61 Hans Dürer (1490-1534), brat sławnego Albrechta Dürera, urodził się w Norymberdze i tam kształtował swoje twórcze życie. Od 1527 r. do końca życia przebywał w Krakowie w służbie króla Zygmunta I Starego. Malował portrety króla, uczestniczył w dekorowaniu pałacu królewskiego na Wawelu. Hansowi Dürerowi przypisuje się autorstwo obrazu św. Hieronima, znajdującego się w polskich zbiorach muzealnych.

62 Antoni Moeller-Möller (1563-1612), uznany jest za malarza Gdańska, które to miasto utrwalał w swych licznych pracach. Jego autorstwa są m. in. cztery malowidła dla Dworu Artusa – dwa zachowane do dziś: *Budowa świątyni* i *Grosz czynszowy*. Moeller wywarł znaczący wpływ na twórczość współczesnych mu malarzy polskich.

63 Teodor Bogdan Lubieniecki (1654-ok. 1720), malarz i rytownik uczył się m. in. w Hamburgu, a pracował na dworze hanowerskim, był także malarzem nadwornym elektora brandenburskiego. W latach 1702-1704 Bogdan Teodor Lubieniecki był rektorem Akademii Sztuk Pięknych w Berlinie, dekoratorem wnętrz na zamku berlińskim. Jego brat Krzysztof Lubieniecki (1659-1729), urodzony na Pomorzu, uczył się również w Hamburgu, a twórczość malarską rozwijał przede wszystkim w Holandii. Ojciec malarzy Stanisław Lubieniecki (1623-1675), skazany na banicję przez sejm polski, przebywał 13 lat (1662-1675) w Hamburgu, gdzie kontynuował działalność naukową i pisarską.

64 Fryderyk August II (1696-1763), elektor saski, był królem polskim w latach 1733-1763 (jako August III). Zgromadził on wielkie zbiory w Galerii Drezdeńskiej (zapoczątkowane w 1560 r. przez Augusta I). W ich uzupełnianiu znaczny udział miał minister Heinrich Brühl. W 1763 r. – w roku śmierci króla – Galeria Drezdeńska miała już ok. 5 tysięcy obrazów.

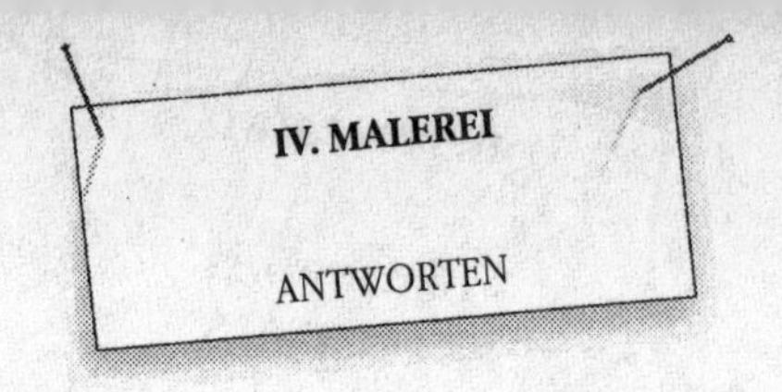

65 Bernardo Bellotto, genannt Canaletto (1721-1780), war Hofmaler von August III., dem Kurfürsten von Sachsen und König von Polen. Nach dem Tod des Königs blieb er einige Jahre im Dienste des Kaisers in Wien. 1767-1780 war er ebenfalls Hofmaler des polnischen Königs Stanisław August Poniatowski, eines berühmten Kunstliebhabers.

66 Władysław Czachórski (1850-1911) ließ sich nach seinem Studium in Warschau und Dresden in München weiterbilden. Dort hat er sich im Jahre 1879 niedergelassen. Er war Mitglied und Ehrenprofessor der Akademien in München und Berlin. Seine Gemälde sind u.a. in den Sammlungen der Kunsthalle in Bremen zu sehen.

67 Der Gründer der sog. Münchener Schule in der polnischen Malerei war Józef Brandt (1841-1915). 1862 begann er in München, Kunst zu studieren; diese Stadt wurde auch sein fester Wohnsitz. Mit zahlreichen Medaillen der Kunstausstellungen im München (1869) und Berlin (1876 und 1891) ausgezeichnet; 1898 erhielt er den Bayerischen Maximilian-Orden. Er war Mitglied der Akademie der Künste in Berlin.

68 Die berühmte Malerfamilie Kossak: der Vater Juliusz (1824-1899) schuf u.a. in Franz Adams Atelier in München; der Sohn Wojciech Kossak (1857-1942) studierte u.a. ebenfalls in München. 1895-1902 weilte er in Berlin, wo er dem Kaiser Wilhelm II. Dienste leistete. (Gerade in dieser Zeit hielt sich in Berlin noch ein anderer berühmter Maler aus Polen, Julian Fałat, auf). Für sein künstlerisches Schaffen erhielt er u.a. den Orden der Preußischen Krone (1898) sowie den (von dem Kaiser persönlich überreichten) Orden des Roten Adlers (1899).

69 Julian Fałat studierte zuerst in Krakau, später bei Professor Raabe in München. 1886 von Kaiser Wilhelm II. nach

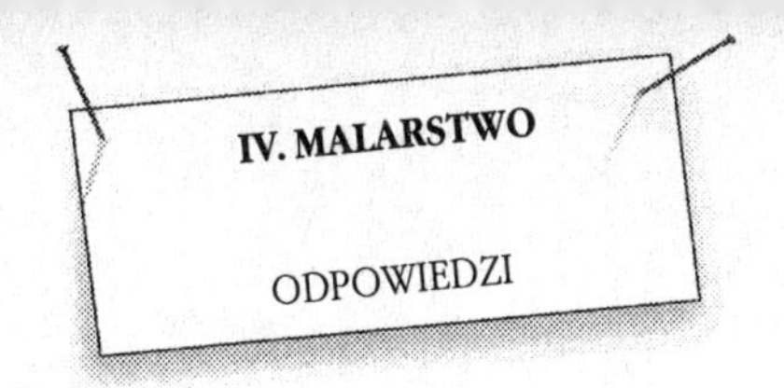

65 Bernardo Bellotto zwany Canaletto (1721-1780) był nadwornym malarzem elektora saskiego i króla Polski Augusta III. Po śmierci króla pracował kilka lat na dworze cesarskim w Wiedniu, a w latach 1767-1780 ponownie w Polsce w służbie miłośnika sztuki, króla polskiego Stanisława Augusta Poniatowskiego.

66 Władysław Czachórski (1850-1911) po studiach w Warszawie i Dreźnie kontynuował naukę w Monachium, gdzie osiadł na stałe w 1879 r. Był członkiem i honorowym profesorem Akademii Monachijskiej, a także Berlińskiej. Jego prace znajdują się m. in. w zbiorach Kunsthalle w Bremie.

67 Twórcą tzw. monachijskiej szkoły malarstwa polskiego był Józef Brandt (1841-1915). W 1862 r. rozpoczął studia malarskie w Monachium i odtąd przebywał tam niemal na stałe. Odznaczony medalami na wystawach: 1869 r. – w Monachium, 1876 i 1891 r. – w Berlinie oraz 1898 r. – Bawarskim Orderem Maksymiliana. Był członkiem Akademii Sztuki w Berlinie.

68 Sławni malarze Kossakowie: ojciec, Juliusz (1824-1899), pracował m. in. w Monachium w atelier Franza Adama. Jego syn, Wojciech Kossak (1857-1942), studiował m. in. w Monachium, przebywał w latach 1895-1902 w Berlinie, gdzie pracował dla cesarza Wilhelma II. W tym okresie wraz z Kossakiem przebywał w Berlinie inny sławny artysta polski Julian Fałat. Za swoją twórczość Wojciech Kossak otrzymał m. in. Krzyż Kawalerski Orderu Korony Pruskiej (1898) i osobiście od cesarza Order Czerwonego Orła (1899).

69 Julian Fałat po początkowych studiach w Krakowie studiował w Monachium u prof. Raabego. W 1886 r. został

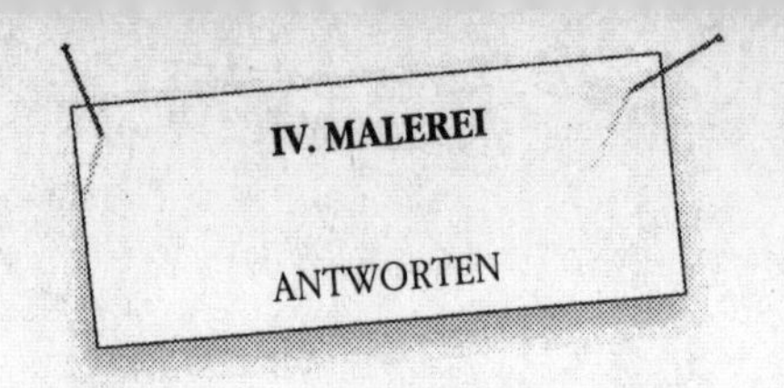

Berlin eingeladen, war er zehn Jahre lang offizieller kaiserlicher Maler. In Deutschland, Italien und Frankreich mit Auszeichnungen geehrt. In Krakau war er Direktor der Kunstschule, die seinetwegen in eine Akademie umgewandelt wurde. Von 1910 bis zu seinem Tode lebte er in Schlesien.

70 Jan Polak (Geburtsjahr unbekannt, gestorben 1519 in München) war ein in Bayern tätiger Maler, der mit dem Hochzeitsgeleit der Jagiellonen-Fürstin Hedwig (Jadwiga) dorthin gekommen war. Er schuf zahlreiche Porträts, Altargemälde und wertvolle Fresken. Besonders bekannt sind seine Wandmalerei in Pipping, drei Altäre in Blutenburg, der Altar der Abtei in Weihenstephan und das Bildnis Sigismunds von Bayern. Jan Polak hat einen großen Einfluß auf die bayrische Malerei ausgeübt.

71 Georg Daniel Schultz (1620-1683), der berühmte Vertreter der Danziger Malerschule, war seit 1649 als Hofmaler des Königs Jan Kazimierz, dann im Dienste von Michał Korybut Wiśniowiecki und Jan III. Sobieski tätig. Er hat Bildnisse der Könige, ein Porträt von Maria Ludwika Gonzaga (Gemahlin von Jan Kazimierz) sowie Porträts der Danziger Aristokraten und Bürger hinterlassen. Seine Gemälde befinden sich in den Kunstsammlungen der Museen in Krakau, Warschau und Danzig.

72 Jerzy Lisiewski war Hofporträtist bei Friedrich Wilhelm I. Auch seine Nachkommen waren Maler. Die Tochter Lisiewska-Therbusch war eine geschätzte Künstlerin an deutschen Höfen und Mitglied der Pariser Maler- und Bildhauer-Akademie.

73 Daniel Mikołaj Chodowiecki, vor allem als Zeichner und Graphiker bekannt, war Mitglied und seit 1797 Direktor der Akademie der Künste in Berlin. Sein umfangreiches Schaffen machen u.a. 6000 Zeichnungen, Stiche und Miniaturbilder (darunter zahlreiche Bilder von Friedrich II.) aus. Cho-

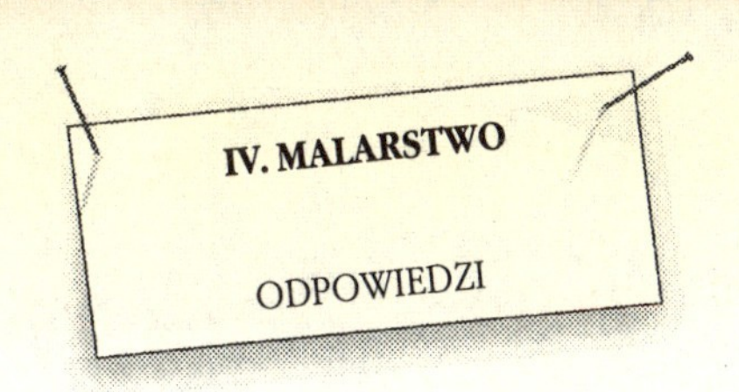

zaproszony przez Wilhelma II do Berlina, gdzie przez 10 lat był oficjalnym malarzem cesarskim. Nagradzany w Niemczech, Włoszech i Francji. Julian Fałat był następnie dyrektorem Szkoły Sztuk Pięknych w Krakowie, którą przekształcił w Akademię. Od 1910 r. do końca życia mieszkał na Śląsku.

70 Jan Polak (r. ur. nieznany – zm. 1519 r. w Monachium) to malarz działający w Bawarii, dokąd przybył w 1475 r. z orszakiem ślubnym Jadwigi Jagiellonki. Malował liczne portrety, obrazy ołtarzowe i cenione freski. Znane są szczególnie jego freski z Pipping, trzy ołtarze z Blutenburga, ołtarz z opactwa z Weihenstephan, portret Zygmunta Bawarskiego. Jan Polak wywarł wielki wpływ na malarstwo bawarskie.

71 Georg Daniel Schultz (ok. 1615-1683), wybity przedstawiciel gdańskiej szkoły malarstwa. W 1649 r. został nadwornym malarzem króla Jana Kazimierza, potem Michała Korybuta Wiśniowieckiego i Jana III Sobieskiego. Pozostawił wizerunki tych trzech króli oraz Marii Ludwiki Gonzagi – żony Jana Kazimierza, a także magnatów i mieszczan gdańskich. Jego obrazy znajdują się dziś w muzeach Krakowa, Warszawy i Gdańska.

72 Jerzy Lisiewski był nadwornym portrecistą Fryderyka Wilhelma I. Malarzami byli także jego potomkowie. Córka Lisiewska-Therbusch była cenioną malarką na dworach niemieckich, członkiem Akademii Malarstwa i Rzeźby w Paryżu.

73 Daniel Mikołaj Chodowiecki znany był przede wszystkim jako rysownik i grafik. Członek, a od 1797 r. dyrektor Akademii Sztuk Pięknych w Berlinie. Jego bogata twórczość to ok. 6000 rycin, rysunków i miniatur, w tym wiele Fryderyka II. Daniel Mikołaj Chodowiecki jest au-

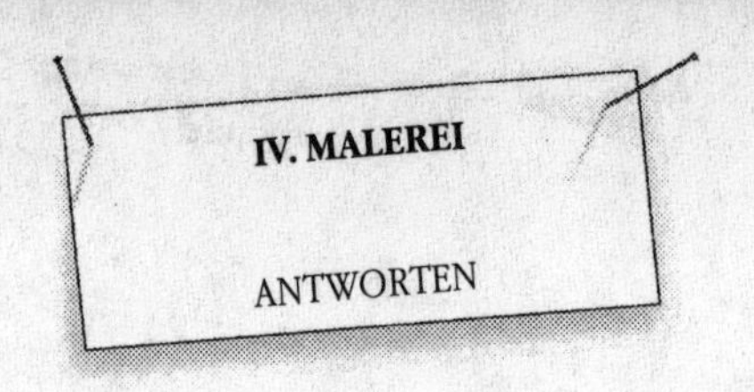

dowiecki ist u.a. Autor des Bilderbuchs *Die Reise nach Danzig*. Nach den Teilungen Polens hat er mit besonderem Nachdruck seine Zugehörigkeit zum polnischen Volk betont.

74 Wojciech Kornelé Stattler (1800-1875) studierte u.a. Kunst an der Universität in Krakau. 1831-1857 war er als Professor an dieser Schule tätig. Hier lernte u.a. der berühmte Matejko. Stattler war mit Adam Mickiewicz und Juliusz Słowacki befreundet. Das bekannteste Gemälde des Künstlers, *Die Makkabäer,* wurde 1841 mit einer Medaille ausgezeichnet. Die letzten Jahre seines Lebens (nach 1870) verbrachte der Künstler in Warschau.

75 Maksymilian Gierymski (1846-1874) studierte in Warschau, dann bei H. Anschütz und A. Wagner in München. Während der Berliner Ausstellung im Jahre 1872 erhielt er eine Goldmedaille. Nach Matejko wurde er als zweiter Pole Mitglied der Königlichen Akademie der Künste in Berlin. Er starb in Bad Reichenhall (Bayern) und wurde dort beigesetzt.

76 Jan Matejko (1838-1893), der weltberühmte polnische Maler, stand während seiner Studienjahre in Krakau unter dem künstlerischen Einfluß von Wojciech K. Stattler. 1859-1860 weilte er in München, wo er bei Hermann Anschütz lernte.

77 Im Jahre 1891 fand in Berlin eine Ausstellung der polnischen Malerei statt, auf der u.a. Gemälde von Jan Matejko präsentiert wurden. Als Adolph von Menzel Matejkos Bild *Die Predigt von Piotr Skarga* erblickte, rief er: „Meine Herren, den Hut ab!". Das geschah in einer Zeit, als in Preußen die Worte „Polen" oder „polnischer Maler" nur sehr ungern gehört wurden.

78 In den 90er Jahren des 19. Jahrhunderts arbeiteten die polnischen Maler Julian Fałat und Wojciech Kossak für den Kaiser Wilhelm II. In den Jahren 1895-1896 schufen sie unter Mitwirkung von anderen Malern das berühmte Rundgemälde *Der Übergang über die Beresina.*

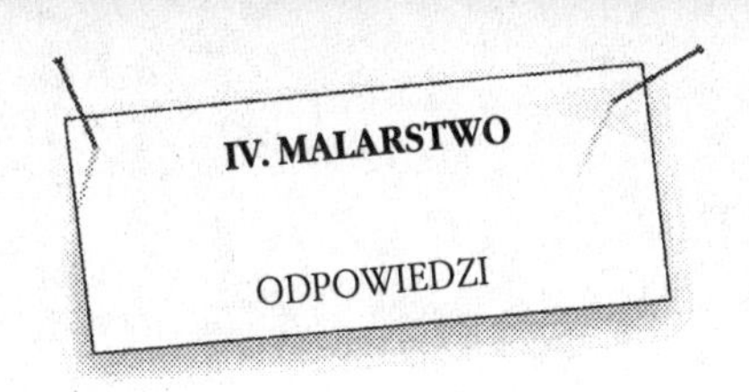

torem m. in. albumu *Podróż do Gdańska.* Zachował poczucie przynależności do narodu polskiego, co potwierdzał szczególnie po upadku państwa polskiego.

74 Wojciech Kornelé Stattler (1800-1875) uczył się m. in. w Szkole Sztuk Pięknych przy Uniwersytecie Jagiellońskim w Krakowie. W latach 1831-1857 był profesorem w tej szkole, w której kształcił się także Jan Matejko. Stattler zaprzyjaźnił się m. in z Adamem Mickiewiczem i Juliuszem Słowackim. Najsłynniejszy obraz tego artysty *Machabeusze* został odznaczony medalem w 1841 r. Ostatnie lata życia artysta spędził w Warszawie.

75 Maksymilian Gierymski (1846-1874) studiował w Warszawie, potem w Monachium u H. Anschütza i A. Wagnera. Otrzymał złoty medal na wystawie w Berlinie w 1872 r. Jako drugi Polak po Janie Matejce wybrany został na członka Królewskiej Akademii w Berlinie. Zmarł i został pochowany w Bad Reichenhall (Bawaria).

76 Jan Matejko (1838-1893), najsławniejszy malarz polski, studiując w Krakowie był pod wpływem artystycznym m. in. Wojciecha K. Stattlera. W latach 1859-1860 przebywał w Monachium, studiując pod kierunkiem Hermanna Anschütza.

77 W 1891 r. odbywała się w Berlinie wystawa malarstwa polskiego, na której prezentowane były m. in. dzieła Jana Matejki. Adolph von Menzel ujrzawszy obraz Jana Matejki *Kazanie Skargi,* zawołał: „Meine Herren den Hut ab". Działo się to wtedy, gdy na terenie Prus bardzo niechętnie wymawiano słowa „Polska" i „malarze polscy".

78 U schyłku XIX w. polscy malarze Julian Fałat i Wojciech Kossak pracowali dla cesarza Wilhelma II. W latach 1895-1896, ci dwaj wielcy artyści, przy współudziale innych malarzy, wykonali znaną panoramę *Przejście przez Berezynę.*

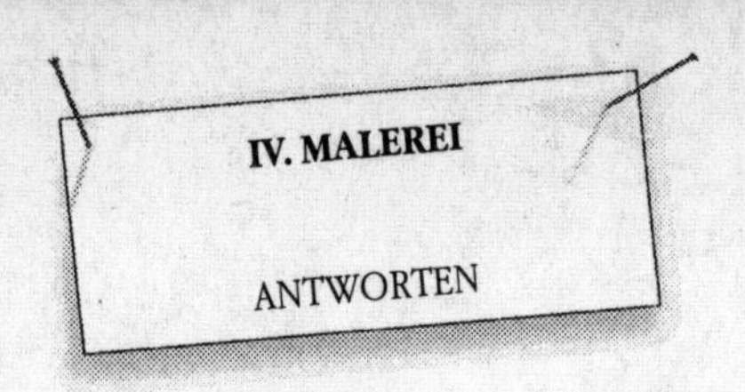

79 Alfred Kowalski-Wierusz (1849-1915) studierte Malerei in Dresden und München bei Alexander Wagner und Józef Brandt. Im Jahre 1873 hat er sich in München niedergelassen. Er war u.a. Ehrenprofessor der Münchener Akademie. Ein beliebtes Motiv seiner Bilder sind Winterlandschaften mit Wölfen.

80 Anläßlich der Polnischen Tage in Hamburg im Oktober 1993 überreichte die dortige Kunsthalle der Marienkirche in Danzig die Tafel der Altargruppe von Ferber mit dem Bildnis des heiligen Konstanty. Dieser wertvolle Altar war in den Nachkriegsjahren verloren gegangen. Die übrigen Teile des Altars waren schon zuvor aus dem Nationalmuseum in Warschau an ihren Platz in Danzig zurück gekehrt. Jetzt können sowohl die Gläubigen als auch Tausende von Touristen dieses hervorragende Werk in seiner Einheit bewundern.

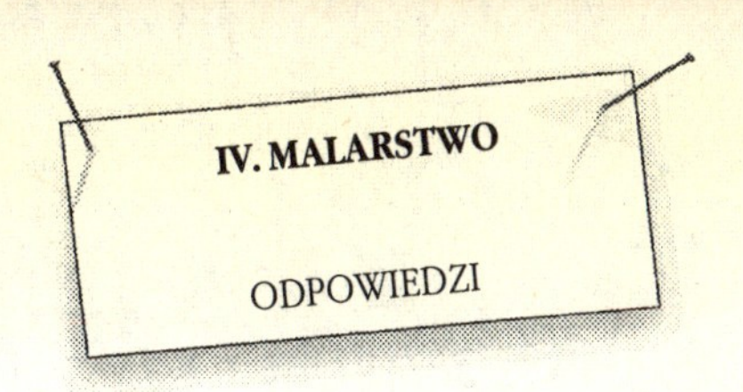

79 Alfred Kowalski-Wierusz (1849-1915) studiował malarstwo w Dreźnie i Monachium u Alexandra Wagnera, a także Józefa Branta. Osiadł na stałe w Monachium w 1873 r. Był m. in. profesorem honorowym Akademii Monachijskiej. Ulubiona tematyka obrazów Alfreda Kowalskiego-Wierusza to zimowe krajobrazy z wilkami.

80 Z okazji Dni Polskich w Hamburgu we wrześniu 1993 r. tamtejsza Kunsthalle przekazała Kościołowi Mariackiemu Gdańsku gotycką tablicę z zespołu ołtarza Ferbera z wizerunkiem św. Konstantego. Ten cenny ołtarz zaginął w latach powojennych. Wcześniej pozostała część ołtarza Ferbera wróciły z Muzeum Narodowego w Warszawie na swoje miejce do Gdańska. Teraz zarówno wierni jak i tysiące turystów mogą podziwiać całość tego znakomitego dzieła.

81 Chopins Lehrer war der Schlesier Józef Elsner (1769-1854). Er war Kapellmeister an der deutschen Oper in Lemberg. Unter dem Einfluß von Wojciech Bogusławski, dem Vater des polnischen Theaters, erlernte er die polnische Sprache. Seit 1826 war er Professor an der Hauptschule für Musik in Warschau und erteilte Musikunterreicht u.a. an Chopin. Elsner ist Komponist von Opern wie: *Leszek Biały, Król Łokietek, Jagiełło in Tenczyn,* sowie von Marsch-, Lieder- und Orchestermusik.

82 Maria Szymanowska (1789-1831) leistete Johann Wolfgang Goethe im Jahre 1823 in Weimar und Marienbad Gesellschaft und linderte mit ihrem Spiel die Altersbeschwerden des großen Dichters. Goethe hat für sie und ihre Schwester ein Gedicht verfaßt, das gleichzeitig ins Französische übersetzt wurde.

83 Fryderyk Chopin lernte auf seinen Deutschland-Reisen Berlin (1826), Dresden, München, Leipzig und Stuttgart kennen. In Stuttgart erreichte ihn die Nachricht vom Scheitern des November-Aufstandes 1830/31. Gerade zu dieser Zeit komponierte er seine berühmte *Etude c-Moll,* auch als „Revolutionsetude" bezeichnet, und zwei ergreifende Präludien in *a-Moll* und *d-Moll.* Zur Popularisierung der Musik von Chopin hat Robert Schumanns Frau Klara (1819-1896) besonders viel beigetragen.

84 Karol Józef Lipiński (1790-1861) kämpfte mit Nicolo Paganini um den Vorrang. Er verließ seine Heimatstadt Lublin, um nach Lemberg zu ziehen, wo er als Orchesterdirigent tätig war; 1817 reiste er nach Italien. Als künstlerischer Rivale ist er Paganini zweimal begegnet: 1818 in Piacenza und 1829 in Warschau. Nach vielen Jahren einer erfolgreichen Karriere hat er sich 1839 in Dresden niedergelassen, wo er Kapellmeister am sächsischen Hof und Konzertmeister des Opernorchesters war.

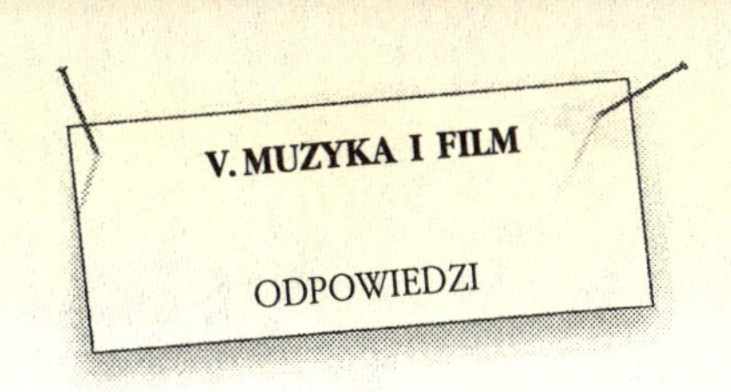

81 Nauczycielem Fryderyka Chopina był Ślązak Józef Elsner (1769-1854). We Lwowie był kapelmistrzem opery niemieckiej. Pod wpływem Wojciecha Bogusławskiego – twórcy teatru polskiego – nauczył się języka polskiego. Od 1826 r. w Warszawie uczył Fryderyka Chopina w Szkole Głównej Muzyki. Józef Elsner skomponował opery: *Leszek Biały, Król Łokietek, Jagiełło w Tenczynie,* a także marsze, pieśni i kompozycje orkiestrowe.

82 Maria Szymanowska (1789-1831), przebywając z Johannem Wolfgangiem Goethe w 1823 r. w Weimarze i w Marienbadzie, swoją grą niosła ukojenie staremu już poecie. Johann Wolfgang Goethe napisał dedykowany dla niej i dla jej siostry wiersz, przetłumaczony również na język francuski.

83 Fryderyk Chopin w czasie kilku podróży przez Niemcy poznał Berlin (1826), Drezno, Monachium, Lipsk i Stuttgart, gdzie dotarła do niego wiadomość o upadku powstania listopadowego 1830/31 w Polsce. Powstała wtedy jego sławna *Etiuda c-moll*, zwana Rewolucyjną, oraz dwa pełne tragizmu preludia *a-moll* i *d-moll.* Twórczość Fryderyka Chopina w Niemczech rozpropagowała szczególnie Klara Schumann (1819- 1896), żona Roberta.

84 Karol Józef Lipiński (1790-1861), rywalizował o pierwszeństwo z Paganinim. Z rodzinnych podlubelskich stron przeniósł się do Lwowa, gdzie był dyrygentem. W 1817 r. wyjechał do Włoch. Jako rywal dwukrotnie spotkał się z Nicolo Paganinim (Piacenza 1818 r. i Warszawa 1829 r.) Po wielu latach sukcesów osiadł na stałe w Dreźnie w 1839 r. Był nadwornym kapelmistrzem na dworze saskim, a także koncertmistrzem orkiestry operowej.

85 Robert Schumann (1810-1856) entwickelte eine lebhafte publizistische Aktivität. Mit seinen Artikeln bahnte er der professionellen Musikkritik den Weg. In seiner ersten, weit bekannten Abhandlung, analysierte er Chopins geniale Kreativität und die Einmaligkeit seiner Musik.

86 Nach Deutschland führte ebenfalls die künstlerische Laufbahn von Ignacy Jan Paderewski (1860-1941), dem exzellenten Pianisten, seit 1919 Premierminister der Regierung des nach der Teilung wiedergeborenen Polens. Paderewski studierte bis 1882 Komposition bei F. Kiel und H. Urban in Berlin. Die Uraufführung seiner berühmten Oper *Manru* fand 1901 in der Dresdner Oper statt. 1898 initiierte er den Dresdner Kompositionswettbewerb.

87 Jan Rybkowski drehte 1961 den bekannten Film *Heute nacht stirbt eine Stadt.* Er erzählt über die Zerstörung Dresdens im Jahre 1945. Die Stadt war durch die sächsischen Kurfürsten sehr eng mit der Geschichte Polens verbunden. Hauptdarsteller in diesem Film waren die namhaften polnischen Schauspieler Beata Tyszkiewicz und Andrzej Łapicki.

88 Der Film von Jerzy Antczak beschreibt Ereignisse aus der Geschichte Polens und Sachsens und heißt *Gräfin Cosel.* Es ist eine Liebesgeschichte aus jener Zeit. Als Drehbuchvorlage diente der gleichnamige Roman von Józef Ignacy Kraszewski.

89 Die musikalischen Werke von Krzysztof Penderecki (geb. 1933) werden häufig in Deutschland aufgeführt. Seine große Komposition *Passio et mors Domini Nostri...* hatte ihre Erstaufführung in Münster, *Die Teufel aus Loudun* in Hamburg. Im Juli 1991 fand in München die Weltpremiere des Bühnenwerkes *König Ubu* (nach dem Drama von A. Jarry) statt. 1977 wurde Penderecki mit dem Herder-Preis ausgezeichnet.

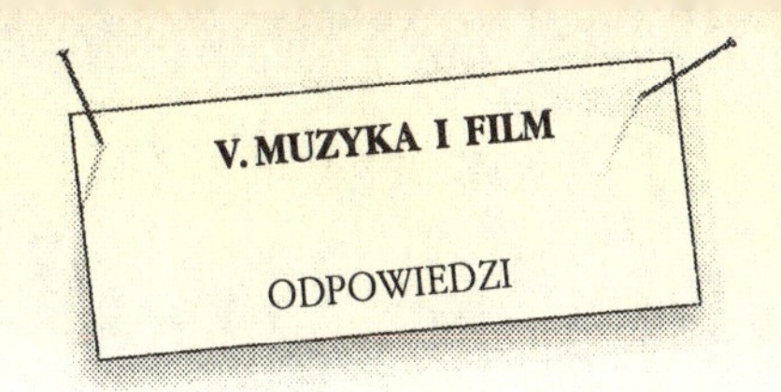

85 Robert Schumann (1810-1856) rozwijał ożywioną działalność publicystyczną. Swymi artykułami zapoczątkował poważną krytykę muzyczną. W pierwszym, szeroko znanym artykule, analizował niezwykłość muzyki i wielki talent twórczy Fryderyka Chopina.

86 Przez Niemcy wiodła droga artystyczna Ignacego Jana Paderewskiego (1860-1941) pianisty, wirtuoza, który w 1919 r. był premierem rządu w odrodzonej w 1918 r. Polsce po rozbiorach. Ignacy Jan Paderewski studiował kompozycję w Berlinie do 1882 r. Premiera jego słynnego dzieła *Manru* odbyła się w 1901 r. w Operze Drezdeńskiej. W 1898 r. artysta zainicjował konkurs kompozytorski w Dreźnie.

87 Jan Rybkowski zrealizował w 1961 r. głośny film pt. *Dziś w nocy umrze miasto*, opowiadający o zagładzie w 1945 r. Drezna – miasta związanego z historią Polski przez elektorów saskich. Grają w tym filmie czołowi aktorzy polscy Beata Tyszkiewicz i Andrzej Łapicki.

88 Film w reżyserii Jerzego Antczaka osnuty na wydarzeniach z historii polsko-saskiej to *Hrabina Cosel*. Jest to historia romansu z XVIII w. Scenariusz oparto na powieści Józefa Ignacego Kraszewskiego o tym samym tytule.

89 Krzysztof Penderecki (ur. 1933) często wykonuje swoje utwory na terenie Niemiec. Wielkie dzieło *Passio et mors Domini Nostri...* wykonał pierwszy raz w Münster, a *Diabły z Loudun* – w Hamburgu. W lipcu 1991 r. w Monachium odbyła się prapremiera światowa muzycznego dzieła scenicznego Pendereckiego *Król Ubu* (wg dramatu A. Jarry). W 1977 r. twórca otrzymał nagrodę im. Johanna Gottfrieda von Herdera.

90 Ernst Theodor Amadeus Hoffmann (Künstlername J. Kreisler) war ein deutscher Schriftsteller und Komponist. Er wirkte in Berlin, Posen und Warschau (1804-1807); hier hat er die Warschauer Musikgesellschaft und ein Sinfonieorchester ins Leben gerufen. Er war mit der Polin Michalina Trzcińska verheiratet.

91 Als erster hat der polnische Politiker und Komponist Antoni Radziwiłł Goethes *Faust* vertont. Er arbeitete an diesem Werk zwanzig Jahre lang (1810-1830). Der Erstaufführung wohnte Goethe bei. Die Premiere des gesamten, erst nach dem Tod des Dichters vollendeten Werkes fand 1835 in Berlin statt. Radziwiłł vertonte auch einige Gedichte von Goethe. Der große Dichter hat dem polnischen Komponisten die *Walpurgisnacht* gewidmet.

92 Bogumił Dawison (1818-1872) stammte aus Warschau; hier begann seine große Karriere. Er hat sich immer für einen Polen gehalten, der Ruhm eines großen Künstlers ist ihm jedoch in Deutschland zuteil geworden, wo er seit 1846 lebte. Er trat in Hamburg, dann (ab 1852) in Dresden auf. Besonders große Erfolge feierte er als tragischer Charakterdarsteller.

93 Antoni Kątski (1817-1879) hat u.a. den Krönungsmarsch für Wilhelm I., König von Preußen, komponiert. Seine anderen musikalischen Werke sind u.a.: eine Ouvertüre zum 150. Jahrestag des preußischen Staates und eine Komposition zu Friedrich Schillers Gedicht *Das Lied von der Glocke*. Kątski lebte und gab Konzerte in Deutschland, aber auch in anderen europäischen Ländern und den USA. Für sein künstlerisches Schaffen hat er vom preußischen Staat hohe Auszeichnungen erhalten.

94 Feliks Nowowiejski (1817-1946) wurde in Barczewo (Ermland) geboren. Er studierte u.a. bei Prof. J. Stern an der Berliner Musikschule und in Regensburg, konzertierte und

90 Ernst Theodor Amadeus Hoffmann – pseudonim muzyczny J. Kreisler – to niemiecki pisarz i kompozytor. Pracował w Berlinie, Poznaniu i w Warszawie (1804-1807), gdzie założył Warszawskie Towarzystwo Muzyczne i orkiestrę symfoniczną. Poślubił Polkę Michalinę Trzcińską.

91 Pierwszym twórcą muzyki do *Fausta* Johanna Wolfganga Goethego był polski polityk i kompozytor Antoni Radziwiłł. Muzykę do tego dzieła tworzył w latach 1810-1830. Jej pierwszego wykonania słuchał sam Goethe. Premiera całego dzieła, ukończonego po śmierci pocty, odbyła się w 1835 r. w Berlinie. Antoni Radziwiłł komponował ponadto pieśni do wierszy Goethego. Wielki poeta zadedykował polskiemu kompozytorowi *Noc Walpurgii.*

92 Bogumił Dawison (1818-1872) urodził się w Warszawie i tu rozpoczynał swoją wielką karierę. Zawsze uważał się za Polaka, ale sławę wielkiego artysty zdobył w Niemczech, dokąd wyjechał na stałe w 1846 r. Występował w Hamburgu, a od 1852 r. w Dreźnie. Największe sukcesy odnosił w rolach charakterystycznych, zwłaszcza tragicznych.

93 Antoni Kątski (1817-1899) skomponował m. in. marsz koronacyjny dla króla Prus Wilhelma I, uwerturę dla uczczenia 150 rocznicy powstania państwa pruskiego oraz muzykę do poematu Schillera *Das Lied von der Glocke.* Antoni Kątski mieszkał i koncertował w Niemczech oraz w innych państwach Europy i w USA. Za swoją twórczość otrzymał odznaczenia od władz pruskich.

94 Feliks Nowowiejski (1877-1946) urodził się w Barczewie na Warmii, studiował m. in. w konserwatorium berlińskim u prof. J. Sterna i w Ratyzbonie. Zamieszkiwał

wohnte in vielen Städten Deutschlands. 1914 wurde er Professor an der Musikschule in Berlin. Oft ausgezeichnet, u.a. mit dem Preis der Berliner Akademie. Seit 1919 lebte Nowowiejski in Posen. Hier arbeitete er an Opern, Sinfonien, Oratorien und komponierte die Hymnen von Kaschuben und Ermland.

95 Die Regisseure des in Deutschland vor dem Krieg sehr populären Films *Seine große Liebe* waren Polen: Mieczysław Krwawicz und Stanisława Perzanowska (gleichzeitig als Schauspielerin bekannt). Die Hauptrolle spielte Stefan Jaracz, einer der größten polnischen Schauspieler aller Zeiten.

96 Die Uraufführung des polnischen Films *Wyrok życia (Kreuzweg einer Liebe)* fand am 8. Februar 1935 in Berlin statt, in einer nur kurzen Zeitspanne nach 1934, in der die deutsch-polnischen Beziehungen gut waren. Bei der Aufführung waren Irena Eichlerówna, Janina Andrzejewska, polnische und deutsche Filmemacher sowie hohe deutsche Staatsfunktionäre anwesend. Der Film wurde als „künstlerisch besonders wertvoll" bezeichnet.

97 Józef Mann, dessen Karriere an der Lemberger Oper begann, gelangte über Wien nach Deutschland. Seit 1916 trat er in der Kaiserlichen Oper in Berlin, in Darmstadt und Wiesbaden auf. Im Jahre 1921, schon ein gefeierter Künstler, bekam er das Angebot, die Stelle des kurz zuvor verstorbenen Enrico Caruso an der Metropolitan-Opera einzunehmen. Es fand eine feierliche Abschiedsvorstellung in Berlin statt – nach dem zweiten Aufzug der *Aida* schied der Sänger auf der Bühne aus dem Leben.

98 In Lemberg war W. Stengel Lehrer (später Ehemann) von Marcelina Sembrich-Kochańska. Sie ließ sich dann in Berlin musikalisch weiterbilden. Den ersten großen Erfolg erzielte sie als Lucia in *Lucia von Lammermoor* in der Dresdner Oper. Dann ging sie in die USA, wo sie eine große Karriere machte.

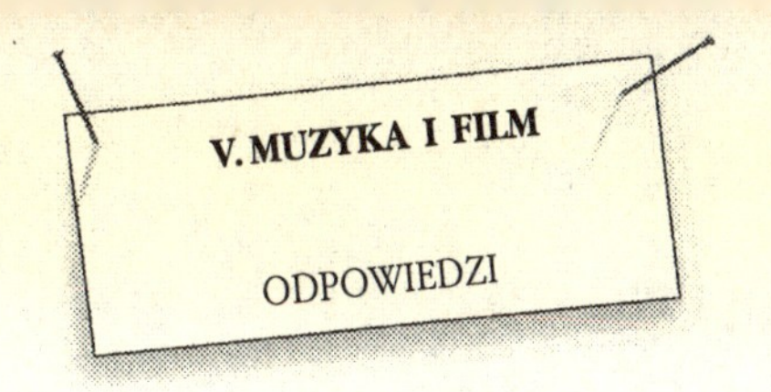

i koncertował w wielu miastach niemieckich. W 1914 r. został profesorem konserwatorium w Berlinie. Otrzymał wiele nagród, w tym Akademii Berlińskiej. Od 1919 r. Feliks Nowowiejski mieszkał w Poznaniu. Tworzył opery, symfonie, oratoria, a także hymny warmiński i kaszubski.

95 Film *Seine große Liebe*, mający duże powodzenie w Niemczech przedwojennych, reżyserowali Polacy: Stanisława Perzanowska (zarazem znana aktorka) i Mieczysław Krwawicz. Główną rolę odtwarzał Stefan Jaracz – jeden z największych aktorów polskich wszechczasów.

96 Premiera filmu polskiego *Wyrok życia (Kreuzweg einer Liebe)* odbyła się w Berlinie 8 II 1935 r. w krótkim okresie życzliwych kontaktów polsko-niemieckich po 1934 r. Udział w premierze filmu wzięły aktorki Irena Eichlerówna i Janina Andrzejewska, filmowcy polscy i niemieccy, wysocy przedstawiciele władz niemieckich. Film uzyskał bardzo wysoką ocenę: „künstlerisch besonders wertvoll".

97 Józef Mann, który rozpoczął karierę w Operze Lwowskiej, poprzez Wiedeń dotarł do Niemiec. Od 1916 r. występował w Operze Cesarskiej w Berlinie, a także w Darmstadt i Wiesbaden. W 1921 r. jako uznany wielki artysta otrzymał propozycję objęcia miejsca w Metropolitan Opera po zmarłym Enrico Caruso. Podczas uroczystego pożegnania z Berlinem i z publicznością niemiecką, będącym wielkim przeżyciem dla artysty, Józef Mann zmarł nagle po drugiej odsłonie *Aidy*.

98 Nauczycielem Marceliny Sembrich-Kochańskiej we Lwowie był W. Stengl, później jej mąż. Studia muzyczne odbywała m. in. w Berlinie. Pierwszy wielki triumf odniosła w *Łucji z Lammermoor* w Operze Drezdeńskiej. Potem wyjechała do USA, kontynuując swoją wielką karierę.

99 Natalia Janotha (1856-1932) mußte London verlassen, weil sie für deutsche Kaiser musiziert hatte. Sie war nämlich über 30 Jahre lang Hofpianistin in Berlin – bei Wilhelm I., Friedrich III. und Wilhelm II. Seit 1916 weilte sie in den Niederlanden.

100 In Hannover wird seit 1977 der Kulturpreis Schlesien des Landes Niedersachsen verliehen, um Künstler zu ehren, die einen besonderen Beitrag zur schlesischen Kultur leisten und von ihr inspiriert worden sing. Die polnisch–deutsche Jury hat in der Vergangenheit diesen Preis unter anderen Maciej Łagiewski – dem Direktor des Museums für Geschichte in Breslau, Henryk Tomaszewski – dem Direktor des Breslauer Pantomimetheaters und dem ausgezeichneten Schriftsteller Tadeusz Różewicz zuerkannt. Zu den Preisträgern zählen 1995 unter anderen Kazimierz Kutz, Verfasser von Filmen zu schlesischen Themen, der hervorragende deutsche Dirigent Kurt Masur, der aus Brieg stammt und an den dortigen schlesischen Musikfestspielen teilnimmt, die Schriftsteller Horst Bienek, Heinz Piontek, Hans Lipinsky-Gottersdorf, Dagmar Nick, die Maler und Graphiker Wolfgang von Websky, Marcus von Gosen, Alexander Camaro, Eugeniusz Get-Stankiewicz, die Literaturübersetzer Henryk Bereska, Feliks Przybylak und die Musiker Wojciech Kilar und Tadeusz Strugała. Ziel der offiziellen Auszeichnung der Preisträger aus Deutschland und Polen ist es, Menschen zusammenzubringen, die durch ihre Abstammung oder ihr Schaffen mit der europäischen Kulturlandschaft Schlesien verbunden sind.

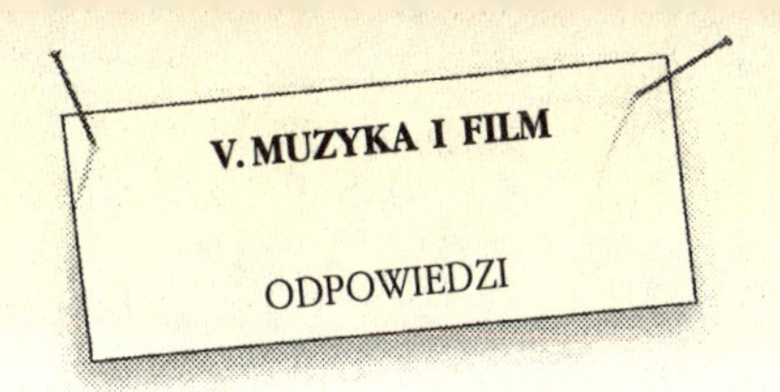

99 Natalia Janotha została (1856-1932) wydalona z Londynu „za karę", ponieważ w Niemczech grała dla cesarzy. Była bowiem ponad 30 lat nadworną pianistką w Berlinie u Wilhelma I, Fryderyka III, Wilhelma II. Od 1916 r. przebywała w Holandii.

100 W Hanowerze jest przyznawana Śląska Nagroda Kulturalna Rządu Dolnej Saksonii (Kulturpreis Schlesien). Ustanowiona została w 1977 r. z myślą o twórcach wnoszących szczególny wkład do śląskiej kultury i ze Śląska czerpiących twórcze inspiracje. Polsko-niemieckie jury przyznało w przeszłości nagrodę m. in.: Maciejowi Łagiewskiemu – dyrektorowi Muzeum Historycznego we Wrocławiu, Henrykowi Tomaszewskiemu – dyrektorowi Wrocławskiego Teatru Pantomimy i wybitnemu pisarzowi – Tadeuszowi Różewiczowi. Wśród laureatów nagrody w 1995 r. obok Kazimierza Kutza – twórcy filmów o tematyce śląskiej, znalazł się m. in. wybitny dyrygent niemiecki Kurt Masur, pochodzący z Brzegu nad Odrą, uczestnik tamtejszych festiwali muzycznych, a także pisarze: Horst Bieniek, Heinz Lipinsky-Gottersdorf, Dagmar Nick, malarze i graficy: Wolfgang von Vebsky, Markus von Gosen, Alexander Camaro, Eugeniusz Get-Stankiewicz, tłumacze literatury: Henryk Bereska, Feliks Przybylak, muzycy: Wojciech Kilar i Tadeusz Strugała. Celem oficjalnego wyróżnienia laureatów z Polski i Niemiec jest umożliwienie wzajemnego spotkania ludzi, którzy przez swoje pochodzenie lub twórczość związali się z europejskim krajobrazem kulturalnym Śląska.

101 Als Marcin Lindintolde in Krakau arbeitete, beteiligte er sich u.a. am Ausbau der berühmten Tuchhallen auf dem Hauptmarkt. Er war für den Ausbau der Räume und Treppenhäuser und für die Bekrönung der Attika zuständig. Die Krakauer Tuchhallen im Stil der Gotik und Renaissance sind um die Mitte des 14. Jahrhunderts auf Geheiß des Königs Kazimierz des Großen entworfen und in Form einer Halle von 100 m Länge, mit Kramläden zu beiden Seiten, erbaut worden.

102 Viele Nachkommen polnischer Königsgeschlechter wie z.B. der Piasten oder der Jagiellonen, gingen Ehebindungen mit deutschen Herrscherfamilien ein. Barbara, die Tochter des Königs Kazimierz Jagiellończyk, wurde Gemahlin Georgs des Bärtigen, Herzogs von Sachsen. Das Denkmal in Annaberg stellt drei Adler dar – einer von ihnen hält das polnische Wappen, den jagiellonschen Adler.

103 Veit Stoß (1447-1533), geboren in Horb am Neckar, legte während seines Aufenthalts in Krakau in den Jahren 1477-1496 ungewöhnliches künstlerisches Talent an den Tag. Sein bestes Werk aus dieser Zeit ist zweifellos der riesengroße Hauptaltar in der Marienkirche, vollendet 1489. Von 1496 bis zu seinem Tod lebte er in seiner bayrischen Heimat und schuf zusammen mit seinem Bruder Stanislaus Skulpturen, Altäre und Gemälde. In seiner künstlerischen Leistung übertrifft das Schaffen der Krakauer Periode alle später entstandenen Werke des großen Meisters.

104 Nachdem Veit Stoß 1496 Krakau verließ und nach Nürnberg zog, arbeitete er dort vor allem für reiche Patrizier und Geistliche. Gleichzeitig führte er Arbeiten in anderen Städten aus: in Schwaz, Münnerstadt und Bamberg. Dort kann man noch heute in der Pfarrkirche den von Stoß geschnitzten Altar mit Engelsgruß und Huldigung der Hirten bewundern. Im romanisch-gotischen Bamberger Dom befindet sich unter vielen anderen herrlichen Skulpturen auch eine Statue zu Ehren des Meisters.

101 Marcin Lindintolde pracując w Krakowie miał duży udział w rozbudowie słynnych Sukiennic na Rynku Głównym. Wykonał tam nadbudowę sali, dostawienie schodów oraz zwieńczenie attyką. Gotycko-renesansowe sukiennice krakowskie zostały wzniesione w połowie XIV w. przez króla Kazimierza Wielkiego w formie hali długości 100 m z rzędami sklepów po bokach.

102 Wielu członków polskich rodów królewskich – Piastów i Jagiellonów – łączyło się związkami małżeńskimi z rodami panującymi w państwach niemieckich. Barbara, córka Kazimierza Jagiellończyka, została żoną Jerzego Brodatego, księcia saskiego. Pomnik w Annabergu to grupa trzech orłów, z których jeden podtrzymuje herb Polski – orła Jagiellońskiego.

103 Wit Stwosz (1447-1533), urodzony w Horb nad Neckarem, przebywając w Krakowie w latach 1477-1496, wykazał najwyższy kunszt artystyczny. Wykonał tam zwłaszcza ogromny ołtarz główny w parafialnym Kościele Mariackim, ukończony w 1489 r. Od 1496 r. do końca życia przebywał w rodzinnej Bawarii, tworząc tam wraz z bratem Stanisławem rzeźby, ołtarze, obrazy. Twórczość okresu krakowskiego przewyższa jednak artystycznie późniejsze dokonania tego wielkiego mistrza.

104 Wit Stwosz po przeniesieniu się w 1496 r. z Krakowa do Norymbergi pracował tam głównie dla bogatego patrycjatu i duchowieństwa. Wtedy także tworzył w innych miastach: Schwazu, Münnerstadt i w Bambergu, gdzie w kościele parafialnym do dziś znajduje się ołtarz wyrzeźbiony przez artystę przedstawiający *Pozdrowienie Anielskie* i *Hołd Pasterzy*. W romańsko-gotyckiej katedrze w Bambergu wśród wspaniałych rzeźb jest również pomnik ku czci artysty.

105 König Sigmund I. beauftragte oft ausländische Meister. Der Altar in der Wawel-Kapelle ist ein Werk von drei Künstlern aus Nürnberg: M. Baier, Pankraz Labenwolf und Peter Flötner. An den Arbeiten beteiligte sich auch Hans Dürer, der Bruder von Albrecht Dürer, der sich damals am königlichen Hofe aufhielt.

106 Benedikt (15./16. Jh), zu Unrecht als „der aus Sandomir" genannt, war ein Deutscher. In Petrikau erbaute er einen originellen Turm-Palast (1511-1518). In den Jahren 1521-1526 überwachte er den Schloßbau in Sandomir an der Weichsel. Bis 1537 blieb er in Krakau und nahm am Bau der Burg und der Festungsmauer teil.

107 Als König Jan III. Sobieski in den Jahren 1677-1678 an der Ostsee weilte, ließ er direkt neben dem größten Gotteshaus, der Marienkirche in Danzig, eine Pfarrkirche für die katholische Bevölkerung der Stadt erbauen. Die königliche Kapelle entwarf im Auftrag des Monarchen der Danziger Baumeister B.Ranisch. Von dem König gefördert, baute er auch andere Kirchen in Danzig und der Umgebung dieser Stadt.

108 Die historische Straße in Warschau heißt die „Königliche Straße". Sie führt vom königlichen Schloß nach Belvedere. Deutsche Baumeister und Bildhauer aus Sachsen erbauten hier zusammen mit ihren polnischen Helfern Paläste, Gotteshäuser und Denkmäler. Besonders intensiv waren die Bauarbeiten im 18. Jahrhundert, in der Zeit der Union zwischen Polen und Sachsen unter König Stanisław August Poniatowski und am Anfang des 19. Jahrhunderts, schon nach dem Untergang des Freistaates Polen.

109 Johann Christian Schuch (1752-1813) war ein polonisierter Architekt und Gartenbaumeister aus Dresden. Seit 1781 Intendant der königlichen Gärten unter Stanisław August Poniatowski, legte er den Łazienki-Park an und entwarf

105 Król Zygmunt I często kierował zamówienia do mistrzów zagranicznych. Ołtarz w kaplicy na Wawelu jest efektem współpracy artystów z Norymbergi; byli to M. Baier, Pankraz Labenwolf i Peter Flötner. Współdziałał z nimi Hans Dürer – brat Albrechta – który przebywał wtedy na dworze królewskim.

106 Benedykt (XV/XVI w.), niesłusznie zwany Sandomierzaninem, był Niemcem. W Piotrkowie Trybunalskim wzniósł oryginalny pałac w formie wieży (1511-1518). W latach 1521-1526 nadzorował rozbudowę zamku w Sandomierzu nad Wisłą. Do 1537 r. przebywał w Krakowie, biorąc udział w budowie pałacu i obwarowań na Wawelu.

107 Król polski Jan III Sobieski przebywając w latach 1677-1678 na Wybrzeżu polecił wybudować kościół parafialny dla ludności katolickiej Gdańska – obok największego gdańskiego kościoła, Najświętszej Marii Panny. Kaplicę Królewską na zamówienie władcy wzniósł gdański budowniczy B. Ranisch. On także mając wsparcie króla budował inne kościoły w Gdańsku i okolicach.

108 Historyczny trakt w Warszawie to tzw. Trakt Królewski – od Zamku Królewskiego do Belwederu. Niemieccy architekci i rzeźbiarze z Saksonii wspólnie z Polakami wznosili tu pałace, świątynie i posągi. Było tak zwłaszcza w XVIII w. – w czasach unijnego państwa polsko-saskiego oraz za króla Stanisława Augusta Poniatowskiego i na początku XIX w., już po upadku Rzeczypospolitej.

109 Johann Christian Schuch (1752-1813) to architekt i ogrodnik niemieckiego pochodzenia przybyły z Drezna. Jako intendent ogrodów królewskich od 1781 r. za króla Stanisława Augusta Poniatowskiego założył Park Łazienkow-

dessen Umgebung, indem er sternförmige Plätze anlegte (heute u.a. Plac Unii Lubelskiej und Plac Zbawiciela). Schuch war auch Mitgestalter der Gärten in Wilanów und Mokotów (heute Stadtteile von Warschau); in Dęblin bei Warschau legte er für M.W. Mniszech einen englischen Garten an. Er starb 1813 in Warschau.

110 Der Baumeister Krzysztof Wilhelm Dürring kam 1805 aus Baden nach Polen. Die von ihm entworfenen Gebäude waren das ganze 19. Jahrhundert hindurch Vorbild für Handwerksbauten in Łódź. Die Baukomplexe waren sowohl Wohn- als auch Produktionstätten. Restbestände dieser Architektur sind bis heute im Stadtzentrum, in der Patrikauer Straße, erhalten geblieben.

111 Die Figur im Naumburger Dom stellt Regelinde (989-1014), Tochter des ersten Königs von Polen Bolesław Chrobry, dar. Um 1002 heiratete sie Hermann, seit 1009 Markgraf von Meißen. Es war die Zeit der deutsch-polnischen kriegerischen Auseinandersetzungen um die Lausitz.

112 Andreas Schlüter (1664-1714) schuf im Dienste der Machthaber von Polen, Preußen und Rußland wertvolle Bildhauereien und Architekturwerke: die Innenausstattung der königlichen Kapelle in Danzig, Palastskulpturen und Grabmale in Warschau und anderen Städten Polens, das Denkmal des großen Kurfürsten, den Zyklus *Sterbende Krieger* in Berlin und das große Palais bei St. Petersburg.

113 Matthäus Daniel Pöppelmann (1662-1736) war Hauptarchitekt des Königs August II. des Starken und Mitgestalter der sog. „Sächsischen Achse", eines bis heute erkennbaren architektonischen Plans der polnischen Hauptstadt. Im Dienste der polnischen Könige August II. des Starken und August III. stand auch sein Sohn Karl Friedrich Pöppelmann (1697-1750), seit 1724 in Warschau seßhaft. Er nahm am Bau und Ausbau zahlreicher Objekte in Warschau und anderen polnischen Städten teil.

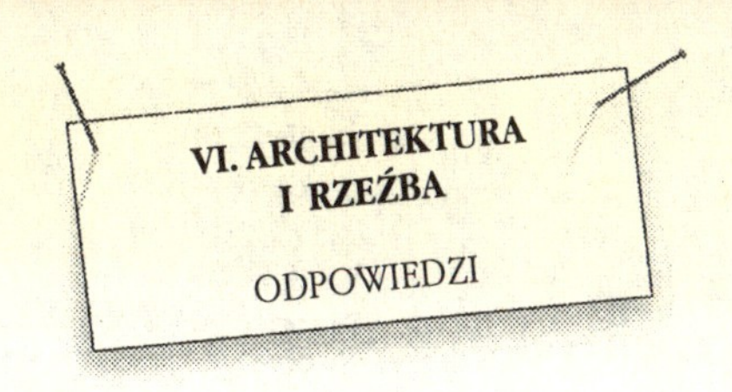

ski i rozplanował jego otoczenie, tworząc place gwiaździste (dziś m. in. Plac Unii Lubelskiej i Plac Zbawiciela). Schuch pracował także w ogrodach Wilanowa i Mokotowa (dziś dzielnice Warszawy), a w Dęblinie pod Warszawą urządził ogród angielski dla M. W. Mniszcha. Zmarł w Warszawie w 1813 r.

110 Budowniczy-architekt Krzysztof Wilhelm Dürring przybył z Badenii do Polski w 1805 r. Budynki jego projektu były wzorem budownictwa rzemieślniczego w Łodzi przez cały XIX w. Są to zespoły domów łączące funkcję mieszkalną i produkcyjną. Ich fragmenty zachowały się po dzień dzisiejszy w centrum Łodzi przy tzw. trakcie piotrkowskim.

111 Posąg w katedrze w Naumburgu to postać Regelindy (989-1014), córki pierwszego króla Polski Bolesława Chrobrego. Ok. 1002 r. poślubiła grafa Hermanna, który był margrabią Miśni od 1009 r., tj. w okresie polsko-niemieckich walk o Łużyce.

112 Andreas Schlüter (ok. 1660-1714), pracując u trzech władców (Polski, Prus i Rosji), stworzył cenne dzieła rzeźbiarskie i architektoniczne: dekoracje kaplicy królewskiej w Gdańsku, rzeźby pałacowe i nagrobki w Warszawie i innych miastach polskich, pomnik Wielkiego Elektora i cykl *Umierający wojownicy* w Berlinie oraz Pałac Wielki koło St. Petersburga.

113 Matthäus Daniel Pöppelmann (1662-1736) był głównym architektem Augusta II Mocnego, współtwórcą w Warszawie tzw. Osi Saskiej – trwałego do dziś założenia architektonicznego stolicy Polski. U królów polskich Augusta II Mocnego i Augusta III pracował także jego syn Carl Friedrich Pöppelmann (1697-1750), który osiadł w Warszawie w 1724 r. Uczestniczył w budowie wielu obiektów w Warszawie i innych miastach polskich.

114 Leiter der Bauarbeiten am „Sachsenpalais” war Jan Zygmunt Deybel (? - 1752). Außer dem Palais hat er auch die Kaserne im Warschauer Vorort Mirów und die Kasernen der königlichen Fußgarde (1742) entworfen. Bis 1736 arbeitete Deybel am Umbau von Palästen, u.a. in Puławy.

115 Das große Palais in Dresden erhielt Aleksander Lubomirski 1737 als Lohn für seinen ergebenen Dienst bei den polnischen Königen der sächsischen Dynastie. In den folgenden Jahren stand er in polnischen Diensten.

116 Jan Jerzy Plersch (1704-1774) war Bildhauer am Hofe des Königs August III. Er schuf zahlreiche Skulpturen, Grabmale, Denkmäler und Altäre in Warschau, u.a. Statuen für den Sächsischen Garten. Sein Sohn Jan Bogumił Plersch (1732-1817) war Hofmaler des letzten Königs von Polen, Stanisław August Poniatowski. Er schuf zahlreiche Palastdekorationen und viele religiöse und historische Gemälde.

117 Efraim Schroeger (1727-1783), hervorragender Baumeister der Aufklärungszeit, war deutscher Abstammung. Infolge seiner vierzig Lehr- und Arbeitsjahre in Polen, vor allem in Warschau, hat er sich polonisiert. In der polnischen Hauptstadt etablierte er den Bau von Mietshäusern als neuen Typ großstädtischer Architektur. Andere bekannte Werke von Schroeger sind z.B. die Frontfassade der Karmeliterkirche und das umgebaute Primas-Palais. Er hinterließ auch einige Bauten in Łowicz und Skierniewice.

118 Johann Ch. Kamsetzer (1753-1795) blieb nach 1773 in Polen. Einige seiner bekanntesten Werke sind die späte Innenausstattung des Łazienki-Palais, das Gartentheater im Łazienki-Park, die Paläste der Familien Raczyński und Tyszkiewicz, der Ausbau (mit Merlini) des königlichen Schlosses. Er ist im Jahre des Untergangs Polens in Warschau gestorben.

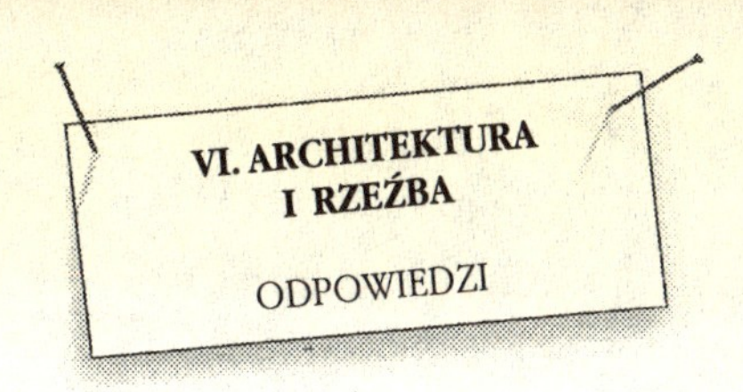

114 Budową pałacu Saskiego kierował Jan Zygmunt Deybel (?- 1752). Poza tym był budowniczym koszar na warszawskim Mirowie i koszar Gwardii Koronnej Pieszej (1742). Do 1736 r. Deybel pracował przy przebudowie pałaców, m. in. w Puławach.

115 Wielki pałac w Dreźnie otrzymał Aleksander Lubomirski w 1737 r. za służbę dla królów polskich z dynastii saskiej. Był u nich m. in. generałem kawalerii saskiej. Następnie pozostawał w służbie polskiej.

116 Jan Jerzy Plersch (1704-1774) był nadwornym rzeźbiarzem króla Augusta III. Wykonał liczne rzeźby, nagrobki, pomniki i ołtarze w Warszawie, m. in. posągi w Ogrodzie Saskim. Jego syn Jan Bogumił Plersch (1732-1817) był nadwornym malarzem ostatniego króla polskiego Stanisława Augusta Poniatowskiego. Wykonał wiele dekoracji w pałacach oraz obrazów religijnych i historycznych.

117 Efraim Schroeger (1727-1783), wybitny architekt okresu Oświecenia, był pochodzenia niemieckiego, przez 40 lat pracował w Polsce, szczególnie w Warszawie. W stolicy Polski zapoczątkował typ wielkomiejskiej kamienicy czynszowej. Inne znane dzieła Schroegera to fasada kościoła karmelitów i przebudowa pałacu Prymasowskiego. Pozostawił też prace w Łowiczu i Skierniewicach.

118 Jan Chrystian Kamsetzer (1753-1795) przebywał w Polsce od 1773 r. Jego ważniejsze dzieła to: teatr ogrodowy i późne wnętrza pałacu w Łazienkach, pałace Raczyńskich i Tyszkiewiczów, rozbudowa Zamku Królewskiego (z Merlinim). Umarł w Warszawie w roku upadku Rzeczypospolitej.

119 Zu den hervorragendsten Warschauer Baumeistern gehörte der 1756 nach Polen gekommene Szymon Bogumił Zug (1733-1807). Seit 1762 war er Konservator des Sächsischen Palastes, dann Baumeister des Fürsten Kazimierz Poniatowski. Neben architektonischen Werken entwarf er auch Gartenanlagen in Mokotów, Solec und Powązki in Warschau, sowie in Arkadia bei Łowicz.

120 Charakteristisches Beispiel der Industrie-Architektur ist die große, in den Jahren 1835-37 erbaute Baumwollspinnerei in Łódź, die sog. „weiße Fabrik", bis 1848 mehrmals ausgebaut. Dieser Bau galt als die vollkommenste Bauleistung jener Zeit in ganz Polen. Sein Entstehen hing mit dem starken Zustrom von Deutschen zusammen, die als „nützliche Ausländer" der Einladung der Regierung des Königreichs Polen Folge leisteten. Ergebnis der gemeinsamen Arbeit von Deutschen und Polen waren auch zahlreiche andere Industriebauten.

119 Do najwybitniejszych warszawskich architektów należał Szymon Bogumił Zug (1733-1807), który przybył do Polski w 1756 r. Od 1762 r. był konserwatorem Pałacu Saskiego, następnie budowniczym u księcia Kazimierza Poniatowskiego. Oprócz wielu obiektów architektonicznych wykonał także założenia ogrodowe w Warszawie na Mokotowie, Powązkach, Solcu i w Arkadii koło Łowicza.

120 Charakterystyczny obiekt architektury przemysłowej, zbudowany w Łodzi w latach 1835-1837 to wielka przędzalnia bawełny, tzw. biała fabryka, rozbudowywana do 1848 r. Obiekt był uznawany za największe osiągnięcie konstrukcyjne tego okresu na ziemiach polskich. Jego wzniesienie było efektem napływu Niemców, którzy korzystali z zaproszenia rządu Królewstwa Polskiego dla tzw. pożytecznych cudzoziemców. Dziełem wspólnej pracy Niemców i Polaków na ziemiach polskich było wiele innych obiektów przemysłowych.

121 Gottfried Wilhelm Leibniz (1646-1716) betonte mehrmals, seine Familie entstamme dem polnischen Wappengeschlecht Lubieniecki-Rola. Seine Vorfahren lebten jedoch seit drei Generationen in Sachsen und hielten sich für Deutsche. Dies unterstrichen sie auch mit der deutschen Schreibweise ihres Namens (Leibnitz).

122 Johann Gottfried Herder (1744-1803) hat mit seinen aufklärerischen Ideen deutsche Gelehrte und Kulturschaffende stark beeinflußt. Seine Schriften und sein Verhalten zeugen von seiner Zuneigung zu den Polen und anderen slawischen Völkern. Er machte besonders auf den Wert der volkstümlichen slawischen Dichtung aufmerksam.

123 Gotfryd Ernest Groddeck-Grodek (1762-1825) war Professor an der Universität Wilna, Begründer der klassischen Philologie als Forschungsdisziplin in Polen, Autor des ersten Lehrbuchs der griechischen Literaturgeschichte in Europa und Verfasser von wissenschaftlichen Abhandlungen zu verschiedenen Wissensgebieten. Er hat sich große Verdienste um die Entwicklung des Bibliothekswesens erworben (u.a. als Direktor der Büchereien in Wilna und Puławy).

124 Der Gründer der berühmten wissenschaftlichen Gesellschaft in Leipzig war Fürst Józef Aleksander Jabłonowski (1711-1777). Er war ein polnischer Historiker, Dichter und Übersetzer aus Wolhynien sowie Woiwode von Nowogród. Vom Kaiser Karl VII. erhielt er den Fürstentitel. In Leipzig blieb er bis 1768. Die nach seinem Namen benannte Gesellschaft schrieb noch nach dem ersten Weltkrieg Wettbewerbe mit polnischer Thematik aus. Einer der Preisträger (1922) war der berühmte Slawist Aleksander Brückner. Nach dem zweiten Weltkrieg wurde in der zerstörten Universitätsbibliothek das Archiv der „Societas Jablonoviana" gefunden. Die Gesellschaft ist noch heute tätig.

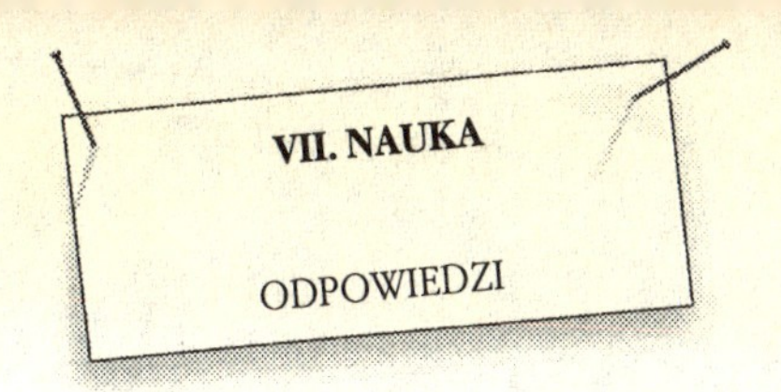

121 Gottfried Wilhelm Leibniz (1646-1716) wielokrotnie podkreślał, że jego ród wywodzi się od Lubienieckich herbu Rola z Polski. Jednakże jego przodkowie od trzech pokoleń zamieszkiwali w Saksonii i uważali się za Niemców, pisząc swe nazwisko „Leibnitz".

122 Johann Gottfried Herder (1744-1803) swoimi ideami oświeceniowymi wpływał na niemieckich uczonych i twórców kultury. Swoją twórczością i postawą kształtował życzliwy stosunek do Polaków i innych narodów słowiańskich. Podkreślał zwłaszcza wartości ludowej poezji Słowian.

123 Gotfryd Ernest Groddeck-Grodek (1762-1825) był profesorem Uniwersytetu Wileńskiego, twórcą naukowej filologii klasycznej w Polsce. Był także autorem podręcznika historii literatury greckiej i rozpraw naukowych z kilku dziedzin. Miał duże zasługi dla rozwoju bibliotekarstwa: prowadził biblioteki w Wilnie i Puławach.

124 Twórcą sławnego Towarzystwa Naukowego w Lipsku był książę Józef Aleksander Jabłonowski (1711-1777). Był to polski historyk, poeta, tłumacz z Wołynia, wojewoda nowogrodzki. Tytuł książęcy otrzymał od cesarza Karola VII. W Lipsku przebywał do 1768 r. Towarzystwo jego imienia ogłaszało konkursy, głównie o tematyce polskiej jeszcze po I wojnie światowej. W 1922 r. jedną z nagród otrzymał słynny slawista Aleksander Brückner. Po 1945 r. odnaleziono archiwum Towarzystwa „Societas Jablonoviana" w zburzonym gmachu biblioteki uniwersyteckiej. Towarzystwo działa do chwili obecnej.

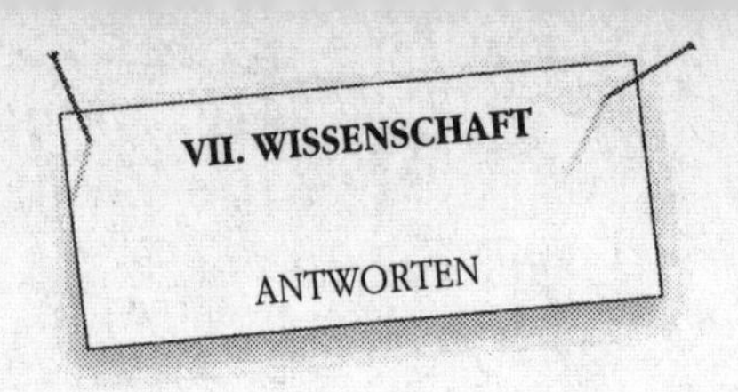

125 Joachim Lelewel (1786-1861) hieß eigentlich Loelhoeffel de Loevensprung und hatte deutsche Ahnen (seine Großeltern hatten sich bei Königsberg niedergelassen und waren Deutsche). Dieser polnische Gelehrte von großem Format, Historiker und Patriot, Erzieher von Adam Mickiewicz, stand nach dem Scheitern des November-Aufstandes von 1830/31 an der Spitze des Polnischen Nationalkomitees in Paris. Er pflegte Kontakte zu deutschen Dichtern und demokratisch gesinnten politischen Aktivisten, die die polnischen Freiheitskämpfe unterstützten. Ausdruck seines allgemeinen Ansehens waren Feierlichkeiten, die nach seinem Tod sowohl in katholischen und protestantischen Kirchen als auch in jüdischen Synagogen stattgefunden haben.

126 Friedrich Nietzsche (1844-1900) behauptete, der polnischen Adelsf Familie von Nicki entsprossen zu sein, obwohl seine Mutter eine geborene Deutsche (Oehler) war. Sein Polentum unterstrich Nietzsche u.a. mit seiner Verehrung für die Musik von Chopin. Von den slawischen Völkern waren ihm die Polen wegen ihrer Begabung und Tapferkeit weitaus am liebsten; genauso übertrieben sah er ihren Beitrag zur Entwicklung der deutschen Kultur.

127 Jan Mikulicz-Radecki (1850-1905) war ein berühmter Chirurg und Professor an den deutschen Universitäten in Krakau, Königsberg und Breslau. Als erster führte er Operationen am geöffneten Brustkorb durch. Er war auch Inhaber einer überaus modern eingerichteten Privatklinik in Breslau.

128 Der berühmte polnische Slawist, der in Deutschland wissenschaftliche Karriere machte, hieß Aleksander Brückner (1856-1939). In Tarnopol, dem polnischen Ostgebiet, geboren, studierte er in Leipzig und Berlin. In den Jahren 1881-1924 arbeitete er als Professor der Slawistik an der Friedrich-Wilhelm-Universität in Berlin. Mit seinen For-

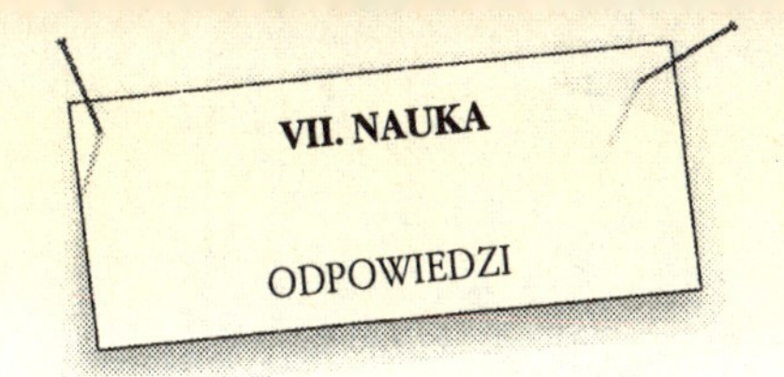

125 Joachim Lelewel (1786-1861), właściwie Loelhoeffel de Loevensprung, miał niemieckich przodków (jego dziadkowie osiedleni pod Królewcem byli Niemcami). Ten wybitny polski uczony, historyk i działacz patriotyczny, nauczyciel Adama Mickiewicza, po powstaniu 1830/31 stał na czele Komitetu Narodowego Polskiego w Paryżu. Miał powiązania z niemieckimi twórcami i działaczami demokratycznymi, którzy popierali polskie walki o niepodległość. O powszechnym szacunku dla tego humanisty świadczy fakt, że uroczyste nabożeństwa po jego śmierci odprawiano w świątyniach katolickich, protestanckich i w żydowskich synagogach.

126 Niemiecki filozof Friedrich Wilhelm Nietzsche (1844-1900) twierdził, że wywodzi się z polskiej rodziny szlacheckiej Nickich, chociaż matka pochodziła z niemieckiej rodziny Oehler. Swoją polskość Nietzsche podkreślał m. in. wyrażając uwielbienie dla muzyki Chopina. Wśród Słowian przesadnie wyróżniał Polaków za ich zdolności i dzielność, a także wpływ na rozwój kultury w Niemczech.

127 Jan Mikulicz-Radecki (1850-1905) to sławny lekarz chirurg, profesor na niemieckich uniwersytetach w Krakowie, Królewcu i Wrocławiu. Wykonywał pierwsze na świecie operacje na otwartej klatce piersiowej. Był właścicielem najnowocześniej urządzonej prywatnej kliniki we Wrocławiu.

128 Sławny polski slawista robiący karierę naukową w Niemczech to Aleksander Brückner (1856-1939). Urodzony w Tarnopolu na polskich kresach wschodnich, studiował w Lipsku i w Berlinie. W latach 1881-1924 był profesorem slawistyki na Uniwersytecie Fryderyka Wilhelma w Berlinie. Poprzez swoje badania i publikacje

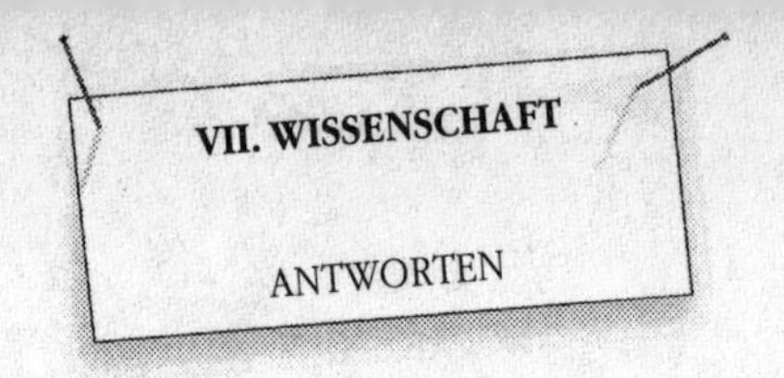

schungen und Publikationen bewies er die Bedeutung der polnischen Kultur für andere slawische Völker. Im Druck sind ungefähr 1600 seiner wissenschaftlichen Abhandlungen erschienen.

129 Der Vater von Henryk B. Arctowski, Karl Artzt, entstammte einer im 17. Jahrhundert nach Polen gekommenen württembergischen Familie. In Polen ist Arctowski als einer der berühmtesten Reiseforscher und Eroberer der Antarktis bekannt. Er war wissenschaftlicher Leiter der durch den Deutschen Gerlach 1896 vorbereiteten Forschungsexpedition in die Antarktis. Die Expedition hat dort als erste überwintert, war zwei Jahre im Eis eingeschlossen und ist dann zum offenen Meer vorgedrungen. Arctowski ist in Nordamerika gestorben, aber seinem letzten Wunsch entsprechend in Warschau beigesetzt worden.

130 Samuel Suchodolski-Suchodolec, als Arianer aus Polen vertrieben, kam 1672 nach Preußen. Er war Mathematiker, Militäringenieur und Hofkartograph bei dem Kurfürsten von Brandenburg. Er hinterließ über 300 kartographische Arbeiten, darunter eine topographische Landkarte eines Teils von Brandenburg.

131 Wawrzyniec Mitzler de Kolof war ein universaler Gelehrter und Praktiker, Hofarzt des Königs Stanisław August Poniatowski, Historiker, Verleger und Drucker. In der Hauptstadt Polens gab er die „Warschauer Bibliothek" und andere wissenschaftliche Zeitschriften heraus und gründete eine Buchdruckerei. De Kolof war ein großer Liebhaber der polnischen Sprache und Literatur und förderte sie mit seinen Forschungsarbeiten.

132 Michael Gröll (1722-1798), zuerst Leiter einer Buchhandlung in Dresden, wurde in Polen zum berühmtesten Verleger und Buchhändler der zweiten Hälfte des 19. Jahrhunderts. Er erhielt vom König u.a. das Privileg, als einziger Verleger viele polnische und fremde Werke druken

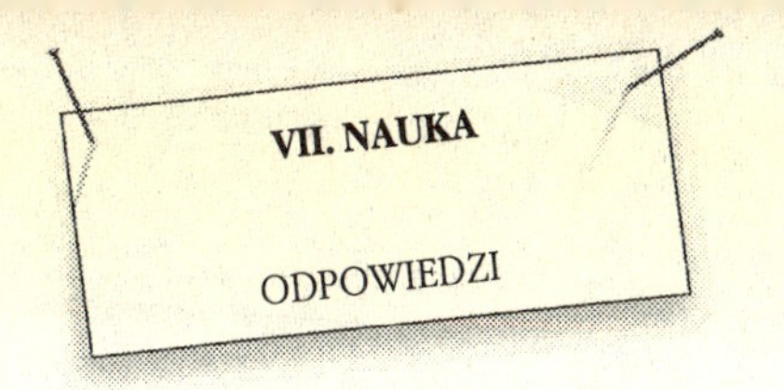

wykazywał znaczenie kultury polskiej dla narodów słowiańskich. Wydał ok. 1600 prac naukowych.

129 Ojciec Henryka B. Arctowskiego Karol Artzt pochodził z rodziny niemieckiej przybyłej w XVII w. do Polski z Wirtembergii. W Polsce Arctowski zaliczany jest do najsławniejszych podróżników, zdobywców Antarktydy. On właśnie był kierownikiem naukowym wyprawy Niemca Karla Gerlacha na ten kontynent w 1896 r. Ekspedycja jako pierwsza spędziła zimę na Antarktydzie, a po dwóch latach uwięzienia w lodach wydostała się na morze. Arctowski, który zmarł w Ameryce Północnej, zgodnie ze swoją wolą został pochowany w Warszawie.

130 Samuel Suchodolski-Suchodolec (1649-1724), wypędzony jako arianin z ziem polskich, udał się do Prus w 1672 r. Był matematykiem, inżynierem wojskowości i nadwornym kartografem u elektora brandenburskiego. Pozostawił ponad 300 prac kartograficznych, w tym mapę topograficzną części Brandenburgii.

131 Wawrzyniec Mitzler de Kolof (1711-1778), był wszechstronnym uczonym praktykiem, lekarzem króla Stanisława Augusta Poniatowskiego, historykiem, wydawcą, drukarzem. Wydawał w stolicy Polski „Warschauer Bibliothek" i inne czasopisma naukowe. Założył oficynę wydawniczą. Mitzler de Kolof był wielkim miłośnikiem języka polskiego i literatury polskiej, do której rozwoju przyczynił się swoją pracą badawczą.

132 Michał Gröll (1722-1798), który najpierw prowadził księgarnię w Dreźnie, na ziemiach polskich był najwybitniejszym wydawcą i księgarzem w 2. połowie XIX w. Otrzymał m. in. przywilej królewski na wyłączność druku wielu dzieł polskich i obcych. Wydawał tak ważne

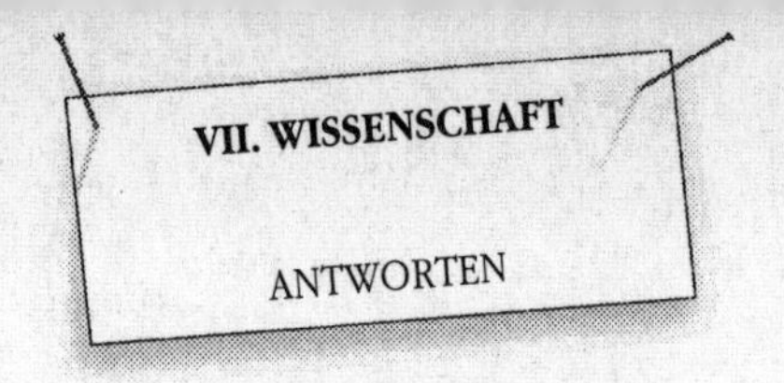

zu dürfen. Er gab u.a. für das politische und kulturelle Leben der polnischen Nation so wichtige Schriften wie die Verfassung vom 3. Mai und die Lehrbücher der Nationalen Bildungskommission heraus.

133 Karol Ferdynand Gräfe (1787-1840), berühmter Chirurg, Augenarzt, Universitätsprofessor und Direktor der Chirurgischen Klinik in Berlin, entwarf viele neue Instrumente auf dem Gebiet der Augenchirurgie und war Hofarzt des preußischen Königs und Oberstabsarzt der preußischen Armee.

134 Philip Neriusz Walter (1810-1847) war Sohn eines gebürtigen Deutschen aus Krakau; obwohl er nicht einmal gut Polnisch sprach, erwies er sich während des Aufstandes von 1830/31 als echter polnischer Patriot. Nach dem Studium an der Jagiellonen-Universität promovierte er in Berlin und arbeitete dann in Paris mit Joseph Louis Gay-Lussac und Jean Dumas zusammen. Im Alter von 26 Jahren wurde er durch die französische Regierung zum Direktor der Schule für Kunst und Handwerk ernannt. Er machte viele Entdeckungen im Bereich der organischen Chemie, gab einige Dutzend innovatorischer Studien heraus, benannte viele chemische Elemente und bewies die pflanzliche Herkunft des Erdöls. In Anerkennung seiner Verdienste verlieh ihm die französische Regierung das Kreuz der Ehrenlegion.

135 Jan Stanisław Kubary (1846-1896) war ein bekannter Ethnograph. Seit 1869 erforschte er die ozeanischen Inseln und schickte von dort aus viele ethnographische und botanische Prachtstücke vorwiegend nach Deutschland. Bis heute befinden sich manche von ihnen in den Sammlungen deutscher Museen. Die Forschungsergebnisse von Kubary wurden in polnischen und deutschen Zeitschriften beschrieben.

136 Jan Dzierżon (1811-1906), katholischer Priester aus Oppeln, hat viel zur Entwicklung der Bienenzucht bei-

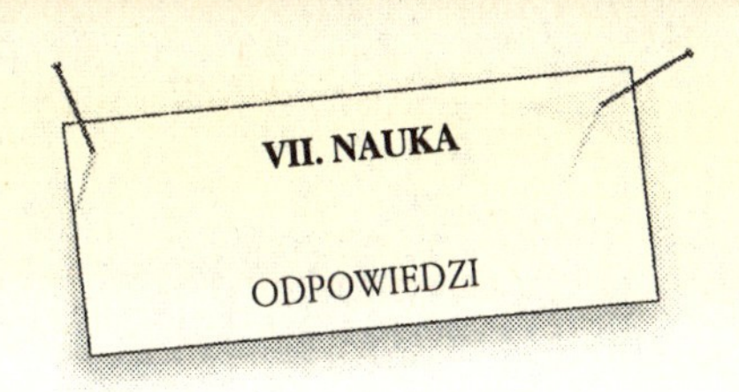

w życiu politycznym i kulturalnym narodu polskiego druki, jak Konstytucja 3 Maja i podręczniki Komisji Edukacji Narodowej.

133 Karol Ferdynard Gräfe (1787-1840) był sławnym lekarzem chirurgiem, okulistą, profesorem Uniwersytetu i dyrektorem Kliniki Chirurgicznej w Berlinie, wynalazcą narzędzia do operacji oczu. Był nadwornym lekarzem króla pruskiego i naczelnym lekarzem sztabu armii pruskiej.

134 Filip Neriusz Walter (1810-1847) był synem rodowitego Niemca z Krakowa, który nawet nie znając dobrze języka polskiego okazał się jednak polskim patriotą, pomagającym w powstaniu 1830/31 Filip Walter po skończeniu Uniwersytetu Jagiellońskiego uzyskał tytuł doktora nauk w Berlinie, a następnie w Paryżu współpracował ze sławnymi uczonymi Josephem Louisem Gay-Lussac i Jeanem Dumasem. W wieku 26 lat mianowany został przez rząd francuski na dyrektora Szkoły Centralnej Sztuk i Rękodzieł. Dokonał wielu okryć w dziedzinie chemii organicznej, wydał kilkadziesiąt nowatorskich prac, nadał nazwy wielu pierwiastkom chemicznym, stwierdził roślinne pochodzenie ropy naftowej. Rząd francuski w uznaniu zasług nadał mu Krzyż Legii Honorowej.

135 Jan Stanisław Kubary (1846-1896) był znanym etnografem. Od 1869 r. przebywał na wyspach Oceanii, skąd przesyłał okazy przyrodnicze i etnograficzne przede wszystkim do Niemiec. Do dziś wiele z nich znajduje się w muzeach niemieckich. Prace naukowe Kubary'ego były publikowane w czasopismach polskich i niemieckich.

136 Jan Dzierżon (1811-1906), ksiądz katolicki z Opolszczyzny ma wielkie zasługi dla rozwoju pszczelarstwa. Od-

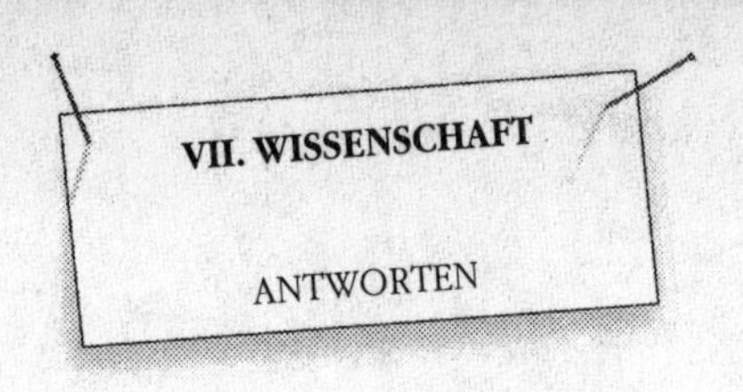

getragen. Er entdeckte die Parthenogenese bei den Bienen; seine These wurde dann durch andere Forscher bestätigt. Er gab die Broschüre „Der Bienenfreund aus Schlesien" heraus. Seit 1860 war er Mitglied der Jenaer Akademie für Naturwissenschaften, 1872 Ehrendoktor der Universität in München. Mitglied wissenschaftlicher Landwirtschaftsgesellschaften in Krakau und Lemberg, mit hessischen, österreichischen, preußischen, russischen und schwedischen Orden ausgezeichnet. Um ihn zu ehren, haben Polen nach 1945 eine der schlesischen Städte „Dzierżoniów" genannt.

137 Edward Adolf Strasburger (1844-1912), in Warschau geboren, begann hier sein Studium, das er dann an einigen deutschen Hochschulen fortsetzte. 1867-69 Dozent an der Warschauer Haupthochschule. Nachdem er 1869 Leiter des Lehrstuhls für Botanik in Jena, dann Rektor in Bonn geworden war, hat er sich restlos der deutschen Wissenschaft verschrieben. Trotzdem pflegte er seine Kontakte zu Polen und publizierte auch hier. Autor von vielen anerkannten, stets neuaufgelegten Studien.

138 Wojciech Adalbert-Kętrzyński(1838-1918), geboren in Lyck, Gelehrter, Historiker, Ethnograph und Herausgeber. Sein Vater hieß von Winkler-Kętrzyński, die Mutter war eine geborene Deutsche (Rabe). Dem Kind Kętrzyński waren sowohl die polnische Sprache als auch der katholische Glaube völlig fremd. Erst während seiner Studienzeit in Königsberg lernte er Polen und die polnische Literatur kennen und fühlte sich seitdem dem Polentum tief verbunden. Teilnehmer des Januar-Aufstandes von 1864. Mit der Zeit wurde er zum bedeutendsten Kenner der Geschichte von Ermland und Masuren. Direktor der Lemberger Ossoliński-Bücherei. In Anerkennung seiner Verdienste haben Polen die Stadt Rastenbork zu „Kętrzyn" umbenannt.

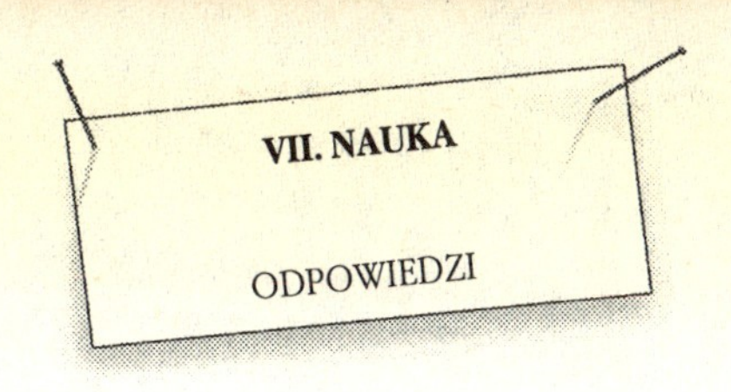

krył dzieworództwo u pszczół, co później potwierdziły inne badania. Wydawał pismo „Der Bienenfreund aus Schlesien". W 1860 r. został członkiem Akademii Przyrodniczej w Jenie, w 1872 r. otrzymał doktorat honoris causa Uniwersytetu Monachijskiego. Był członkiem rolniczych towarzystw naukowych w Krakowie i we Lwowie. Otrzymał liczne ordery: heski, austriacki, pruski, rosyjski i szwedzki. Dla uczczenia jego pamięci jednemu z miast śląskich Polacy nadali po 1945 r. nazwę Dzierżoniów.

137 Edward Adolf Strasburger (1844-1912), urodzony w Warszawie, tam też rozpoczął studia, które kontynuował w kilku uczelniach niemieckich. W latach 1867-1869 był docentem Szkoły Głównej Warszawskiej. W 1869 r. objął katedrę botaniki w Jenie, potem był rektorem w Bonn i na stałe związał się z nauką niemiecką. Utrzymywał jednak stały kontakt z Polską i publikował w czasopismach polskich. Wydał wiele prac, cenionych i wznawianych do dziś.

138 Wojciech (Adalbert) Kętrzyński (1838-1918), urodzony w Ełku, był uczonym, historykiem, etnografem i wydawcą. Jego ojciec nazywał się von Winkler-Kętrzyński, a matka była Niemką (z d. Rabe). Wojciech Kętrzyński w dzieciństwie nie znał języka polskiego ani religii katolickiej. Na studiach w Królewcu poznał Polaków i literaturę polską. Odtąd na stałe czuł się związany z kulturą polską. Uczestniczył w powstaniu styczniowym 1864 r. Stał się największym badaczem historii Warmii i Mazur. Był dyrektorem Biblioteki Ossolińskich we Lwowie. Uznając jego zasługi Polacy nadali miastu Rastenbork nazwę Kętrzyn.

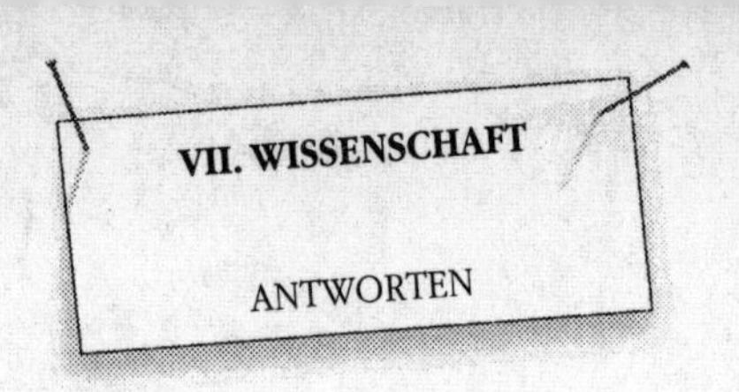

139 Leon Lichtenstein (1878-1933) war ein in Warschau geborener Pole, dessen wissenschaftliche Karriere als Mathematikprofessor mit den Universitäten Berlin, Leipzig und Münster verbunden war. Sein anderes Fachgebiet war die Hydrodynamik. Er publizierte hauptsächlich in deutscher Sprache, pflegte jedoch als Mitglied der Polnischen Akademie der Wissenschaften Kontakte zu polnischen Gelehrten.

140 Die Europäische Viadrina–Universität, deren Name von der lateinischen Bezeichnung des Oder-Flusses abgeleitet wurde, hat in Frankfurt an der Oder ihren Sitz. Sie ist auf Initiative der politischen Behörden und der wissenschaftlichen Kreise des Landes Brandenburg, dank der Unterstützung des polnischen und deutschen Ministeriums für das Bildungswesen und unter Beteiligung wissenschaftlicher Mitarbeiter der Mickiewicz-Universität in Posen entstanden. Die Hochschule soll Deutschland, Polen und andere Länder Europas integrieren – deshalb sind sowohl ihre Studenten als auch die wissenschaftlichen Mitarbeiter internationaler Abstammung. Die Europäische Universität nahm ihre Tätigkeit 1992 auf. Hier studieren bereits ca. 1000 Studenten, zum größten Teil Deutsche und Polen, aber auch andere Europäer, sowie einige Japaner. In Zukunft soll es optimalerweise 5000 Studierende geben. Zu diesem Zweck wird zur Zeit u.a. das Collegium Polonicum mit einem Campus in Słubice gebaut.

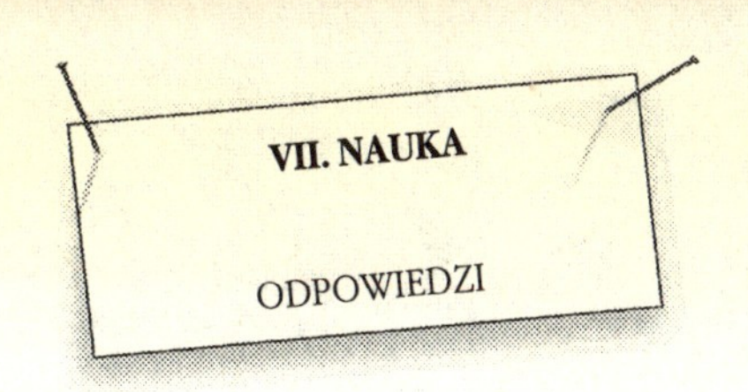

139 Leon Lichtenstein (1878-1938), był Polakiem, urodził się w Warszawie, ale jego kariera naukowa profesora matematyki związana była z Berlinem, Lipskiem i Münster. Zajmował się również hydrodynamiką. Prace naukowe pisał przede wszystkim po niemiecku, ale utrzymywał kontakty z nauką polską – był członkiem Polskiej Akademii Umiejętności.

140 Uniwersytet Europejski „Viadrina" (od łacińskiej nazwy rzeki Odry) został utworzony we Frankfurcie nad Odrą. Stało się to z inicjatywy władz i środowisk naukowych Brandenburgii, popartej przez ministerstwa oświaty Polski i Niemiec oraz z Uniwersytet im. Adama Mickiewicza w Poznaniu. Ma to być uczelnia integrująca Niemcy i Polskę oraz inne kraje europejskie. Dlatego nie tylko studenci, ale i kadra naukowa pochodzą z różnych krajów. Uniwersytet Europejski rozpoczął działalność w 1992 r. Uczy się tam już około 1000 studentów, przeważnie z Niemiec i Polski oraz z innych krajów europejskich, a także z Japonii. Przewiduje się, że po rozbudowie na „Viadrinie" będzie studiowało 5000 osób. W tym celu powstaje m. in. Collegium Polonicum z miasteczkiem akademickim w Słubicach.

141 Das Rechts- und Organisationsmuster für die nicht nur im deutschen Reich, sondern auch auf polnischem Gebiet gegründeten Städte wurde nach der Stadt Magdeburg benannt. Es hieß das Deutsche oder Magdeburger Recht (Das sächsische Weichbild, Ius municipale magdeburgense). Im 13. Jahrhundert erhielten u.a. Breslau, Krakau, Środa Śląska (Neumarkt in Schlesien) und Chełmno dieses Stadtrecht. (Nach den zwei letzten Städten wurden dann spätere Anlehnungsrechte benannt). Seit dem 16. Jahrhundert galt das Magdeburger Recht als Synonym für das polnische Stadtrecht.

142 Diese ungewöhnliche, supranationale Organisation war die seit dem 13. Jahrhundert bestehende Hanse mit Sitz in Lübeck. Als Handels- und politische Macht hat sie insbesondere im 14. und 15. Jahrhundert in der Geschichte Europas eine sehr wichtige Rolle gespielt. Zu ihren Mitgliedern zählten u.a. Danzig, Thorn, Stettin, Rostock, Köln, Dortmund, Duisburg. Wegen der wirtschaftlichen Vorteile traten dann u.a. auch Berlin, Breslau, Krakau sowie zahlreiche Städte anderer Länder bei.

143 Die „Bambers" waren die in der ersten Hälfte des 17. Jahrhunderts aus der Gegend um Bamberg nach Polen, insbesondere in die Dörfer des Kreises Posen, kommenden Ansiedler. Unter der polnischen nationalen Mehrheit lebend, haben sie sich vor allem dank der Mittlerschaft von Schulen und Kirchen polonisiert. Unter der Regierung von Bismarck lehnten sie sich, mit Polen vereint, gegen die preußische Germanisierungspolitik auf.

144 Ludwik Geyer (1805-1869) kam im Jahre 1828 aus Sachsen nach Polen. In den Jahren 1835-1837 baute er in Łódź die im ganzen Königreich Polen berühmt gewordene Baumwollspinnerei, die sog. „Weiße Fabrik", die dann bis 1848 weiter ausgebaut wurde. Wie viele andere deutsche Einwande-

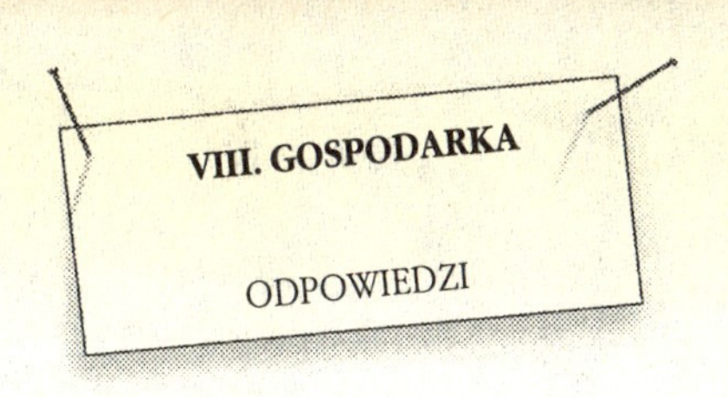

141 Od Magdeburga wziął nazwę wzorzec prawno-organizacyjny dla miast lokowanych nie tylko w Niemczech, ale także na ziemiach polskich. Było to tzw. prawo niemieckie lub magdeburskie (Das sächsische Weichbild, Ius municipale magdeburgense). W XIII w. prawo to otrzymały m. in. Wrocław i Kraków, a także Środa Śląska i Chełmno, od których nazwę wzięły prawa lokacyjne średzkie i chełmińskie. Od XVI w. prawo magdeburskie było synonimem polskiego prawa miejskiego.

142 Niezwykłą, ponadnarodową organizacją od XIII w. była Hanza z centrum w Lubece. Odegrała ona zwłaszcza w XIII i XIV w. ważną rolę w historii Europy jako potęga handlowa i polityczna. W jej skład wchodziły m. in. Gdańsk, Toruń, Szczecin, Rostock. Kolonia, Dortmund, Duisburg i inne. Korzyści materialne przyciągały do Hanzy Berlin, Wrocław, Kraków, a także wiele miast spoza Polski i Niemiec.

143 „Bambrowie" to koloniści sprowadzeni w 1. połowie XVII w. z okolic Bamberga do Polski, zwłaszcza do wsi koło Poznania. Żyjąc wśród większości polskiej spolonizowali się, głównie przez oddziaływanie szkół i kościołów. W czasach Bismarcka ci niemieccy przybysze występowali już wspólnie z Polakami przeciw pruskiej polityce germanizacyjnej.

144 Ludwik Geyer (1805-1869), przybył na ziemie polskie z Saksonii w 1828 r. W latach 1835-1837 w Łodzi zbudował, a do 1848 r. rozbudował przedzalnię bawełny tzw. białą fabrykę. Korzystał, podobnie jak wielu innych imigrantów z ziem niemieckich, z dogodnych pożyczek, pla-

rer machte er Gebrauch von günstigen Anleihen, Grundstücken, Bauholz und Steuererleichterungen, die den sog. „nützlichen Ausländern" von den polnischen Behörden gewährt wurden. Die Geyers gehörten fast hundert Jahre lang zu den vermögendsten Familien der Stadt Łódź.

145 Der in Polen berühmteste Produzent von Schokolade und Zuckerwaren war die Familie Wedel. Karl Wedel kam um die Mitte des 19. Jahrhunderts aus Mecklenburg nach Warschau, wo er eine Zuckerbäckerei eröffnete. Seine Nachfolger bauten das Werk – später zusammen mit Whitehead – weiter aus; fast hundert Jahre lang galt es als die größte Konditor-Firma in Polen. Während des 2. Weltkriegs organisierte die Fabrik Hilfsaktionen für Polen und Juden. Selbst seine größten Feinde nannten Wedel einen „Kapitalisten mit menschlichem Antlitz".

146 Karl Scheibler kam aus Deutschland in das sog. Kongreß-Polen; dank den damals üblichen Vergünstigungen baute er in Łódź mächtige Baumwollwerke auf. Schon 1854 entstand eine Spinnerei von 200 m Länge; 1873 verfügte Scheibler über 70 Tausend Spindeln und 1200 mechanische Webstühle. Sein Besitz umfaßte 500 Hektar Industriegelände mit eigenen Straßen, Parkanlagen und Arbeitersiedlungen. Als Aktiengesellschaft existierte die Firma Scheibler bis zum 2. Weltkrieg.

147 Den größten Anteil an der Entwicklung der deutschen Industrie hatten polnische Arbeiter in Westfalen und im Rheinland. Am Anfang des 20. Jahrhunderts waren dort etwa 400-500 Tausend Polen tätig. „Der großartige Aufschwung der Industrie war dank der Einwanderung von Polen möglich" – schreibt der deutsche Historiker A. Dix.

148 Das größte Ballungsgebiet der polnischen Bevölkerung in Deutschland am Ende des 19. Jahrhunderts war Berlin. In der Stadt lebten sechzigtausend, am Anfang des 20. Jahrhunderts dann etwa hunderttausend Polen und Men-

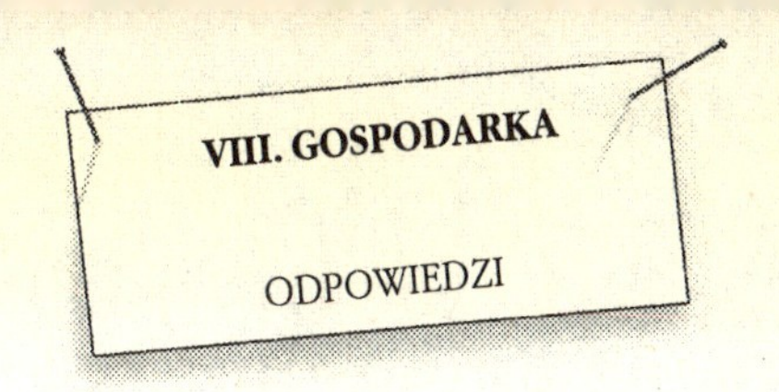

ców, drewna, a także z ulg podatkowych udzielanych przez władze Królestwa tzw. pożytecznym cudzoziemcom. Ród Geyerów należał przez prawie 100 lat do najbogatszych w Łodzi.

145 Najsławniejszy w Polsce ród cukierników, producentów czekolady, to Wedlowie. Karl Wedel przybył w połowie XIX w. z Meklemburgii i założył zakład cukierniczy w Warszawie. Jego potomkowie stworzyli – w późniejszym okresie wspólnie z Whiteheadem – zakłady, największe w Polsce przez prawie 100 lat. W czasie II wojny światowej fabryka udzielała pomocy Polakom i Żydom. Nawet przeciwnicy nazywali Wedla kapitalistą z ludzkim obliczem.

146 Karol Scheibler przybył z Niemiec do Królestwa Kongresowego i korzystając ze stworzonych udogodnień rozbudował w Łodzi wielkie zakłady wyrobów bawełnianych. Już w 1854 r. powstała przędzalnia długości 200 m. W 1873 r. fabrykant posiadał 70 tys. wrzecion i 1200 krosien mechanicznych. Jego posiadłości przemysłowe zajmowały 500 ha, z własnymi ulicami, parkami, osiedlami robotniczymi. W spółkach firma Scheiblera istniała do II wojny światowej.

147 Największy wkład mają polscy robotnicy w rozwój przemysłu Westfalii i Nadrenii. Na początku XX w. mieszkało tam 400-500 tys. Polaków. „Wspaniały rozkwit przemysłu był możliwy dzięki imigracji Polaków" – pisze niemiecki historyk A. Dix.

148 Największym miejskim skupiskiem Polaków na terenie Niemiec pod koniec XIX w. był Berlin. Mieszkało tam ok. 60 tys. Polaków, a na początku XX w. ok. 100 tys. Polaków i osób polskiego pochodzenia. Działały wtedy

schen polnischer Abstammung. Zu dieser Zeit waren in Berlin polnische Berufsorganisationen, Musik-, Sport- und politische Vereine, Frauen- und katholische Organisationen tätig, sowie Schul- und akademische Vereine.

149 Als die wirtschaftliche Lage Polens in den Jahren 1981-82 besonders schlecht war, organisierten verschiedene Laien- und Kircheninstitutionen Spendenaktionen für Polen. Die Spenden wurden dann mit eigenen Transportern oder per Post nach Polen geschickt. Auch Privatpersonen haben sich der Aktion angeschlossen. Insgesamt wurden einige Millionen Pakete gesandt.

150 Die unterzeichnete Verständigung betrifft die Raumordnung der anden beiden Seiten der Oder und Neiße liegenden Gebiete. Sie wurde in den letzten Jahren von Firmen in Essen und in Warschau entworfen. Der Plan widmet sich insbesondere der Entwicklung des Fremdenverkehrs in Westpommern und in Mecklenburg sowie der Bewirtschaftung der Gebiete entlang der Hauptverkehrswege. Hilfe bei der Ausführung dieses Programms boten auch die Behörden der Europäischen Union an.

151 Jost Ludwik Decjusz-Dietz (um 1485-1549) war nicht nur Historiker, sondern auch ein hervorragender Ökonom, Sekretär des Königs Sigmund I. des Alten und Verwalter von Münzstätten. Sein Münzsystem galt auf dem gesamten polnischen Gebiet: Goldmünzen wurden in Umlauf gesetzt und 1528 eine Währungsunion mit Preußen abgeschlossen.

152 Jan Ernest Gockowski (1710-1775) verbrachte seine Jugendjahre in Dresden. In Berlin machte er als Manufakturbesitzer große Karriere. Dank der Heirat mit der Tochter des reichen Industriellen K. F. Blume kam er zu großem Vermögen. Er sammelte leidenschaftlich Kunstwerke, die dann – durch die Zarin Katharina beschlagnahmt – den Keim der Eremitage-Sammlung bilden sollten. Als Berlin

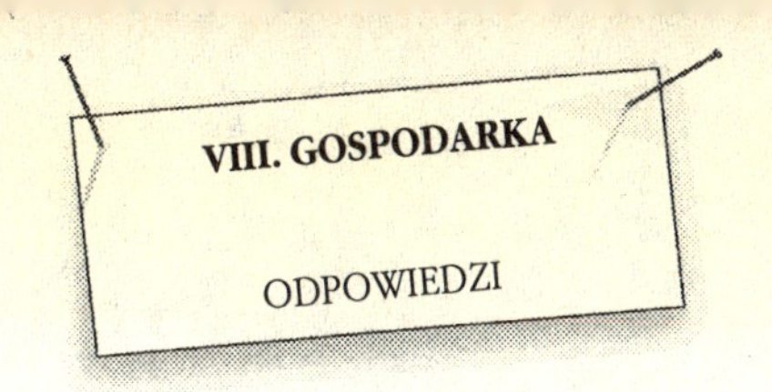

w Berlinie polskie zrzeszenia zawodowe i rzemieślnicze, śpiewacze, polityczne, sportowe, polsko-katolickie, kobiece, akademickie i szkolne.

149 Gdy sytuacja gospodarcza Polski w latach 1981-1982 była szczególnie trudna, różne organizacje niemieckie świeckie i kościelne prowadziły akcję zbiórki i wysyłania darów dla narodu polskiego. Pomocy udzielali również Niemcy prywatnie. Ogółem przesłano kilka milionów paczek.

150 Podpisane porozumienie dotyczy zagospodarowania przestrzennego obszarów położonych po obydwu stronach Odry i Nysy Łużyckiej. Dokument został opracowany w ciągu ostatnich trzech lat przez firmy w Essen i Warszawie. Program szczególnie dużo miejsca poświęca rozwojowi turystyki na Pomorzu Zachodnim i w Meklemurgii oraz zagospodarowaniu terenów wzdłuż głównych szlaków komunikacyjnych. Pomoc w realizaji tego programu zaoferowały także władze Unii Europejskiej.

151 Jost Ludwik Decjusz-Dietz (ok. 1485-1549) był nie tylko historykiem, ale również wybitnym ekonomistą, sekretarzem króla Zygmunta I Starego i zarządcą mennic. Jego system menniczy został przyjęty na ziemiach polskich – wprowadzono wtedy monetę złotą i zawarto w 1528 r. unię monetarną między Rzeczpospolitą i Prusami.

152 Jan Ernest Gockowski (1710-1775) spędził młodość w Dreźnie, a największą karierę zrobił w Berlinie, gdzie był właścicielem manufaktur. Wzbogacił się bardzo po zawarciu związku małżeńskiego z córką bogatego przemysłowca K. F. Blumego. Kolekcjonował dzieła sztuki, które po przejęciu przez carycę Katarzynę zapoczątkowały zbiory Ermitażu. Gdy w 1759 r. Rosjanie zajęli Ber-

1759 durch die Russen besetzt wurde, opferte Gockowski sein Vermögen, um die Stadt zu retten und der Bevölkerung zu helfen. Seine Opferbereitschaft brachte ihm allgemeine Anerkennung ein.

153 Die Behörden des sog. Kongreß-Polen schufen für die einwandernden sog. „nützlichen Ausländern", d.h. Fachleuten auf vielerlei Gebieten, sehr günstige Bedingungen. Sie sollten zur Entwicklung von Handwerk und Industrie beitragen – deswegen erhielten sie Anleihen, Grundstücke und Handelserleichterungen. Ein Fürsprecher dieser Protektionspolitik war vor allem Franciszek Ksawery Drucki-Lubecki (1779-1846), seit 1821 Finanzminister. Viele Städte, z.B. Łódź, Zgierz, Pabianice und Kalisz wurden zu Industriestandorten bestimmt. Diese Gelegenheit nutzten in der ersten Hälfte des 19. Jahrhunderts viele deutsche Einwanderer aus.

154 Dezydery Adam Chłapowski (1788-1879) ist der Begründer der modernen Landwirtschaft im Großfürstentum Posen. Er besaß das Landgut Turew, ein hochmodernes landwirtschaftliches Mustergut, war Mitbegründer einer Gesellschaft für effektive Pferde-, Vieh- und Schafzucht (1837). Der Gesellschaft gehörten sowohl Polen als auch Deutsche an; an ihren Arbeiten beteiligte sich u.a. Hipolit Cegielski (1813-1868), der die Industrialisierung von Posen maßgeblich beförderte.

155 1846 wurde die Zollfreiheit und die politische Unabhängigkeit der Stadt Krakau aufgehoben; für die Stadt bedeutete das große wirtschaftliche Verluste. Es sollte auch negative Folgen für die wirtschaftliche Lage Breslaus haben, welches bis dahin einen lebhaften Handelsverkehr mit Krakau unterhielt.

156 Michał Doliwo-Dobrowolski (1862-1919), Absolvent der Hochschule in Darmstadt, hat viel zur Entwicklung der Elektrotechnik beigetragen. Er war der Erfinder des Drei-

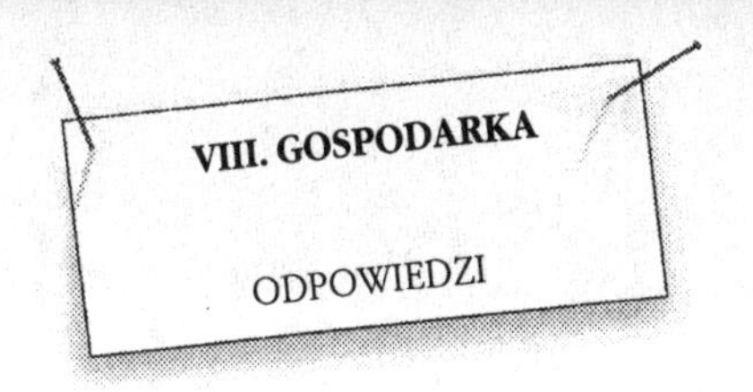

lin, Gockowski własnym majątkiem ratował miasto i ofiarnie pomagał mieszkańcom Berlina, za co zyskał ich powszechne uznanie.

153 Władze Królestwa Kongresowego stworzyły korzystne warunki dla przybywających tzw. pożytecznych cudzoziemców, fachowców z różnych dziedzin. Mieli oni rozwijać rzemiosło i przemysł. Dawano im korzystne pożyczki, grunty, ulgi handlowe. Rzecznikiem tej protekcyjnej polityki był zwłaszcza książę Franciszek Ksawery Drucki-Lubecki (1779-1846), minister skarbu od 1821 r. Wyznaczono w tym okresie na osady fabryczne wiele miast rządowych, np. Łódź, Zgierz, Pabianice i Kalisz. Z tej okazji masowo skorzystali w 1. połowie XIX w. przybysze z ziem niemieckich.

154 Dezydery Adam Chłapowski (1788-1879) to twórca nowoczesnego rolnictwa w Wielkim Księstwie Poznańskim. Posiadał majątek Turew, będący ośrodkiem wysokiej kultury rolnej. W 1837 r. Chłapowski był współtwórcą towarzystwa polepszania chowu koni, bydła, owiec. Towarzystwo było dwunarodowe polsko-niemieckie, a w jego pracach brał udział m. in. Hipolit Cegielski (1813-1868), twórca przemysłu poznańskiego.

155 W 1846 r. została zlikwidowana polityczna i celna niezależność Krakowa. Była to wielka strata, ograniczająca rozwój gospodarczy tego miasta i powodująca ujemne skutki także dla gospodarki Wrocławia, który utrzymywał dotąd ożywioną wymianę handlową właśnie z Krakowem.

156 Michał Doliwo-Dobrowolski (1862-1919), który ukończył studia na terenie Niemiec w Darmstadt, wniósł wielki wkład w rozwój elektrotechniki. Był twórcą systemu trójfa-

phasensystems und Konstrukteur von vielen elektrotechnischen Geräten und Maschinen. Im Jahre 1891 demonstrierte er in Frankfurt zum ersten Mal in der Welt die Fernübertragung von Energie mit Hilfe von Hochspannungs-Drehstrom. Seit 1909 war er Direktor des Aufsichtsrates der Allgemeinen Elektrizitätsgesellschaft in Berlin.

157 Anfang des 20. Jahrhunderts war Bochum ein polnisches Zentrum in Deutschland. Im Jahre 1900 entstand dort die Polnische Industriegesellschaft. 1913 fand in Bochum eine Industrieausstellung statt; aus diesem Anlaß wurde auch eine Broschüre über die wirtschaftliche Entwicklung der polnischen Zentren im Ausland herausgegeben.

158 Sogar in den schwierigsten Perioden der deutsch-polnischen Beziehungen war der Handel mit Deutschland für Polen von großer Bedeutung. Seit 1990 gilt Deutschland als Polens größter Handelspartner, dessen Anteil am gesamten polnischen Handelsumsatz etwa 25-35% ausmacht. Im Jahre 1992 belief sich der polnische Gesamtexportwert nach Deutschland auf 8,3 Milliarden DM; ein ähnlicher Wert war im Import zu verzeichnen. Der Handelsumsatz mit anderen Ländern (Rußland, Holland, Italien) war dagegen drei- bis fünfmal so gering.

159 Trotz der bis April 1991 gültigen Visapflicht sind aus Deutschland mehr Touristen als aus irgendeinem anderen europäischen Land nach Polen gekommen. 1989 waren es beispielsweise etwa 600 000 Menschen. 1995 wurde Polen schon von fast 4 Millionen Deutschen besucht, die mindestens einen zweitägigen Aufenthalt planten; sie machten 73% aller Einreisenden aus. Im selben Jahr reisten auch sehr viele Polen (etwa 18 Millionen) nach Deutschland. Kein anderes europäisches Land wurde in diesem Maße von der polnischen Bevölkerung besucht.

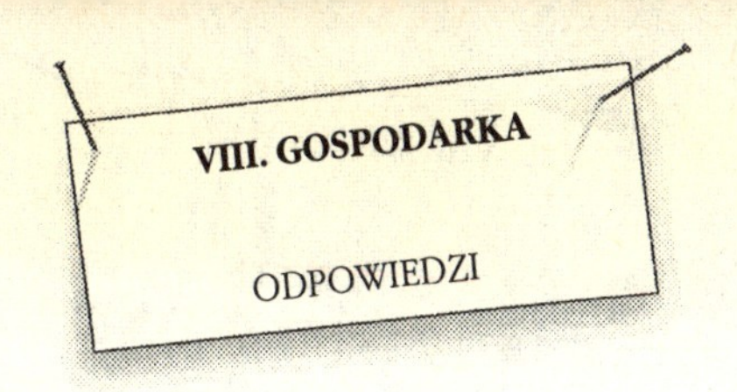

zowego oraz wielu urządzeń i maszyn elektrotechnicznych. W 1891 r. we Frankfurcie zorganizował pierwszy na świecie pokaz przenoszenia energii na odległość za pomocą trójfazowego prądu zmiennego o wysokim napięciu. Od 1909 r. Doliwo-Dobrowolski był dyrektorem rady nadzorczej Allgemeine Elektrizitätsgesellschaft (AEG) w Berlinie.

157 Na początku XX w. na ziemiach niemieckich centrum życia polonijnego było miasto Bochum. W 1900 r. zawiązało się tam Polskie Towarzystwo Przemysłowe. W Bochum urządzono w 1913 r. wystawę przemysłową i wydano z tej okazji pamiętnik o rozwoju gospodarczym Polonii.

158 Nawet w najtrudniejszych okresach stosunków polsko-niemieckich handel z Niemcami miał dla Polski duże znaczenie. Od 1990 r. Niemcy są największym partnerem handlowym Polski. Przypada na nie 25-35% wszystkich obrotów polskiego handlu. W 1992 r. wartość eksportu z Polski do Niemiec wynosiła 8,3 mld marek; podobną wartość osiągnął import. Obroty handlowe z następnymi krajami (Rosją, Holandią, Włochami) są 3-5 krotnie mniejsze niż z Niemcami.

159 Mimo obowiązku wizowego do kwietnia 1991 r. ilość niemieckich turystów przyjeżdżających do Polski była większa niż z jakiegokolwiek innego kraju europejskiego. Np. w 1989 r. było to 600 tys. osób. W 1995 r. przybyło do Polski już prawie 44 miliony Niemców (na co najmniej dwudniowy pobyt); stanowiło to 73% ogółu przekraczających polską granicę. W tym samym roku około 18 milionów Polaków odwiedziło Niemcy, czyli znacznie więcej niż inne kraje europejskie.

160 Das Deutsch-Polnische Naturschutzgebiet (auch Naturschutzpark an der unteren Oder genannt) dehnt sich von Schwedt nach Stettin, die Stettiner Bucht entlang zu beiden Seiten der Oder aus. Es umfaßt 5000 Hektar Naturschutzgebiet und 21 000 Hektar Schutzgebiet mit einer üppigen Flora und zahlreichem Wasser- und Sumpfgeflügel. Am 13. April 1991 wurden in München die Autoren dieses Projekts mit dem deutschen Kulturpreis für das Jahr 1990 ausgezeichnet.

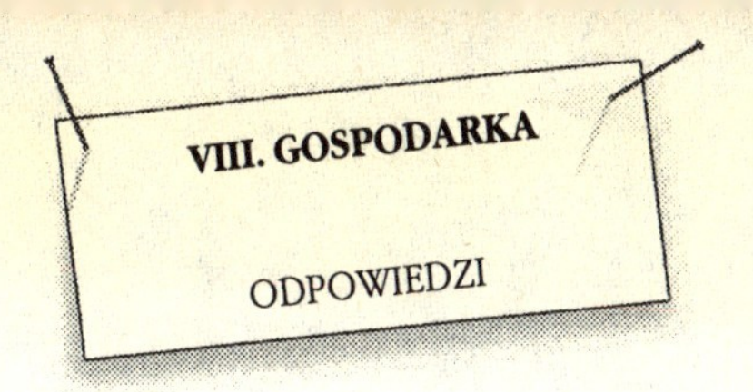

160 Polsko-Niemiecki Park Narodowy, zwany Parkiem Dolnej Odry, jest zlokalizowany między Schwedt i Szczecinem, nad Zalewem Szczecińskim i po obydwu stronach Odry. Ogółem jest to 5000 ha rezerwatu przyrody i 21 000 ha terenów chronionych z bogatą roślinnością i ptactwem. 13 IV 1991 r. w Monachium autorzy projektu tego Parku otrzymali Niemiecką Nagrodę Kulturalną za 1990 r.

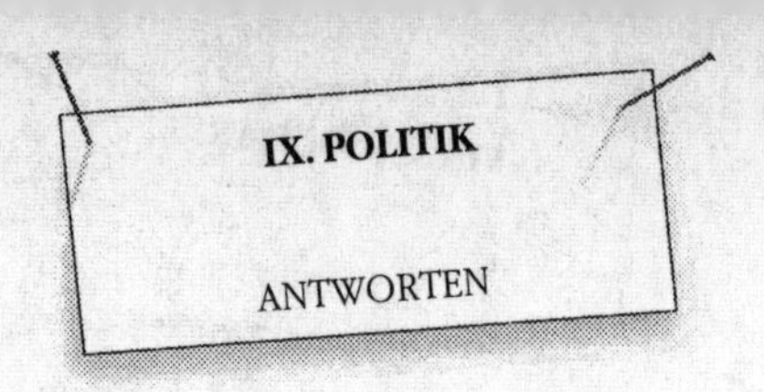

161 Zahlreiche politische und verwandtschaftliche Kontakte zu Deutschland pflegte die Familie Radziwiłł. Antoni Henryk (1775-1833), mit Luise, einer Verwandten des Königs von Preußen, verheiratet, war Statthalter des Großfürstentums Posen. Ferdynand (1834-1926), Abgeordneter des deutschen Parlaments und Vorsitzender des Polnischen Vereins, war ein Fürsprecher der Ver-ständigung mit der preußischen Regierung. Ludwika-Karolina, geborene Radziwiłł (1667-1695), Fürstin von Neuburg, Kurfürstin der Pfalz, war Gemahlin von Karl Philipp III.

162 Während in ganz Europa die Friedensordnung von Versailles immer stärker kritisiert wurde, bezog Paul Löbe (1875-1967) in der Weimarer Republik eine propolnische Position. 1923-1932 war er während einiger Sitzungsperioden Vorsitzender des Reichstags. Im Januar 1927 besuchte er Polen (u.a. Łódź und Warschau). Bei dieser Gelegenheit unterzog er die antipolnische Revisionspolitik Deutschlands scharfer Kritik. Er war der Ansicht, Polen und Deutschland seien aufeinander angewiesen und wären ohne einander nicht denkbar. Löbe war Aktivist der SPD in Breslau, wo er auch die Zeitschrift „Volksmacht" heraugab.

163 Ulrich Rauscher war in den Jahren 1922-1930 deutscher Gesandter bei der polnischen Regierung. Mit seiner Tätigkeit hat er sich um Polen verdient gemacht. Als Diplomat war er bemüht, Konfliktursachen zu beseitigen, feindliche Voreingenommenheiten aufzubrechen und die deutsch-polnische Politik friedlich zu gestalten. Rauscher hat wesentlich zur Unterzeichnung des sog. „Abschaffungsvertrags" mit Polen beigetragen. Seine Bestrebungen wurden durch die enge Zusammenarbeit mit Paul Löbe befördert.

164 Am 7. Dezember 1970 wurde von Bundeskanzler Willy Brandt, Außenminister Walter Scheel, Premierminister

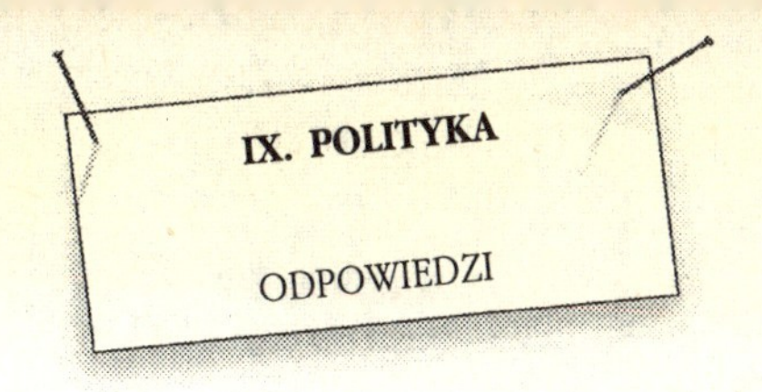

161 Wiele powiązań politycznych i rodzinnych miał ród Radziwiłłów: Antoni Henryk (1775-1833), żonaty z Luizą, krewną króla Prus, namiestnik Wielkiego Księstwa Poznańskiego; Ferdynand (1834-1926), poseł do parlamentu niemieckiego i prezes Koła Polskiego, zwolennik porozumienia z rządem pruskim; Ludwika Karolina z Radziwiłłów (1667-1695), księżna neuburska, elektorowa Palatynatu (żona Karola Filipa III).

162 W okresie Republiki Weimarskiej, gdy z biegiem lat coraz bardziej negowano „porządek wersalski" w Europie, życzliwe stanowisko w stosunku do Polski zajmował Paul Löbe (1875-1967), czołowy działacz socjaldemokracji niemieckiej we Wrocławiu, gdzie latach 1900-1918 redagował gazetę „Volksmacht". W latach 1923-1932 był on przez kilka kadencji przewodniczącym Reichstagu. W styczniu 1927 r. Löbe odwiedził Polskę (m. in. Łodź i Warszawę). Krytykował antypolską politykę rewizjonistyczną oraz głosił, że Polska i Niemcy zdane są na siebie i uzupełniają się wzajemnie.

163 Ulrich Rauscher był w latach 1922-1930 ambasadorem niemieckim w Polsce. Swoimi działaniami zasłużył sobie na dobrą pamięć Polaków. Jako dyplomata starał się likwidować źródła konfliktów, przełamywać wrogie uprzedzenia i kształtować pokojową politykę Niemiec wobec Polski. Rauscher szczególnie przyczynił się do ratyfikacji tzw. układu likwidacyjnego z Polską. Pomogła mu w tym ścisła współpraca z Paulem Löbe.

164 Dnia 7 XII 1970 r. Układ między Republiką Fedralną Niemiec i Polską Rzeczpospolitą Ludową o podstawach nor-

Józef Cyrankiewicz und Außenminister Stefan Jędrychowski der „Vertrag zwischen der Bundesrepublik Deutschland und der Volksrepublik Polen über die Grundlagen der Normalisierung gegenseitiger Beziehungen" unterzeichnet. Ergebnis dieses Vertrags war u.a. die Aufnahme vielfältiger diplomatischer Kontakte zwischen Polen und der BRD am 14. September 1972.

165 Das rege Interesse und die starke Anteilnahme vieler Deutscher löste die 1980 enstandene Gewerkschaftsbewegung „Solidarność" aus. Man organisierte materielle Unterstützung für Polen und nahm polnische Flüchtlinge auf. Viele Politiker aus Polen, Deutschland und anderen Ländern haben darauf hingewiesen, daß die polnische Bewegung die revolutionären politischen Umwälzungen in Europa einleitete und damit 1990 die Wiedervereinigung Deutschlands ermöglichte.

166 Den Aktivitäten des Präsidenten Richard von Weizsäcker brachten Polen viel Sympathie entgegen. Er war es, der am 40. Jahrestag des Sieges über den Faschismus an ethische Grundsätze erinnerte und die Hitler-Aggression gegen Polen sowie alle verübten Verbrechen als Deutschlands historische Schuld bezeichnet hat. Er postulierte eine dauerhaft friedliche Politik, die Verständigung mit dem Nachbarland und die Anerkennung der bestehenden Grenzen.

167 Das größte deutsche Generalkonsulat befindet sich in Breslau. Hier werden fast 100 Angestellte beschäftigt. Das zweitgrößte deutsche Konsulat in New York hat 65 Mitarbeiter. Neben der deutschen Botschaft in Warschau gibt es in Polen noch Konsulate in Krakau, Danzig, Stettin und eine Filiale des Breslauer Konsulats in Oppeln. Die Größe des Breslauer Konsulats ist mit der deutschen Minderheit (etwa 800 000) verbunden, die vor allem in Schlesien konzentriert ist. Der erste Generalkonsul des vereinigten Deutschlands war in den Jahren 1990-96 Bruno Weber.

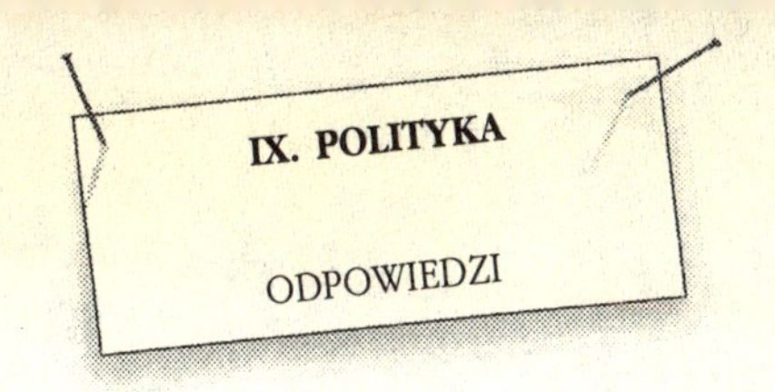

malizacji stosunków wzajemnych podpisany został przez kanclerza federalnego Willy'ego Brandta i ministra spraw zagranicznych Waltera Scheela oraz premiera Józefa Cyrankiewicza i ministra spraw zagranicznych Stefana Jędrychowskiego. Układ ten zaowocował m. in. nawiązaniem pełnych stosunków dyplomatycznych między Polską i RFN 14 IX 1972 r.

165 Duże zainteresowanie i życzliwość Niemców wywołał zrodzony w Polsce w 1980 r. ruch społeczno-zawodowy „Solidarność". Organizowano w tym okresie pomoc rzeczową dla ludności polskiej i przyjmowano napływających emigrantów z Polski. Wielu polityków w Polsce i w Niemczech oraz w innych krajach przyznało, że ten polski ruch był wstępem do wielkich przemian politycznych w Europie, które umożliwiły w 1990 r. zjednoczenie Niemiec.

166 Sympatię Polaków zyskały szczególnie działania prezydenta Richarda von Weizsäckera. To on odwołując się do norm etycznych podkreślał w 40-lecie zakończenia wojny historyczną winę Niemiec hitlerowskich za agresję na Polskę i za popełnione zbrodnie. Postulował trwałą pokojową politykę i porozumienie z sąsiadami poprzez uznanie wszystkich granic.

167 Największy na świecie niemiecki Konsulat Generalny znajduje się we Wrocławiu. Zatrudnionych w nim jest blisko 100 urzędników. W drugim co do wielkości konsulacie Niemiec w Nowym Jorku pracuje 65 urzędników. W Polsce obok niemieckiej ambasady w Warszawie znajdują się jeszcze konsulaty generalne: w Krakowie, Gdańsku i Szczecinie oraz podległy wrocławskiej placówce wicekonsulat w Opolu. Liczna obsada wrocławskiego konsulatu związana jest z obsługą niemieckiej mniejszości skoncentrowanej przede wszystkim na obszarze Śląska. Pierwszym konsulem generalnym zjednoczonych Niemiec we Wrocławiu był Bruno Weber.

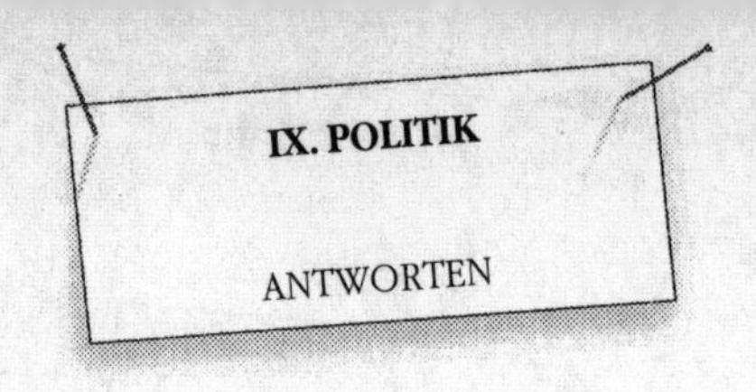

168 Im Jahre 1991 gaben die Polnische Post und die Bundespost anläßlich des 750. Jahrestags der Schlacht bei Liegnitz (4. April 1241) eine gemeinsame Briefmarke im Wert von 1500 Zł und 1 DM heraus. Die Schlacht auf dem Liegnitzer Feld ist eins der ältesten Beispiele polnisch-deutscher Waffenbrüderschaft. Im Jahre 1993 gab es den 750. Jahrestag des Todes der heiligen Hedwig, Schlesiens Beschützerin. Die heilige Hedwig aus dem bayerischen Andechs, Frau eines Piastenfürsten, wirkte in den Zeiten, als Grenzen zwischen Stämmen noch unbekannt waren. Heute wird sie im gleichen Maß von Polen und Deutschen verehrt. Anläßlich des Jahrestages ihres Todes (14. Oktober 1243) wurde ebenfalls eine gemeinsame deutsch-polnische Briefmarke im Wert von 1 DM und 2500 Zł herausgegeben.

169 „Dialog" ist ein Publikationsorgan der deutsch-polnischen Gesellschaften, von denen sich mehr als zwanzig zum Verband der Deutsch-Polnischen Verständigung zusammengeschlossen haben. Die Zeitschrift verfolgt das Ziel, zur Annäherung von Polen und Deutschen auf allen Gebieten und zur Entwicklung der Zusammenarbeit im deutschpolnischen Grenzgebiet beizutragen.

170 Der Zentralrat der deutschen Vereine in der Republik Polen entstand am 15. September 1990 und entfaltet vor allem in der Region um Oppeln rege Aktivitäten. Eine der führenden Persönlichkeiten der deutschen Minderheit in Polen ist Heinrich Kroll. Bei den Wahlen vom 27. Oktober 1991 hat die deutsche Minderheit sieben Abgeordneten- und einen Senatorenmandat erreicht. Bei den Wahlen von 1993 hat die deutsche Minderheit vier Abgeordnetensitze (1 Senat- und 3 Sejm-Mandate) gewonnen.

171 Helmut Georg von Gerlach (1866-1935) war ein deutscher Pazifist und Schriftsteller, Mitglied der Deutschen

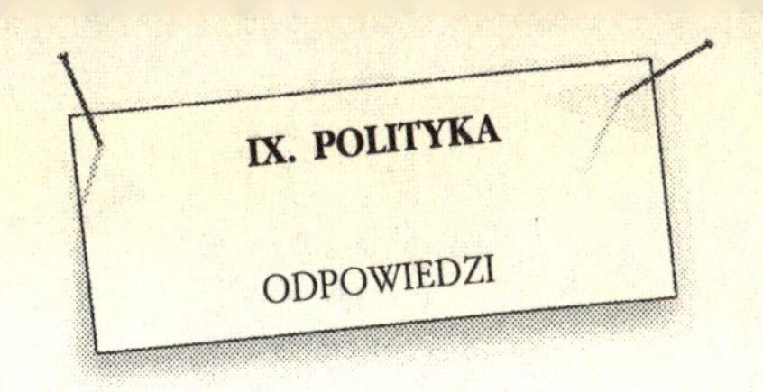

168 W 1991 r. Poczty Polska i Niemiecka wydały z okazji 750 rocznicy bitwy pod Legnicą (9 IV 1241 r.) wspólny znaczek o nominałach 1500 zł i 1 marki.
Bitwa na Legnickim Polu jest jednym z najstarszych przykładów polsko-niemieckiej akcji militarnej. W 1993 r. przypadała 750 rocznica śmierci św. Jadwigi, patronki Śląska. Św. Jadwiga z bawarskiego rodu Adechs, żona piastowskiego księcia, działała w czasach, kiedy nieznane jeszcze były granice dzielące rody. Dziś czczona jest w jednakowym stopniu przez Polaków i Niemców, również wspólnym niemiecko-polskim znaczkiem okolicznościowym o nominałach 1 marki i 2500 zł wydanym z okazji rocznicy jej śmierci (14 X 1243 r.).

169 „Dialog" to pismo towarzystw polsko-niemieckich, z których ponad 20 to członkowie wspólnoty Niemiecko-Polskiego Porozumienia. Jego celem jest zbliżenie polsko-niemieckie we wszystkich dziedzinach, w tym zwłaszcza rozwijanie współpracy terenów przygranicznych.

170 Rada Naczelna Stowarzyszeń Ludności Niemieckiej w RP (Zentralrat der Deutschen Vereine in der Republik Polen) powstała 15 IX 1990 r. Główny rejon działalności Stowarzyszeń stanowi Opolszczyzna, a do czołowych postaci mniejszości niemieckiej w Polsce należy Heinrich Kroll. W wyborach 27 X 1991 r. mniejszość niemiecka uzyskała 7 mandatów poselskich i 1 do senatu. (Wybory w 1993 r. zakończyły się zdobyciem czterech mandatów przez mniejszość niemiecką – trzech do Sejmu i jednego do Senatu.

171 Helmut Georg von Gerlach (1866-1935) to czołowy niemiecki pacyfista i pisarz, członek Niemieckiego Stowa-

Friedensvereinigung und der Liga der Menschenrechte. Als Kommissar der preußischen Regierung in Posen hat er einen bedeutenden Einfluß auf die deutsch-polnische Verständigung ausgeübt. Er gab seine eigene Zeitschrift, „Die Welt am Montag", heraus. Wegen seiner konsequenten pazifistischen Ansichten war er 1933 gezwungen, ins Exil zu gehen.

172 Hermann Rauschning (1887-1982) war der deutsche Politiker, der sein Verhältnis zum Faschismus radikal revidierte und zum Fürsprecher der deutsch-polnischen Verständigung wurde. Danzig sollte ein Integrationsfaktor der friedlichen Zusammenarbeit von Polen und Deutschen werden. Nach einem heftigen Zusammenstoß mit den Nationalsozialisten sah er sich gezwungen, Deutschland zu verlassen. Er ging in die USA, wo er viele antifaschistische Schriften veröffentlichte.

173 Die Stadt Magdeburg schenkte Polen 1937 das Gebäude, in dem Józef Piłsudski, das spätere Oberhaupt des polnischen Staates, seit dem 27. Juli 1917 gefangen gehalten worden war. Die in diesem symbolischen Geschenk zum Ausdruck kommende freundschaftliche politische Geste fand aus Anlaß des zweiten Todestages von Piłsudski statt.

174 Seit 1950 waren in Deutschland zwei große Polen-Organisationen tätig: Der Bund der Polen „Zgoda" und „Der Bund der Polen in Deutschland". Sie gaben die Zeitschriften „Głos Polski" (Die Stimme Polens) und „Informator" (Informationsblatt) heraus. Beide Organisationen hatten ihren Sitz in Bochum, einem seit Jahren wichtigen Treffpunkt der Polen in Deutschland.

175 Das 1951 in Braunschweig gegründete Internationale Schulbuch-Institut hieß seit 1975 Georg-Eckert-Institut für Internationale Schulbuchforschung. Als Hauptaufgaben des Instituts galten die Bekämpfung der seit dem 19. Jahrhundert in Europa anwachsenden Nationalismen und die Verbreitung von Verständigung und Toleranz vor allem durch die Aufdeckung von Fälschungen und Verheimlichungen in Schulbüchern.

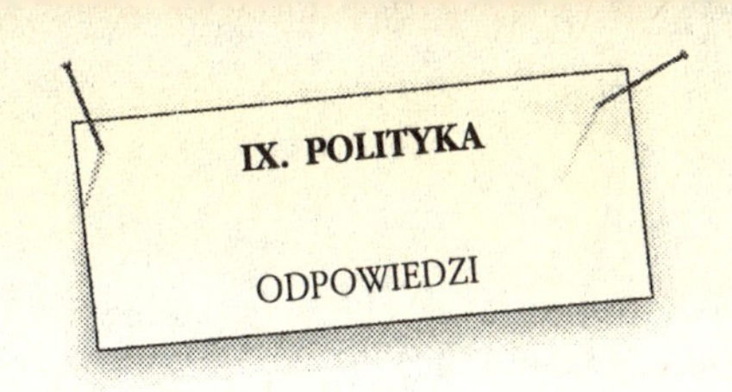

rzyszenia Pokoju i Ligi Praw Człowieka. Jako komisarz rządu pruskiego w Poznaniu miał duży wpływ na kształtowanie porozumienia polsko-niemieckiego. Wydawał własne pismo „Die Welt am Montag". Prezentowane poglądy pacyfistyczne sprawiły, że w 1933 r. zmuszony był do emigrowania.

172 Herman Rauschning (1887-1982) był politykiem niemieckim, który radykalnie zmienił swój stosunek do hitleryzmu. Jednocześnie stał się on rzecznikiem porozumienia polsko-niemieckiego. Wolne miasto Gdańsk miało być czynnikiem łączącym pokojowo współpracujące Polskę i Niemcy. Starcie z narodowymi socjalistami zmusiło Rauschninga do wyjazdu do USA, gdzie wydał wiele prac o treści antyfaszystowskiej.

173 Miasto Magdeburg przekazało Polsce w 1937 r. budynek, w którym więziony był od 27 lipca 1917 r. Józef Piłsudski, przyszły Naczelnik Państwa Polskiego. Mieszkańcy Magdeburga uczynili ten przyjazny gest polityczny w drugą rocznicę śmierci Naczelnika.

174 Od 1950 r. działały na terenie Niemiec dwie duże organizacje polonijne: Związek Polaków „Zgoda" i Związek Polaków w Niemczech. Wydawały one pisma „Głos Polski" i „Informator". Obydwie miały swoje siedziby w Bochum – od lat centrum życia polonijnego.

175 Założony w 1951 r. w Braunschweigu instytut to Georg-Eckert- Institut für Internationale Schulbuchforschung. Jego główne cele to usuwanie narastających w Europie od XIX w. nacjonalizmów, kształtowanie porozumienia i tolerancji – głównie przez wskazywanie nieprawdy i przemilczeń w podręcznikach szkolnych.

176 Am 28. April 1995 hielt der polnische Außenminister Władysław Bartoszewski in Bonn eine Rede während der Festsitzung von Bundestag und Bundesrat zum 50. Jahrestag des Endes des zweiten Weltkrieges. In seiner Rede schilderte Minister Bartoszewski die polnisch-deutschen Beziehungen in diesem Jahrhundert, wobei er deutliche Zeichen der Aussöhnungsbereischaft setzte. Bartoszewski ist der erste Preisträger des in Ratysbon verliehenen Preises Pomost, der Beiträge zur Verständigung und Annäherung der beiden Völker ehrt.

177 Die Stiftung für deutsch-polnische Zusammenarbeit mit Sitz in Warschau wurde 1991 gegründet. Sie verfügt über einen Fonds von über 500 Millionen DM und ist somit die größte Stiftung in Polen. Ihre Gründung erfolgte als Ergebnis der gemeinsamen Erklärung des Bundeskanzlers Helmut Kohl und des polnischen Premierministers Tadeusz Mazowiecki vom 14. November 1989 in Warschau. Die Gelder der Stiftung werden ausschließlich aus der Rückzahlung des Jumbo-Kredits (einschließlich Zinsen) in Höhe von einer Milliarde DM gewonnen, den die Bundesrepublik 1975 an Polen vergeben hat. Ziel der Stiftung ist die Förderung von Initiativen, die der deutsch-polnischen Annäherung dienen.

178 Die Körber-Stiftung war u.a. Sponsor einer Ausstellung unter dem Motto: *Das Geheimnis der Verständigung ist das Gedächtnis. Zwangsarbeiter und Kriegsgefangene im Dritten Reich.* Die Eröffnung der Ausstellung fand 1985 in Anwesenheit des Präsidenten Richard von Weizsäcker in Bonn statt. 1986 wurde sie in Berlin und 1987 in Polen gezeigt. Für die Vorbereitung der Ausstellung war Dieter Galinski verantwortlich.

179 In Kreisau (Schlesien) kamen der Ministerpräsident Tadeusz Mazowiecki und der Bundeskanzler Helmut Kohl zusammen; die Begegnung war ein Teil des Besuchs von

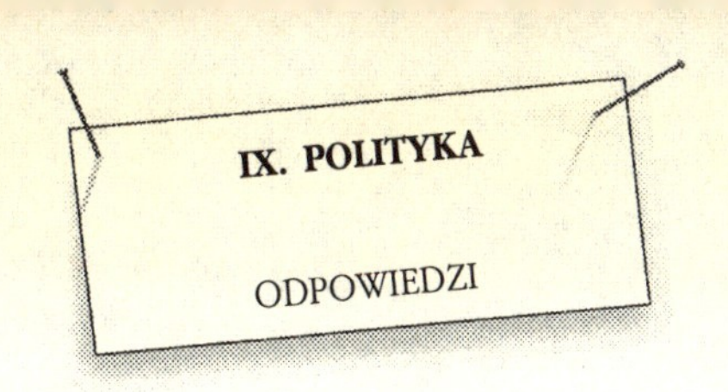

176 28 IV 1995 r. w Bonn na uroczystej sesji Bundestagu i Bundesratu, poświęconej 50. rocznicy zakończenia wojny, przemówienie wygłosił polski minister spraw zagranicznych Władysław Bartoszewski. W swej mowie minister Bartoszewski zobrazował stosunki polsko-niemieckie w tym stuleciu, dając wyraźne znaki pojednania. Bartoszewski jest pierwszym laureatem przyznawanej w Ratyzbonie nagrody „Pomost", honorującej dokonania w porozumieniu i zbliżeniu obu narodów.

177 Fundacja Współpracy Polsko-Niemieckiej (Stiftung für deutsch-polnische Zusammenarbeit) z siedzibą w Warszawie, została ustanowiona w 199 r. Ta największa fundacja w Polsce, z majątkiem ponad pół miliarda marek, jest efektem wspólnego oświadczenia z 14 XI 1989 r., podpisanego w Warszawie przez Kanclerza federalnego Helmuta Kohla i premiera Polski Tadeusza Mazowieckiego. Pieniądze fundacji pochodzą całkowicie ze spłat kredytu „Jumbo" (wraz z odsetkami), którego RFN udzieliła Polsce w 1975 r. w wysokości 1 miliarda marek. Celem fundacji jest wspieranie wszelkich działań służących zbliżeniu polsko-niemieckiemu.

178 Fundacja Körbera sponsorowała m. in. wystawę pt. *Tajemnicą pojednania jest pamięć. Robotnicy przymusowi i jeńcy wojenni w III Rzeszy.* Otwarcie wystawy nastąpiło w Bonn w 1985 r. przy udziale prezydenta Richarda von Weizsäckera, w Berlinie – 1986 r., w Polsce – 1987 r. Zespołem opracowującym wystawę kierował Dieter Galiński.

179 W Krzyżowej (Kreisau) odbyło się spotkanie premiera Tadeusza Mazowieckiego i kanclerza Helmuta Kohla podczas jego wizyty w Polsce 9-14 X 1989 r. Odbyła się

Bundeskanzler Kohl in Polen (9-14. Oktober 1989). An der feierlichen Versöhnungsmesse nahmen Polen und deutschstämmige Einwohner teil. Nach den Vorstellungen der deutschen Seite sollte die Begegnung in Kreisau an den 2. Weltkrieg anknüpfen – hier wirkte nämlich eine vom Gutsbesitzer Graf J. H. Moltke organisierte deutsche Widerstandsgruppe, der antifaschistisch gesinnte Konservative und Sozialdemokraten angehörten.

180 Der Vertrag über gute Nachbarschaft und freundschaftliche Zusammenarbeit zwischen der Republik Polen und der Bundesrepublik Deutschland wurde von Bundeskanzler Helmut Kohl, Ministerpräsident Jan Krzysztof Bielecki, Außenminister Hans Dietrich Genscher und Krzysztof Skubiszewski am 7. Juni 1991 in Bonn unterzeichnet. Die 38 Artikel des Vertrags umfassen alle Aspekte der wirtschaftlichen, kulturellen, wissenschaftlichen und regionalen Zusammenarbeit. Außer dem Vertrag wurden gleichzeitig unterschrieben:

– begleitende Intentionsbriefe der Außenminister
– ein Abkommen zwischen den Regierungen der Republik Polen und der Bundesrepublik Deutschland über die Gründung eines deutsch-polnischen Umweltschutzrates
– diplomatische Noten über die Gründung einer deutsch-polnischen Regierungskommission zur Förderung der Zusammenarbeit von Regionen und Grenzgebieten
– ein Regierungsabkommen über eine deutsch-polnische Jugendzusammenarbeit.

Laut den Beschlüssen der Parlamente von Polen und Deutschland ist der Vertrag am 17.-18. Oktober 1991 in Kraft getreten.

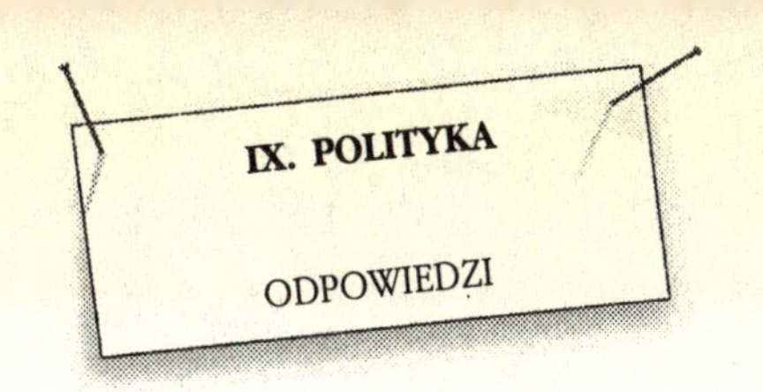

tam msza pojednania z udziałem Polaków i mieszkańców pochodzenia niemieckiego. W zamierzeniu strony niemieckiej było to zarazem nawiązanie do lat II wojny światowej, gdy w Kreisau działała antyhitlerowska grupa oporu konserwatystów i socjadelmokratów, zorganizowana przez właściciela majątku hr. J. H. Moltkego.

180 Traktat między Rzeczpospolitą Polską i Republiką Federalną Niemiec o Dobrym Sąsiedztwie i Przyjaznej Współpracy został podpisany w Bonn 17 VI 1991 r. przez kanclerza Helmuta Kohla i premiera Jana Krzysztofa Bieleckiego oraz przez ministrów Hansa Dietricha Genschera i Krzysztofa Skubiszewskiego. Obejmuje on w 38 artykułach wszystkie podstawowe dziedziny współpracy: gospodarczą, kulturalną, naukowa i regionalną.

Obok Traktatu podpisano dokumenty:

– towarzyszące listy intencyjne ministrów spraw zagranicznych,

– Układ między rządami RP i RFN o utworzeniu Polsko-Niemieckiej Rady Ochrony Środowiska,

– wymiana not o utworzeniu polsko-niemieckiej Komisji Rządowej do spraw Współpracy Regionalnej i Przygranicznej,

– Układ między rządami RP i RFN o niemiecko-polskiej współpracy młodzieżowej.

Traktat został ratyfikowany przez parlamenty Niemiec i Polski 17-18 X 1991 r.

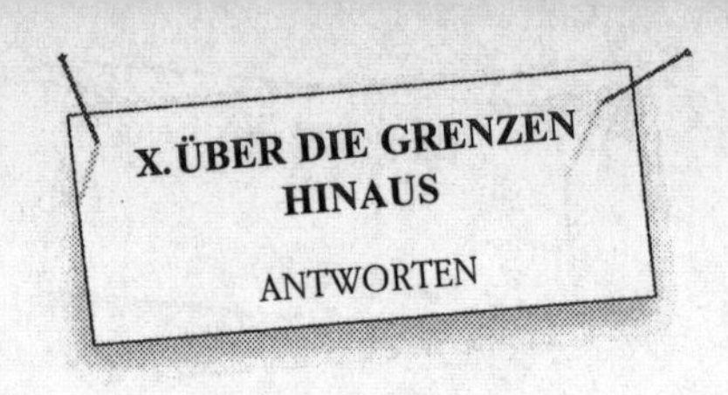

181 Der große deutsche Komponist und Dichter Richard Wagner (1813-1883) beteiligte sich an den revolutionären Ereignissen von 1848. Dafür drohte ihm der Kerker. Die polnische Fürstin Karolina Sayn-Wittgenstein unterstützte ihn finanziell und ermöglichte ihm 1849 die Flucht aus Dresden. Während ihres Aufenthalts in Dresden und Weimar kam sie mit den berühmtesten deutschen Kulturschaffenden in Berührung. Sie hat in bedeutender Weise zur Popularisierung der Musik von Wagner in Deutschland beigetragen.

182 Jan N. Bobrowicz (1805-1881) war Buchhändler, Verleger und Musiker. Nach dem Scheitern des November-Aufstandes von 1830/31 war er Mitarbeiter der Leipziger Firma Breitkopf und Hartel. Er war Leiter der slawistischen Abteilung und Redakteur der „Taschenbibliothek der polnischen Klassiker". 1842 gründete er seine eigene Auslandsbücherei und gab über 200 Werke polnischer Autoren, u.a. historische Romane, Bibeln und die *Predigten* von Piotr Skarga heraus.

183 Friedrich Arnold Brockhaus (1772-1823), deutscher Verleger und Buchhändler, gründete in Amsterdam eine der größten Verlagsfirmen seiner Zeit, die 1817 nach Leipzig umzog. Die Firma gab 1860-1894 die „Bibliothek polnischer Autoren" heraus; hier erschien u.a. die erste Gesamtausgabe der Werke von Cyprian Kamil Norwid. Bei Brockhaus erschienen auch Werke von Adam Mickiewicz und Juliusz Słowacki.

184 Der 1922 in Berlin entstandene „Bund der Polen in Deutschland" verfaßte sog. „fünf Glaubensartikel der Polen". Sie wurden dann 1938 während des Weltkongresses der Auslandspolen in Berlin zum Abschluß der Tagung verkündet. Sie lauten: Wir sind Polen. Der Glaube unserer Väter ist der Glaube unserer Kinder. Jeder Pole ist für den anderen Polen ein Bruder. Der Pole dient jeden Tag seinem Volk. Polen ist unsere Mutter – von der Mutter darf nicht schlecht geredet werden.

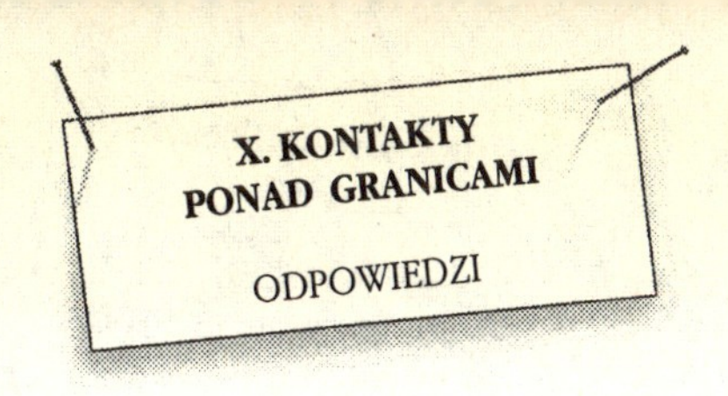

181 Richard Wagner (1813-1883), wielki niemiecki kompozytor i poeta uczestniczył w wydarzeniach rewolucji w 1848 r. Groziło mu za to więzienie. Polska księżna Karolina Sayn-Wittgenstein pomogła mu finansowo i ułatwiła ucieczkę z Drezna. Przebywając w Dreźnie i Weimarze spotykała się z czołowymi twórcami niemieckimi. Miała wielkie zasługi w propagowaniu muzyki Wagnera właśnie na ziemiach niemieckich.

182 Jan N. Bobrowicz (1805-1881), był księgarzem, wydawcą i muzykiem. Po upadku powstania listopadowego 1830/31 pracował w Lipsku w firmie „Breitkopf und Hartel". Był kierownikiem działu słowiańskiego i redaktorem Biblioteki Kieszonkowej Klasyków Polskich. W 1842 r. Jan Bobrowicz założył własną księgarnię zagraniczną i wydał ponad 200 dzieł polskich, w tym m. in. powieści historyczne, biblie i *Kazania* Piotra Skargi.

183 Friedrich Arnold Brockhaus (1772-1823), wydawca i księgarz niemiecki, założył jedną z największych firm wydawniczych w Amsterdamie, w 1817 r. przeniesioną do Lipska. Firma wydawała w latach 1860-1894 serię „Biblioteka pisarzy polskich", w której ukazało się m. in. pierwsze wydanie zbiorowe pism znanego pisarza polskiego Cypriana Kamila Norwida. Brockhaus wydawał też dzieła Adama Mickiewicza i Juliusza Słowackiego.

184 Założony w 1922 r. w Berlinie Związek Polaków w Niemczech sformułował tzw. pięć prawd Polaków. Tych pięć prawd przyjął także światowy zjazd Polonii, który odbył się w Berlinie w 1938 r. Oto ich treść: Jesteśmy Polakami. Wiara ojców naszych jest wiarą naszych dzieci. Polak Polakowi bratem. Codziennie Polak narodowi służy. Polska matką naszą – nie wolno mówić o matce źle.

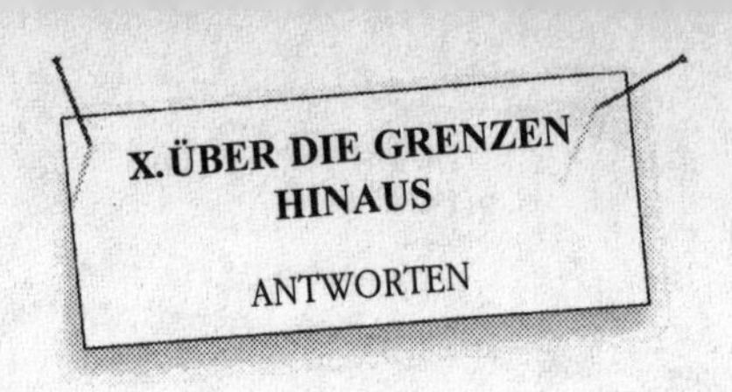

185 Ludwik Zimmerer war ein Verehrer der polnischen Volkskunst. Während seines 30jährigen Aufenthalts in Polen sammelte er vor allem moderne polnische Primitivmalerei und Skulpturen. Er wurde zum Besitzer der größten Sammlung dieser Art in Polen.

186 Das Deutsche Polen-Institut hat seinen Sitz in Darmstadt (Hessen), südlich von Frankfurt. Im Dezember 1979 gegründet, nahm es am 11. März 1980 seine Tätigkeit auf. Sein Gründer und Leiter ist Karl Dedecius. Viele verdiente Persönlichkeiten gehörten zu seinen Mitarbeitern (u.a. der Oberbürgermeister von Darmstadt Sabais und die Gräfin Marion von Dönhoff – die erste Präsidentin des Instituts). Das Institut wird auch durch einige deutsche Stiftungen gefördert (z.B. durch die Stuttgarter Robert-Bosch-Stiftung und die Volkswagen-Stiftung in Hannover).

187 Winfried Lipscher war Mitautor der Ausstellung „Bücher kennen keine Grenzen" und stellte dabei polnische Übersetzungen deutscher Bücher vor, die er auch privat sammelt. Er beteiligt sich aktiv an ökumenischen Aktionen zur Förderung der interkonfessionellen und deutsch-polnischen Versöhnung.

188 Infolge einer Vereinbarung der Nachkommen von Robert Bosch entstand in den Jahren 1962-1964 eine Stiftung seines Namens. Sie entfaltet bedeutende Aktivitäten auf dem Gebiet des Jugendaustausches und fördert andere schulische und kulturelle Initiativen. So organisiert sie Informations- und Schulungsreisen, Tagungen und Schriftsteller-Lesungen, erteilt Stipendien und verleiht Preise an Übersetzer und Schriftsteller, unterstützt die Übersetzung deutscher und polnischer Literatur. Diese vielfältige Tätigkeit der Bosch-Stiftung dient der deutsch-polnischen Annäherung und Versöhnung.

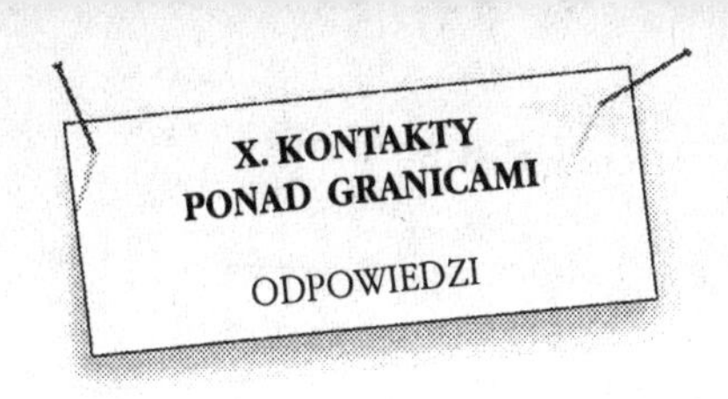

185 Ludwig Zimmerer zachwycał się polską sztuką ludową. W ciągu 30 lat pobytu w Polsce gromadził zwłaszcza współczesne polskie malarstwo prymitywne i rzeźbę. Stał się posiadaczem największej w Polsce kolekcji tej sztuki.

186 Niemiecki Instytut Kultury Polskiej znajduje się w Darmstadt w Hesji, na południe od Frankfurtu. Instytut założony w grudniu 1979 r. rozpoczął uroczyście swoją działalność 11 III 1980 r. Jego inicjatorem i kierownikiem jest Karl Dedecius, a wielką pomocą służyło mu wielu znanych Niemców, np. nadburmistrz Darmstadt Sabais, hrabina Marion Dönhoff (pierwszy prezydent Instytutu), a także kilka fundacji, zwłaszcza Fundacja Roberta Boscha ze Stuttgartu, Fundacja Zakładów Volkswagena z Hannoweru.

187 Winfried Lipscher współpracował przy przygotowaniu wystawy „Książka nie zna granic", opracował ekspozycję o tłumaczonych na język polski książkach niemieckich, które sam również kolekcjonuje. Winfried Lipscher uczestniczy także w działalności ekumenicznej w Polsce na rzecz zbliżenia różnych Kościołów chrześcijańskich i pojednania niemiecko-polskiego.

188 Założona w latach 1962-1964 (po porozumieniu potomków Roberta Boscha – seniora) Fundacja rozwija najcenniejszą działalność w dziedzinie wymiany młodzieży. Poza tym popiera różne inicjatywy w dziedzinie szkolnictwa i kultury. Organizuje podróże informacyjno-szkoleniowe, sympozja, spotkania i wieczory autorskie, przydziela stypendia i nagrody dla tłumaczy i pisarzy. Fundacja Roberta Boscha wspiera finansowo tłumaczenia literatury polskiej i niemieckiej. Wszechstronna działalność Fundacji przyczynia się wydatnie do idei niemiecko-polskiego pojednania.

X. ÜBER DIE GRENZEN HINAUS

ANTWORTEN

189 Polnische Kulturschaffende, die sich für die Vertiefung der deutsch-polnischen Beziehungen besonders verdient gemacht haben, wurden im Auftrag des Bundeskanzlers mit dem Großen Verdienstkreuz der BRD ausgezeichnet. Unter den Ausgezeichneten befanden sich:
– Aleksander Gieysztor von der Polnischen Akademie der Wissenschaften
– Stanisław Stomma, Schriftsteller und katholischer Aktivist
– Władysław Markiewicz, Mitvorsitzender der sog. Schulbücherkommission
– Mieczysław Pszon, Publizist
– Krzysztof Skubiszewski, Außenminister
– Janusz Reiter, Botschaftler der Republik Polen in der Bundesrepublik Deutschland.

190 Der Wald des Friedens wächst seit 1991 auf einem Schlachtfeld bei Seelow (Brandenburg), wo im Frühjahr 1945 sowjetische und polnische Truppen gegen die deutsche Armee kämpften. In der Schlacht sind etwa dreißigtausend polnische und sowjetische sowie zwölftausend deutsche Soldaten ums Leben gekommen. Am 13. April 1991 haben hier Vertreter der obengenannten Streitkräfte und der brandenburgische Premierminister die ersten Bäume gepflanzt.

191 Mikołaj Wierzynek-Wirsing (?-1368) hatte deutsche Vorfahren. Das berühmte Gelage fand 1364 zu Ehren des polnischen Königs Kazimierz des Großen, des Kaisers Karl IV. und der Könige von Zypern, Dänemark und Ungarn statt. Wierzynek hat auch das Presbyterium für die Marienkirche in Krakau gestiftet. Er diente dem polnischen Monarchen als Verwalter des königlichen Hofes.

192 Von den Druckern deutscher Abstammung hat vor allem Florian Ungler (?-1536) in Polen eine sehr wichtige Rolle gespielt. Am Anfang des 16. Jahrhunderts hat er sich in Krakau niedergelassen. Das Werk des Biernat aus Lublin

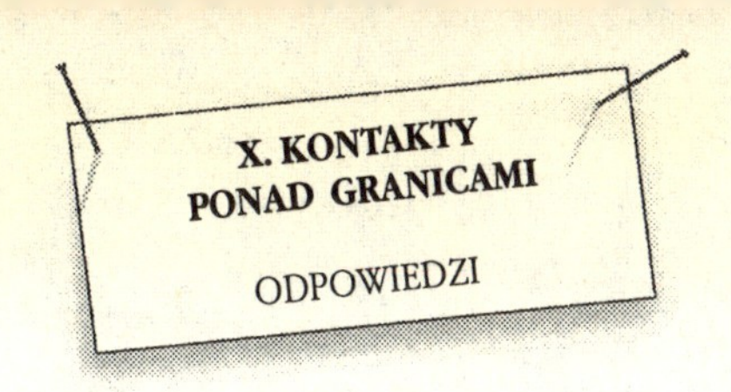

189 Wybitni polscy twórcy kultury działający na rzecz zbliżenia polsko-niemieckiego zostali odznaczeni Wielkim Krzyżem Zasługi Republiki Federalnej Niemiec, przyznawanym na wniosek kanclerza Niemiec. Za wieloletnią pracę odznaczenie to otrzymali:
– Aleksander Gieysztor z Polskiej Akademii Nauk
– Stanisław Stomma – pisarz i działacz katolicki
– Władysław Markiewicz – współprzewodniczący tzw. komisji podręcznikowej
– Mieczysław Pszon – publicysta
– Krzysztof Skubiszewski – minister spraw zagranicznych
– Janusz Reiter – ambasador Polski w Niemczech.

190 Las Pokoju rośnie od 1991 r. w Seelow na terenie Brandenburgii, na polu bitwy stoczonej wiosną 1945 r. przez wojska radzieckie i polskie z armią niemiecką. Zginęło wtedy ok. 30 tys. żołnierzy polskich i rosyjskich oraz 12 tys. niemieckich. W Lesie Pokoju pierwsze drzewa posadzili 13 IV 1991 r. przedstawiciele wszystkich trzech armii i premier Brandenburgii.

191 Mikołaj Wierzynek-Wirsing (?-1368) miał przodków niemieckich. Słynną ucztę urządził w 1364 r. dla króla polskiego Kazimierza Wielkiego oraz cesarza Karola IV i królów Cypru, Danii oraz Węgier. Wierzynek był ponadto fundatorem prezbiterium w Kościele Mariackim w Krakowie. Władcy polskiemu służył m. in. sprawując funkcję zarządcy dworu królewskiego.

192 Wśród drukarzy pochodzenia niemieckiego w Polsce ważną rolę odegrał Florian Ungler (?-1536). Osiadł on w Krakowie na początku XVI w. Książka Biernata z Lublina została wydana w tzw. pierwszej drukarni

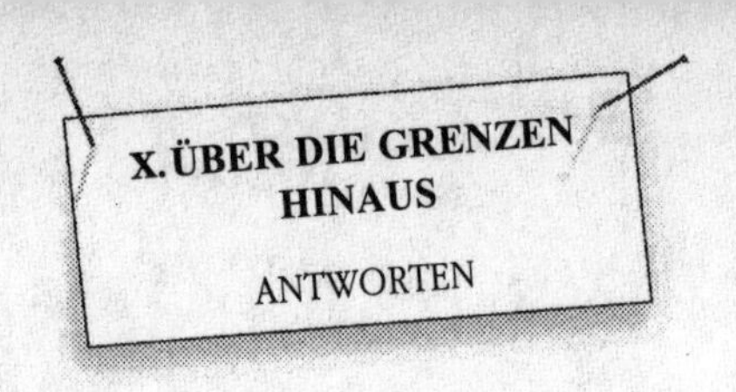

wurde 1513 in der sog. ersten Buchdruckerei von Ungler herausgegeben. In der zweiten Druckerei sind etwa 250 Titel, darunter Werke der Professoren der Krakauer Universität, schöngeistige Literatur und die ersten Landkarten von Polen herausgegeben worden.

193 Doktor Johannes, eigent. Georg Faust (um 1480-1536), der berühmteste Alchemist des 15. Jahrhunderts, studierte an der Universität in Krakau. Der Held der Werke von Johann Wolfgang Goethe, Thomas Mann und anderen Autoren wurde auch durch eine Komposition des polnischen Politikers und Komponisten Antoni Radziwiłł verewigt.

194 Herr Twardowski, dieser angeblich typische Pole, war – wie die Forschung beweist – kein Pole, sondern ein Deutscher. Er kam als Arzt aus Württemberg nach Krakau. Er ist ein Beispiel dafür, daß Deutsche auf polnischem Boden nicht selten „polnischer" waren als Polen. Manchmal kam es auch vor, daß Polen „deutscher" wurden als die Deutschen selbst.

195 Das berühmteste und älteste Verlags- und Buchhandlungsunternehmen Polens wurde 1857 in Warschau gegründet. Seine Gründer waren die Deutschen Gustav Gebethner (1831-1901) und Robert Wolff. Das Unternehmen war in vielen Städten Polens, in Paris und New York vertreten und gab Werke der bedeutendsten polnischen Schriftsteller (Henryk Sienkiewicz, Bolesław Prus, Władysław Reymont, Maria Konopnicka) sowie Noten (u.a. Kompositionen von Fryderyk Chopin und Stanisław Moniuszko) heraus. Nach 1951 war es nur noch antiquarisch tätig. Seit 1990 existiert es erneut als Verlagshaus in Warschau.

196 Während des siebenjährigen Krieges war Paweł Józef Małachowski Anführer der sog. gelben Regimenter. In der Schlacht bei Liebenthal hatte er hohen Anteil am Sieg der Preußen. Friedrich II. bezeichnete sein Vorgehen als die kühnste Tat, die eine Reiterei vollbringen kann.

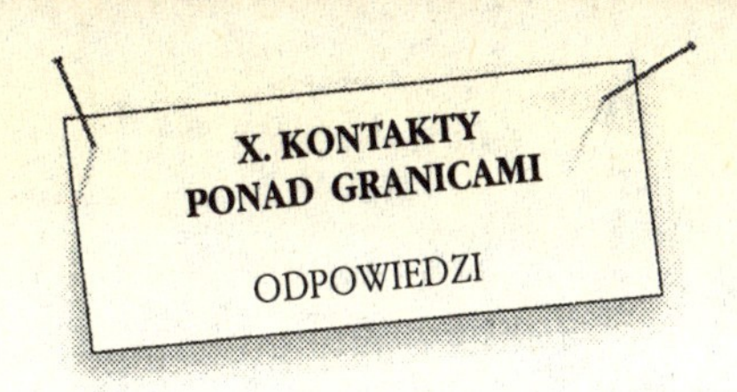

Unglera w 1513 r. W drugiej drukarni Florian Ungler wydał ok. 250 tytułów, w tym dzieła profesorów Uniwersytetu Krakowskiego, dzieła literackie oraz pierwsze mapy Polski.

193 Dr Johannes, właśc. Georg Faust (ok. 1480-1536) najsłynniejszy alchemik XVI w., studiował na Uniwersytecie w Krakowie. Ten bohater dzieł Johanna Wolfganga Goethego, Tomasza Manna i in. był także utrwalony w dziele muzycznym polskiego polityka i kompozytora Antoniego Radziwiłła.

194 Pan Twardowski, ten rzekomo typowy Polak, był w świetle dowodów nie Polakiem, a Niemcem. Przybył do Krakowa jako medyk z Wirtembergi. Jest to przykład, że Niemcy na ziemiach polskich okazywali się niekiedy bardziej „polscy" niż Polacy. A bywało i odwrotnie – Polacy stawali się bardziej „niemieccy" niż sami Niemcy.

195 Najsłynniejsza i najstarsza w Polsce firma wydawniczo-księgarska została założona w Warszawie w 1857 r. przez przybyłego z Niemiec Gustawa Gebethnera (1831-1901) i Roberta Wolffa. Miała filie w wielu miastach polskich oraz w Paryżu i w Nowym Jorku. Publikowała utwory największych pisarzy polskich – Henryka Sienkiewicza, Bolesława Prusa, Władysława Reymonta i Marii Konopnickiej. Wydawała również nuty, m. in. utwory Fryderyka Chopina i Stanisława Moniuszki. Od 1951 r. prowadziła tylko działalność antykwaryczną, a działalność wydawniczą wznowiła w Warszawie w 1990 r.

196 W czasie wojny 7-letniej Paweł Józef Małachowski był dowódcą tzw. żółtych regimentów Małachowskiego. W bitwie pod Liebenthal walnie przyczynił się do zwycięstwa Prusaków. Fryderyk II nazwał to najbardziej zuchwałym wyczynem, jakiego może dokonać kawaleria.

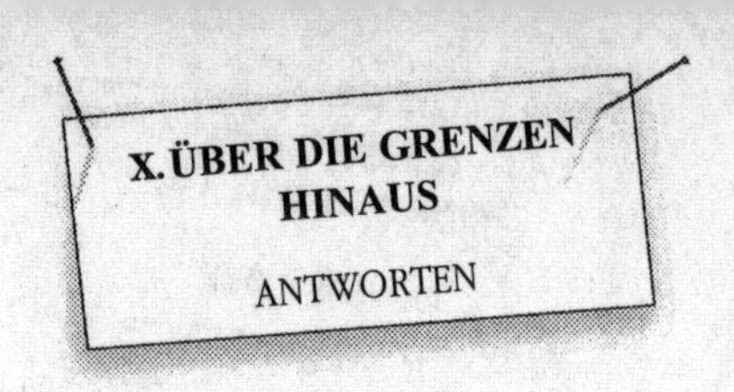

197 Eine Oberschule in Mikołajki erhielt im Jahre 1995 den Namen: Marion-Dönhoff-Gymnasium. Die aus Masuren kommende Gräfin Dönhoff forderte die Abiturienten zur Toleranz an der Schwelle ihrer Lebenslaufbahn auf, warnte vor „Katastrophen", die den größeren Teil ihres eigenen Lebens gestalteten. „Das ist ein Zeichen der Aussöhnung (...) Gemeinsam bauen wir wieder das vereinte Europa", sagte die Schutzherrin der Schule, als sie sich für die außergewöhnlich seltene Ehre bedankte.

198 Die Polen bezeichneten Richard Otto Spazier als ihren „ersten literarischen Verbündeten". Er lebte in der ersten Hälfte des 19. Jahrhunderts. Ergebnis seiner Polen-Reisen und seines Studiums der Landesgeschichte war das Werk *Osten-Westen*, eine kurze Geschichte Polens. 1832 schrieb Spazier mit tiefster Überzeugung: „Die Wiedergeburt Polens wird die erste Garantie des Friedens und des Glücks in Europa sein".

199 Bettina von Arnim Brentano (1785-1859) war eine entschiedene Gegnerin der preußischen Politik, besonders ihrer antipolnischen Tendenz. Dank ihrer Bemühungen ist Ludwik Mierosławski (1814-1878), ein Anführer der polnischen und deutschen Revolutionskämpfe von 1848, der durch ein preußisches Gericht zum Tode verurteilt worden war, nicht hingerichtet worden.

200 Der Initiator der Gründung einer Europäischen Akademie war Ende der 70er Jahre der Leiter des Deutschen Polen-Instituts Karl Dedecius. Er wollte in Krakau ein deutsch-polnisches Kulturinstitut ins Leben rufen. Seine Idee wurde durch das Krakauer Internationale Kulturzentrum unterstützt. Die Europäische Akademie soll eine Stätte der Forschung und der gegenzeitigen kulturellen Verständigung der europäischen Völker werden.

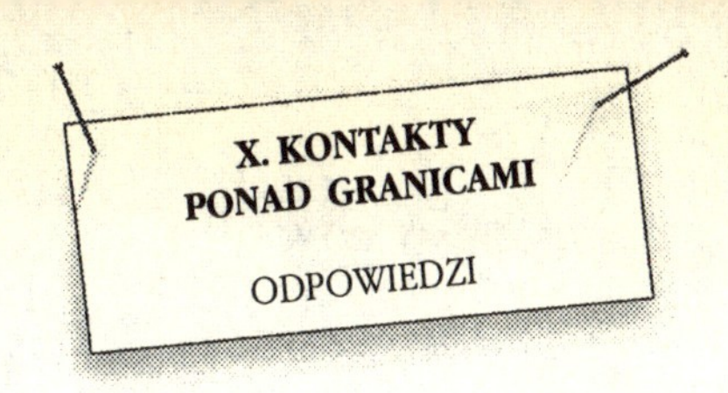

197 Społeczna szkoła średnia w Mikołajkach otrzymała w 1995 r. nazwę Liceum im. Marion Dönhoff. Pochodząca z Mazur hrabina Dönhoff wręczyła w auli szkoły polskim uczniom świadectwa dojrzałości i wezwała maturzystów do tolerancji na progu ich kariery życiowej. Przestrzegała ich też przed „katastrofami", które ukształtowały większą część jej własnego życia. „Jest to znak pojednania (...), wspólnie budujemy ponownie zjednoczoną Europę" – powiedziała patronka szkoły, dziękując za niezwykły zaszczyt, jaki ją spotkał.

198 „Pierwszym literackim sojusznikiem" nazywany był przez Polaków Richard Otto Spazier, żyjący w 1. połowie XIX w. Wiele podróży po ziemiach polskich i poznanie ich dziejów doprowadziło do napisania *Osten-Westen* – krótkiej historii Polski. W 1832 r. Spazier pisał z przekonaniem, że: „odrodzenie Polski będzie pierwszą rekojmią dla pokoju i szczęścia w Europie".

199 Bettina von Arnim Brentano (1785-1859) była zdecydowaną przeciwniczką pruskiej polityki, zwłaszcza w stosunku do Polaków. Dzięki jej staraniom uchylony został wyrok śmierci wydany przez sąd pruski na Ludwika Mierosławskiego (1814--1878) – przywódcę polskich i niemieckich walk rewolucyjnych w 1848 r.

200 Inicjatorem utworzenia Akademii Europy był już w końcu lat 70. Karl Dedecius, twórca Niemieckiego Instytutu Kultury Polskiej w Darmstadt. Chciał on zorganizować w Krakowie polsko-niemiecki instytut kultury. Poparcie tej idei przez Krakowskie Międzynarodowe Centrum Kultury zmierza do stworzenia Akademii jako miejsca badań i upowszechniania kultury narodów europejskich.

DEINE FRAGEN
UND ANTWORTEN

TWOJE PYTANIA
I ODPOWIEDZI

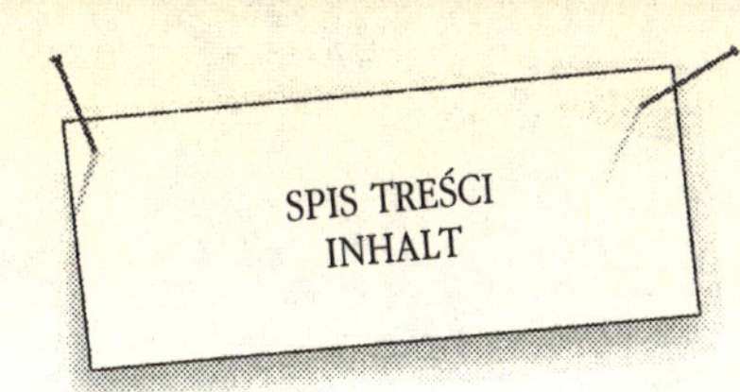
SPIS TREŚCI
INHALT